*Brauchen wir Gott?
Moderne Texte zur Religionskritik*

Brauchen wir Gott?

Moderne Texte zur Religionskritik
herausgegeben von Edgar Dahl

Mit Beiträgen von

Gerhard Vollmer
Richard Dawkins
Bernulf Kanitscheider
Edward O. Wilson
Norbert Hoerster
Antony Flew
Hans Albert
Hartmut Kliemt
Jan Narveson
Dieter Birnbacher
Edgar Dahl
Adolf Grünbaum
Peter Singer

S. Hirzel Verlag Stuttgart

Ein Markenzeichen kann warenrechtlich geschützt sein, auch wenn ein Hinweis auf etwa bestehende Schutzrechte fehlt.

Bibliografische Information Der Deutschen Bibliothek
Die Deutsche Bibliothek verzeichnet diese Publikation in der Deutschen Nationalbibliografie; detaillierte bibliografische Daten sind im Internet über http://dnb.ddb.de abrufbar.
ISBN 3-7776-1287-1

Jede Verwertung des Werkes außerhalb der Grenzen des Urheberrechtsgesetzes ist unzulässig und strafbar. Dies gilt insbesondere für Übersetzungen, Nachdruck, Mikroverfilmung oder vergleichbare Verfahren sowie für die Speicherung in Datenverarbeitungsanlagen.

© 2005 S. Hirzel Verlag
Birkenwaldstraße 44, 70191 Stuttgart
Printed in Germany
Übersetzungen:
Beitrag Richard Dawkins: Andreas Held
Beitrag Jan Narveson: Susanne Kuhlmann-Krieg
Einbandgestaltung: deblik, Berlin
Druck + Bindung: Kösel GmbH & Co. KG, Krugzell

*Meiner Tochter Gabrielle –
möge sie sich ihr feines Gespür für gute und
schlechte Argumente bewahren.*

Vorwort

Voltaire soll einmal gesagt haben: „Wenn es keinen Gott gäbe, müsste man ihn erfinden." In der Tat, die Idee, dass es einen allmächtigen, allwissenden und allgütigen Gott gebe, der diese Welt erschaffen habe, aufmerksam über unser aller Schicksal wache, die Gerechten mit dem ewigen Leben belohne und die Ungerechten mit ewiger Verdammnis bestrafe, ist ungemein praktisch. Mehr noch: Eine solche Idee scheint uns eine Antwort auf all unsere Fragen zu geben. Sie kann uns verraten, woher wir kommen und wohin wir gehen, was wir zu tun und was wir zu lassen haben und an wen wir uns in Zeiten der Dankbarkeit wie in Zeiten der Verzweiflung wenden können. Vor allem aber kann sie uns Hoffnung, Trost und Geborgenheit spenden und unserem Leben jenen allumfassenden Sinn verleihen, nach dem sich viele von uns so verzweifelt sehnen.

Dass die Idee eines allmächtigen, allwissenden und allgütigen Gottes von so offenkundigem Nutzen ist, hat seit je Anlass zur Skepsis gegeben. Für viele Denker war die Vorstellung, dass es einen himmlischen Vater gebe, der uns nach unserem Tode zu neuem Leben erwecke, um uns im Jenseits für die Mühsal des Diesseits zu entschädigen, schlicht und einfach „zu schön, um wahr zu sein". So hat etwa Ludwig Feuerbach kurzerhand erklärt: „Der Mensch schuf Gott nach seinem Bilde!" Ganz ähnlich behauptete Karl Marx, dass die Religion „das Opium des Volkes" sei, dessen sich die Menschen nur bedienen, um sich über die Not und Pein ihres jammervollen Daseins hinwegzutrösten. Und für Sigmund Freud verbarg sich hinter dem Glauben an Gott lediglich die Sehnsucht nach dem Vater unserer frühen Kindertage, von dem wir es gewohnt waren, dass er seine Hand schützend über uns hielt.

Obgleich Ideen, die in unverkennbarer Weise von unseren Wünschen begünstigt werden, mit einiger Skepsis betrachtet werden müssen, kann man sie deshalb doch noch nicht als „bloßes Wunschdenken" abtun. Selbst wenn Feuerbach, Marx und Freud Recht haben sollten, dass der Glaube an Gott durch menschliche, allzu menschliche Bedürfnisse befördert wird, bedeutet dies selbstverständlich nicht, dass es ihn nicht gibt. Dass die Lehren des Christentums vielleicht „zu schön sind, um wahr zu sein", ist weder ein Argument für noch ein Argument gegen die Existenz Gottes.

Ein großer Teil dessen, was heute als Religionskritik bezeichnet wird – angefangen von Ludwig Feuerbachs *Das Wesen des Christentums* über Sigmund Freuds *Die Zukunft einer Illusion* bis hin zu Dean Hamers *Das Gottes-Gen* –, sind Versuche zu erklären, warum Menschen religiös sind. Neben der Religionskritik, die sich mit Erklärungsfragen beschäftigt, gibt es jedoch auch eine Religionskritik, die sich mit Begründungsfragen beschäftigt. Diese zweite Form der Religionskritik, die sich vor allem mit Namen wie Paul Thiery d'Holbach, David Hume und Arthur Schopenhauer verbindet, untersucht, ob religiöse Aussagen rational begründet sind. Mit einer einzigen Ausnahme versammelt der vorliegende Band ausschließlich Beiträge zur zweiten Form der Religionskritik. Wie der Titel des Buches schon nahe legt, hinterfragen sie zentrale christliche Glaubensinhalte und prüfen sie auf ihren argumentativen Gehalt: Was spricht eigentlich dafür, dass es einen Gott gibt? Ist es angesichts des unübersehbaren Leids und Elends in dieser Welt überhaupt vernünftig, an einen allmächtigen, allwissenden und allgütigen Gott zu glauben? Sind wir tatsächlich auf die Unsterblichkeit der Seele, auf das Jüngste Gericht sowie auf Himmel und Hölle angewiesen, um sicherzustellen, dass die Menschen das Gute tun und das Böse meiden werden? Ist es wirklich erforderlich, dass es einen Gott gibt, damit wir ein zufriedenes und erfülltes Leben führen können, von dem sich sagen lässt, dass es einen Sinn hat? Kurz: Brauchen wir einen Gott?

Ich möchte mich an dieser Stelle ganz herzlich bei meiner Lektorin, Frau Dr. Angela Meder, bedanken, die dieses Buch mit seltener Sorgfalt und unendlicher Geduld betreut hat.

Gießen, im Frühjahr 2005

Inhalt

Gerhard Vollmer
Bin ich ein Atheist? _____ 11

Richard Dawkins
Die Unwahrscheinlichkeit Gottes _____ 23

Bernulf Kanitscheider
Die Feinabstimmung des Universums _____ 31

Edward O. Wilson
Religion – eine List der Gene? _____ 43

Norbert Hoerster
Die Unlösbarkeit des Theodizee-Problems _____ 62

Antony Flew
Theologie und Falsifikation _____ 76

Hans Albert
Formen des religiösen Pragmatismus _____ 79

Hartmut Kliemt
Glaube und Intoleranz _____ 88

Jan Narveson
Über „moralische Beweise" für die Existenz Gottes _____ 98

Dieter Birnbacher
Das Dilemma der christlichen Ethik _____ 108

Edgar Dahl
Die zerbrochenen Tafeln –
Das Problem der christlichen Moralbegründung _____ 117

Inhalt

Adolf Grünbaum
Das Elend der theistischen Moral _____ 125

Peter Singer
Je mehr wir für andere leben, desto zufriedener leben wir _____ 158

Anmerkungen _____ 162

Die Autoren _____ 171

Quellennachweis _____ 174

Gerhard Vollmer
Bin ich ein Atheist?

Aufgabe dieses Beitrages ist nicht, ein persönliches Bekenntnis abzulegen (obwohl der Schluss ein solches Bekenntnis enthält). Auch geht es nicht darum, den Meinungsforschern einen Dienst zu erweisen und mitzuteilen, ob hinter meinem Namen bei „Theist" oder bei „Atheist" ein Kreuz gemacht werden soll. Vielmehr soll darüber nachgedacht werden, wie jemand, der sich die Titelfrage stellt, eine Antwort finden könnte.

Zwei Grundfragen der analytischen Philosophie lauten: Was meinst du damit? Und: Woher weißt du das (was du zu wissen glaubst)? Die Reihenfolge der Fragen ist wesentlich: Zuerst muss die *Bedeutung* eines Satzes klar sein; danach kann nach seiner *Wahrheit* (beziehungsweise nach unserer diesbezüglichen Überzeugung) gefragt werden; und erst im dritten Schritt besteht die Chance für Argumente, für eine Begründung, für die Angabe von Gründen oder Wissensquellen.

Behaupten zwei Personen, sie seien Atheisten, so brauchen sie doch keineswegs dasselbe zu meinen: Sie können das Wort „Atheist" sehr verschieden verstehen und verwenden. In meinem Verständnis ist ein *Atheist* jemand, der nicht an (einen) Gott glaubt, genauer: der nicht an die Existenz (eines) Gottes glaubt. Dementsprechend ist ein *Theist* jemand, der an (einen) Gott glaubt.

Glaube ich an Gott? Glaube ich, dass es (einen) Gott gibt? Um das herauszufinden, müsste ich zunächst wissen, was es heißt, an Gott beziehungsweise an die Existenz Gottes zu glauben. Was also bedeutet das Wort „Gott", und was bedeutet „glauben"? Was meine ich damit? Offenbar haben wir jetzt zwei Erklärungsprobleme.

Zweifellos ist dabei „glauben" leichter zu verdeutlichen als „Gott". Im Folgenden werden wir das Wort „glauben" im Sinne einer starken oder schwachen *Überzeugung* verstehen. An (einen) Gott *glauben* heißt dann also, von der Existenz (eines) Gottes überzeugt zu sein. Diese Überzeugung braucht nicht ununterbrochen zu bestehen und nicht über alle Fragen und Zweifel erhaben zu sein. Es genügt, wenn wir die Existenz (eines) Gottes in der Regel ehrlich bejahen.

Wer oder was aber ist Gott? Nicht nur Theologen wissen, wie schwer diese Frage zu beantworten ist. Manche meinen, dass es gar nicht möglich oder jedenfalls nicht gelungen sei, dem Wort „Gott" eine verstehbare Bedeutung zu geben. Dann hat auch der Ausdruck „an Gott glauben" keine verstehbare Bedeutung, und dann können wir – genau genommen – auch den Atheisten nicht so definieren, wie wir das getan haben. Denn wenn ein Atheist jemand ist, der nicht an Gott glaubt, und ich nicht weiß, wer oder was *Gott* ist, dann weiß ich auch nicht, was ein Atheist ist. Logischerweise weiß ich dann auch nicht, was ein Theist ist und was Theologie (als Lehre von Gott) ist. Texte, in denen das Wort „Gott" wesentlich vorkommt, kann ich überhaupt nicht verstehen. Auch die Titelfrage „Bin ich ein Atheist?" kann ich dann nicht verstehen und somit erst recht nicht beantworten.

Freilich ist es durchaus üblich, auch solche Kritiker Atheisten zu nennen, die das Wort „Gott" als bedeutungslos oder sogar als undefiniert ansehen. So meint etwa Charles Bradlaugh: „Der Atheist sagt nicht: ‚Es gibt keinen Gott'; vielmehr sagt er: ‚Ich weiß nicht, was du mit Gott meinst; ich habe keine Vorstellung von Gott; das Wort „Gott" ist für mich ein Klang, der keine klare oder deutliche Behauptung enthält. [...] Den Gott der Bibel verneine ich; an den christlichen Gott glaube ich auch nicht; aber ich bin nicht so voreilig zu behaupten, es gebe überhaupt keinen Gott, solange du nicht bereit oder in der Lage bist, mir Gott zu definieren.'"[1]

Offenbar hätten wir dann den Atheisten doch anders definieren müssen, nämlich als jemanden, der *entweder* das Wort „Gott" für bedeutungslos hält *oder* die Existenz (eines) Gottes in jeder üblicherweise vorgeschlagenen und verstehbaren Bedeutung verneint.

Wir könnten also unsere Definition in dieser Hinsicht erweitern und vollständigkeitshalber auch solche Personen Atheisten nennen, die dem Wort „Gott" eine verstehbare Bedeutung gänzlich absprechen. Im Folgenden werden wir jedoch versuchen, dem Wort „Gott" doch eine intersubjektiv annehmbare Bedeutung zu geben. Vorarbeit dazu ist ja in jahrhundertelanger Diskussion geleistet worden, und wir können uns darauf stützen.[2]

Alle theistischen Positionen haben einen – freilich recht weiten – Gottesbegriff gemeinsam. Danach ist Gott ein *höheres oder höchstes personales Wesen, Schöpfer und Urgrund der Welt, mächtig, klug, gut, gerecht*. In den verschiedenen Religionen und Theologien hat er über diese Eigenschaft hinaus noch viele weitere, die uns hier nicht zu beschäftigen brauchen. Aber auch *innerhalb* dieser Gemeinsamkeiten gibt es zahlreiche interessante Unterscheidungsmöglichkeiten.

Eine erste Unterscheidung betrifft die Frage, ob die bereits genannten Merkmale – Macht, Wissen, Güte usw. – wörtlich zu nehmen sind oder in einem übertragenen, metaphorischen, symbolischen Sinne.

Versteht man sie *metaphorisch*, etwa wenn es heißt, Gott sei die Liebe, oder wenn Jesus sagt: „Ich bin der Weg, die Wahrheit und das Leben", so sind die Wörter unserer Sprache letztlich nur Trittsteine, nur Wegweiser, nur Analogien. In der theologischen Sprechweise haben sie dann nicht dieselbe Bedeutung wie in unserer Alltags- oder auch in der Wissenschaftssprache. Diese Gottesvorstellung nennt Paul Edwards *metaphysisch*. Kritiker werden dagegen einwenden, in solch metaphorischer Redeweise taugten diese Wörter zwar zum Reden, zum „Verweisen", aber eben doch nicht für eine klare Definition.

Versteht man die genannten Merkmale Gottes dagegen *buchstäblich*, dann hat Gott Macht wie ein Mensch (nur mehr), er weiß etwas, wie wir Menschen etwas wissen (nur mehr, vielleicht sogar alles), und er ist gerecht, wie ein Richter gerecht ist oder sein sollte (nur noch gerechter), usw. Diese Auffassung von Gott nennt Paul Edwards *anthropomorph*. Unter den anthropomorphen Gottesvorstellungen lassen sich zwei wichtige Gruppen unterscheiden. Im einen Fall hat Gott alle genannten Merkmale in einem besonders hohen Maß, aber doch *nicht in unendlicher Fülle*. Im anderen Fall ist er in allem *vollkommen*, perfekt, allmächtig, allwissend, allgütig, ewig, allgegenwärtig, unendlich gerecht usw.

Zu allen drei Gottesvorstellungen – zur metaphysischen, zur endlichen, zur unendlichen – gibt es unter Philosophen, aber auch unter christlichen Theologen, früher wie heute, ernsthafte Vertreter.

Es ist bekannt, dass solche unbegrenzten Fähigkeiten zu Paradoxien führen. Beliebt ist die Allmachtsparadoxie: Kann Gott einen Stein schaffen, der so schwer ist, dass er ihn selbst nicht tragen kann? Kann er es nicht, so gibt es etwas, was er nicht kann; also ist er nicht allmächtig. Kann er ihn jedoch schaffen, so kann er ihn nicht tragen; also ist er ebenfalls nicht allmächtig. Andere derartige Fragen sind: Kann Gott lügen? Kann er gegen die logischen Gesetze verstoßen? Kann er Vergangenes ungeschehen machen?

Schwerwiegender ist die Frage, ob Allmacht, Allwissen und Allgüte miteinander vereinbar sind. Ist Gott allgütig, so möchte er menschliches Leid verhindern; ist er allwissend, so weiß er, wie das zu bewerkstelligen wäre; ist er allmächtig, so kann er das auch in die Tat umsetzen. Wieso ist unser Leben dann von Angst, Trauer und Schmerz durchwebt? Diese Frage nach der **Theodizee**, nach der Verantwortung und der Rechtfertigung Gottes für die Existenz des Übels in der Welt, ist für die Theologie, gleich welcher Religion, eine der schwierigsten überhaupt.

Weitere Unterteilungen liegen nahe. So kann man (sich) fragen, ob es nur *ein* solch höheres Wesen, nur *einen* Gott gibt, wie der Monotheismus behauptet (dann ist „Gott" ein Gattungsbegriff, zu dem es einen Plural „Götter" gibt). Ähnlich steht es ja mit den Begriffen „Welt" („die Welt", aber auch „Welten"), „Mond" („unser Mond", aber auch „Monde"). Selbst *höchste* Wesen könnte es noch in Mehrzahl geben. Um einer Entscheidung in dieser Frage nicht vorzugreifen, haben wir gleich zu Beginn doppelte Formulierungen gewählt: „Glaube ich, dass es (einen) Gott gibt?" Im Folgenden werden wir diesem Problem jedoch nicht weiter nachgehen.

Eine andere Frage ist, ob Gott (wenn es ihn gibt) sich um das Weltgeschehen kümmert, vielleicht sogar in dieses Geschehen eingreift und ob wir etwas davon merken können. Auf diese Frage kommen wir noch zurück.

Wir können nun noch etwas genauer sagen, was wir unter einem Atheisten verstehen wollen. Jemand ist ein *Atheist*, wenn er alle genannten Gottesvorstellungen *ablehnt*: die metaphysische, die anthropomorphe mit einem endlichen oder sonstwie beschränkten Gott, aber auch die anthropomorphe mit einem unendlichen Gott. Dagegen ist ein Theist oder Gottgläubiger jemand, der Gott (oder Götter) in *einer* der genannten Varianten für existent hält. (Da sich diese Gottesvorstellungen gegenseitig ausschließen, kann niemand mehr als eine davon widerspruchsfrei vertreten.)

Es wäre nun möglich und interessant, verschiedene religiöse oder religionsähnliche Haltungen daraufhin zu überprüfen, ob sie theistisch sind und welche Form von Theismus sie darstellen. So wäre etwa der Pantheismus, wie ihn Spinoza, Goethe oder Einstein vertreten, wonach Gott und Natur eins sind und es *keinen persönlichen* Gott gibt, durchaus atheistisch; und so bezeichnet auch Schopenhauer den Pantheismus als eine „höfliche" oder „vornehme" Form des Atheismus. Auch die religiösen Vorstellungen des New Age sind pantheistisch. Das „ganzheitliche Denken" unterscheidet nicht zwischen Gott, Mensch und Natur: Alles ist eins. So könnten wir fortfahren, doch müssen wir uns eine solche bibliothekarische Fleißarbeit hier versagen.[3]

Außer der Möglichkeit, die Existenz (eines) Gottes zu bejahen oder zu verneinen, gibt es selbstverständlich noch die Möglichkeit, die Entscheidung auszusetzen, die Frage nach der Existenz Gottes als vorläufig oder prinzipiell unbeantwortbar anzusehen. Eine solche Haltung nennen wir *Agnostizismus*.

Dieser Ausdruck, 1869 von dem Biologen Thomas Henry Huxley (1825 bis 1895) eingeführt, wird oft auch in einem weiteren Sinne gebraucht. Er bezieht sich dann nicht nur auf Gott, sondern auf die Unerkennbarkeit irgendeines höheren, die Erfahrung überschreitenden Seins, manchmal sogar auf die grundsätzliche Unerkennbarkeit der Wahrheit oder der Wirklichkeit im Allgemeinen. Zwischen einem radikalen *Skeptiker* wie etwa Gorgias (um 480–380 v. u. Z.) und einem *Agnostiker* (oder Agnostizisten) in diesem allgemeinen Sinne ist dann kein wesentlicher Unterschied. Und selbstverständlich ist der radikale Skeptiker immer auch im Hinblick auf Gott oder Götter Agnostiker. Im Folgenden werden wir den Ausdruck „Agnostiker" der Einfachheit halber nur noch auf die Unerkennbarkeit Gottes beziehen.

Ein Agnostiker kann seine Haltung nicht nur auf bestimmte Probleme (etwa die Existenz Gottes) beschränken; er kann sie auch an seinen oder unseren gegenwärtigen Wissensstand binden. Sein „Ignoramus – Wir wissen es nicht" schließt also nicht notwendig ein „Ignorabimus – Wir werden es nie wissen" ein. Sogar die Frage, ob er immer Agnostiker bleiben werde, kann er offen lassen.

Atheismus und Agnostizismus sind offenbar unterschiedliche Haltungen: Der Atheist verneint die Existenz Gottes, behauptet also, dass es keinen Gott gebe. Der Agnostiker verneint die Existenz Gottes nicht; er bejaht sie aber auch nicht, sondern lässt die Frage offen. Wer die Frage nach der Existenz Gottes offen lässt, wird also nicht automatisch zum Atheisten; dazu müsste er die Existenz Gottes ausdrücklich verneinen.

Agnostiker zu sein kann sehr bequem sein; man braucht dann weder für noch gegen die Existenz Gottes zu argumentieren. Das heißt aber nicht, dass jeder Agnostiker es sich nur bequem machen möchte; auch eine lange Suche nach Argumenten für oder gegen die Existenz Gottes kann zu dem Ergebnis führen, dass es solche Argumente entweder überhaupt nicht gibt oder dass sie in beiden Richtungen etwa gleich stark sind. Es ist also nicht immer Bequemlichkeit oder Feigheit, wenn sich jemand als Agnostiker bekennt. Vielmehr kann es rational sein, eine solche Entscheidung offen zu halten; es kann dafür gute Gründe geben. Einem Agnostiker sieht man somit nicht ohne Weiteres an, ob er seine Position nur aus Bequemlichkeit oder aber wohl überlegt bezogen hat. Wie so oft kommt es auch hier auf die Argumente an.

Dass es überhaupt keine Argumente für oder gegen die Existenz (eines) Gottes im vorgenannten Sinne gebe, wird niemand behaupten wollen. Für die Frage, ob ich Atheist bin, wird es also – neben einer vernünftigen Definition – darauf ankommen, die jeweiligen *Argumente* zu sichten und zu werten. Es sollte aber ebenfalls von vornherein klar sein, dass es *zwingende* Argumente für oder gegen die Existenz (eines) Gottes nicht gibt. Alle so genannten Gottesbeweise, welche die Existenz Gottes zwingend nachweisen sollten, haben sich als fehlerhaft erwiesen. Die Existenz Gottes als eines höheren Wesens lässt sich aber auch nicht zwingend widerlegen. Was wir allenfalls erwarten können, sind also plausible, vielleicht sogar *überzeugende* Argumente.

Plausibilität und Überzeugungskraft sind freilich Merkmale, die nur schwer zu objektivieren sind. Was *einer* Person einleuchtet, bleibt einer anderen oft unzugänglich. Diese Schwierigkeit kann auch hier nicht aufgelöst werden. Wir gehen einfach davon aus, dass Argumente, die häufig vorgebracht werden, auch vielen einleuchtend erscheinen müssen – sonst wären sie nicht so oft benutzt worden.

Eine andere interessante Frage ist die Verteilung der Beweislast beziehungsweise der Beleglast. Muss der Theist, um Zustimmung zu finden, die *Existenz* Gottes belegen, oder muss viel eher der Atheist Gottes *Nichtexistenz* plausibel machen? Wie aber entscheidet man eine solche Verfahrensfrage? Wird nicht jeder dem jeweils anderen die Aufgabe zuschieben?

In erster Näherung scheint es mir angemessen, dem Theisten die Argumentationslast aufzuerlegen. Das liegt einfach an der Asymmetrie der Beweismöglichkeiten: Existenzaussagen sind leichter zu belegen als zu widerlegen. Wo kämen wir auch hin, wenn wir alles glauben oder gelten lassen müssten, was wir nicht widerlegen können? Nicht nur Nessies, Einhörner und Schneemenschen, auch fliegende Untertassen und Erdstrahlen, gute und böse Geister, Engel, Teufel und Hexen, alle Arten von Wundern dürften ja dann unsere Ontologie bevölkern. Andererseits sind wir weit davon entfernt, alles, was möglich ist, allein deshalb auch schon für wirklich zu halten. Die Beleglast liegt also grundsätzlich bei dem, der die Existenz von etwas *behauptet*.

In zweiter Näherung bekommt dann aber auch die Gegenseite ihre Aufgabe. Denn selbstverständlich haben Theisten längst Belege für ihre Auffassung gesammelt. So ist es nun Aufgabe des Atheisten, die Belege zu sichten und zu kritisieren. Im weiteren Verlauf gehen dann die Argumente so oft hin und her, dass es auf die Frage, wer den ersten Zug getan hat beziehungsweise tun musste, nicht mehr so sehr ankommt. Die grundsätzliche Asymmetrie bleibt freilich bestehen: Existenzbehauptungen wie die des Theisten müssen (nicht bewiesen, aber wenigstens) belegt werden.

Unser nächster Schritt wird also darin bestehen, die wichtigsten Belege für die Existenz (eines) Gottes zusammenzustellen.[4] Da wir bereits betont haben, dass keiner der so genannten Gottesbeweise zwingend ist, werden wir gar nicht erst von Beweisen, sondern nur von *Argumenten* sprechen. Der Übersichtlichkeit halber fügen wir bei jedem Argument die Kritik gleich hinzu.[5] Es ist klar, dass jedes Argument eine ausführliche Darstellung *und* Kritik verdiente; hier kann es jedoch nur um eine kommentierte Aufzählung gehen.

Ontologisches Argument (Anselm von Canterbury, Descartes): Nach Definition hat Gott alle positiven Eigenschaften (in höchstem Maße). Da es besser ist zu existieren als nicht zu existieren ist auch Existenz eine positive Eigenschaft. Also existiert Gott (in höchstem Grade, als *ens realissimum*).

Kritik (vor allem Kant): Existenz ist gar keine Eigenschaft. Und selbst wenn wir sie als Eigenschaft ansehen, wieso ist sie dann *positiv* zu werten? Und gibt es den Teufel als Inbegriff alles Negativen, also auch der Nichtexistenz, dann automatisch nicht?

Kosmologisches Argument (Aristoteles, Thomas von Aquin, Swinburne): Die physische Welt ist zeitlich endlich oder unendlich. Ist sie endlich, dann muss ihr Werden eine Ursache (gehabt) haben. Ist sie dagegen unendlich, dann gibt es zumindest eine Ursache dafür, dass gerade diese Welt existiert statt einer beliebigen anderen oder statt gar keiner Welt. In beiden Fällen verdankt auch diese Ursache ihre Existenz wieder einer anderen Ursache, die ihrerseits noch andere Ursachen hat, *und so weiter*.

Eine unendliche Kette von Ursachen aber ist unmöglich. Also gibt es in dieser Ursachenkette eine erste (oder letzte) Ursache, ein notwendiges Wesen, das nicht *anders sein kann*, als es ist, das Ursache seiner selbst (*causa sui*) ist und seine Existenz keiner weiteren Ursache verdankt. Dieses notwendige Wesen nennen wir Gott. (Ähnlich lauten die Argumente für einen ersten Beweger oder für ein vollkommenes Wesen.)

Kritik (etwa Ernest Nagel): Wenn überhaupt etwas Ursache seiner selbst sein kann, warum dann nicht schon die Welt selbst? In einem unendlich alten Universum wäre auch eine unendliche Ursachenkette möglich. Sie wird jedenfalls nicht dadurch ausgeschlossen, dass *wir* sie aus Zeitgründen nicht verfolgen und keine unendliche *Erklärungskette* geben können. Außerdem könnte auch der *Zufall* für die Existenz und die Eigenschaften dieser unseren Welt verantwortlich sein. Und schließlich: Müsste ein notwendiges Wesen, wenn es denn eines geben sollte, gerade der personale, allgütige, christliche Gott sein? (Thomas von Aquin gibt durchaus Antworten auf diese Fragen; eine Diskussion würde hier zu weit führen.)

Teleologisches Argument (*argument from/to design, physikotheologisches Argument*; Stoiker, Cicero, Thomas von Aquin, William Paley): Viele Dinge in dieser Welt, mindestens aber die *Lebewesen*, zeigen *zweckmäßige* Eigenschaften, als ob sie so *geplant* wären, damit sie überleben (beziehungsweise vom menschlichen Geist erkannt werden) können. Also muss es dahinter einen Planer, Schöpfer, Zwecksetzer geben. (Eine Sonderform ist das Leibniz'sche Argument aus der prästabilierten Harmonie, eine andere die Existenz von Naturgesetzen, die Gott *erlassen* haben soll, eine sehr moderne das starke anthropische Prinzip.)

Kritik (etwa Hume): Dass etwas geplant aussieht, beweist nicht, dass es geplant *ist*. Tatsächlich wird durch Darwins Evolutionstheorie eine alternative Erklärung gegeben: Zweckmäßigkeit und Anpassung sind Ergebnisse der natürlichen Auslese. Aber auch wenn das Argument gültig wäre, würde es weder die Einzigkeit noch die Allmacht, die Allgüte, die Allweisheit des Schöpfers garantieren.

Psychologisches Argument (etwa Descartes): Als endliches Wesen kann ich die Idee eines unendlichen Wesens nicht selbstständig hervorgebracht haben. Also muss es ein solches unendliches Wesen außerhalb meiner selbst geben. Eben das ist Gott.

Kritik Nicht jeder trägt die Gottesidee in sich. Unendliches kann zwar nicht anschaulich vorgestellt, wohl aber als Negation der Endlichkeit gedacht werden. Unendliches braucht auch keineswegs göttlich zu sein.

Moralisches, deontologisches Argument (besonders Kant): Alle Menschen tragen ein sittliches, moralisches Bewusstsein in sich, haben ein Gewissen, fühlen sich einem Sittengesetz verpflichtet. Dazu muss es einen Urheber geben: Gott.

Kritik (etwa Russell[6]): Sittliches Bewusstsein, wenn es so etwas überhaupt gibt, ist nicht bei allen Menschen gleich. Es kann auch anerzogen sein. Das Gefühl „Du sollst (nicht)" ergibt sich aus der Vorstellung, dass wir das Wohlgefallen (Missfallen) anderer erregen.

Eine weitere Schwierigkeit: Beruht der Unterschied zwischen Gut und Böse auf einem Machtspruch Gottes, dann gibt es für Gott selbst keinen Unterschied mehr zwischen Gut und Böse; die Aussage, Gott sei gut, ist dann bedeutungslos. Ist der Unterschied dagegen von Gott *unabhängig*, dann ist er nicht der Schöpfer aller Dinge. Gibt es dann einen Übergott, der *alles* geschaffen hat, auch den guten Gott? Oder hat vielleicht der Teufel die Welt geschaffen, als Gott gerade nicht aufpasste? Beides ist für den Theisten unannehmbar.

Axiologisches Argument (Neuscholastik des 19. und 20. Jahrhunderts): Wahrhaft menschliches Dasein strebt nach der Verwirklichung von *Werten*. Doch sind alle irdischen Werte unvollkommen, bedingt, vergänglich. Damit jenes Streben sinnvoll ist, muss es einen höchsten Wert geben, der die irdischen Werte ermöglicht und dem Streben Maß und Ziel liefert. Dieser höchste Wert ist Gott.

Kritik Ein Vergleich von (relativen) Werten ist auch dann möglich, wenn es keinen absoluten Wert gibt. Auch Zahlen kann man der Größe nach miteinander vergleichen, *ohne* dass es eine größte Zahl zu geben braucht. Ebenso ist das Streben nach (relativen) Werten auch dann sinnvoll, wenn es keinen absoluten Wert gibt.

Argument der ausgleichenden Gerechtigkeit: In der Menschenwelt herrscht große Ungerechtigkeit. Wenn insgesamt Gerechtigkeit herrschen soll, dann muss in anderen Teilen der Welt oder in einem Leben nach dem Tode ein Ausgleich hergestellt werden. Dazu muss es Gott, Himmel und Hölle geben.

Kritik (etwa Russell): Warum sollte in der Welt insgesamt Gerechtigkeit herrschen? Die beobachtete Ungerechtigkeit ist eher ein Argument gegen Gott als für ihn. (Vgl. *Das Problem des Bösen* – weiter unten).

Wunder-Argument: Gelegentlich wird die strenge Ordnung der Natur durch außerweltliche Instanzen absichtlich durchbrochen. Solche Verstöße gegen die Naturgesetze belegen das Wirken eines übernatürlichen Wesens. Die katholische Kirche spricht eine Person sogar nur dann heilig, wenn auf ihre Fürbitte wenigstens zwei Wunder geschehen sind.

Kritik (insbesondere Hume): „Wunder" erleben immer nur die anderen. Für mich ist es dann rationaler, an der Zuverlässigkeit solcher Berichte zu zweifeln als an einer vielfach beobachteten Regelmäßigkeit. Es kann aber auch sein, dass eine vermeintliche Regelmäßigkeit gar keine war und korrigiert werden muss. Wer trotzdem an Wunder glaubt, der setzt den Glauben bereits voraus, hat dann also kein unabhängiges Argument für Gott.

Ethnologisches Argument („historischer Gottesbeweis", 19. Jahrhundert): Die allgemeine Verbreitung von Religion beziehungsweise eines Götterglaubens legt die Existenz (eines) Gottes nahe. Gäbe es keinen Gott, dann würde ja die menschliche Vernunft überall die Wahrheit verfehlen.

Kritik (etwa Hegel): Hier wird ein sehr unscharfer Gottesbegriff verwendet. Ein schärferer Gottesbegriff schränkt die Verbreitung des Theismus bereits erheblich ein. Vor allem aber kann der Glaube an (einen) Gott auch durch seine psychischen und sozialen *Funktionen* hinreichend erklärt werden; dann sagt seine Verbreitung nicht mehr über seine Wahrheit.

Argument aus religiöser Erfahrung: Alle bisherigen Argumente liefern nur *mittelbare* Belege: *Wenn* wir bestimmte Definitionen oder Fakten akzeptieren (zum Beispiel Gott als Inbegriff aller positiven Eigenschaften definieren oder die Möglichkeit einer unendlichen Ursachenkette bestreiten), *dann* müssen wir auch die Existenz Gottes anerkennen. Viele Menschen haben Gott aber auch unmittelbar erlebt. Für sie sind diese Erlebnisse überzeugender als alle Argumente.

Kritik (etwa Russell): Religiöse Erfahrung ist nicht übertragbar. Für Außenstehende bleibt sie eine besonders zweifelhafte Beleginstanz. Normalerweise schließen wir nämlich nur dann von subjektiven Erlebnissen auf etwas Reales außer uns, wenn alle oder viele Menschen darin übereinstimmen. Auch berichten viele von Erlebnissen mit Wesen, deren Existenz die Kirche ablehnt. Wieso sind diese Berichte dann unglaubhaft?

Dass religiöse Erfahrungen gerade unter ungewöhnlichen Umständen – Hunger, Krankheit, Drogen – auftreten, ist dagegen weder ein Argument für noch eines gegen den Theismus. Der Atheist wird sie als Selbsttäuschungen, Halluzinationen, Wunschdenken verwerfen; der Theist wird umgekehrt annehmen, dass gerade die besonderen Bedingungen den Zugang zum Übernatürlichen erst so recht eröffnen.

Die Pascal'sche Wette (Islam, Pascal, James): Es ist ratsam, an Gott zu glauben (und sogar Katholik zu sein). Gibt es Gott und ein ewiges Leben, dann können wir durch diesen Glauben ewige Qualen vermeiden, vielleicht sogar ewige Seligkeit gewinnen. Gibt es Gott nicht (und somit auch kein ewiges Leben), so haben wir durch unseren (falschen) Glauben und unsere (vorschriftsmäßigen) Handlungen keine oder jedenfalls nur endliche Verluste.

Kritik (etwa Flew[7]): Pascal liefert höchstens ein *Motiv*, keinen Beleg. Außerdem gibt es noch unendlich viele Alternativen zum katholischen Glauben, darunter auch solche, bei denen ein Glaube zum vermeintlichen eigenen Vorteil hart bestraft werden könnte! Gilt das nicht sogar für den christlichen Glauben?

Da wir dem Theisten die Beleglast für seine Position aufgebürdet und seine Belege als nicht stichhaltig kritisiert haben, könnten wir die Diskussion nun beenden. Doch gibt es freilich nicht nur Argumente für den Theismus, die man sammeln und studieren kann, sondern auch Argumente dagegen. Solche Argumente sollen hier abschließend zusammengestellt werden. Dabei sind wir uns wieder darüber im Klaren, dass keines von ihnen zwingend sein kann.

Ist der Theismus überhaupt verständlich? Diese Frage haben wir bereits am Anfang besprochen, und wir wollen nun nicht mehr darauf eingehen.

Ist der Theismus prüfbar? Hier muss man verschiedene Behauptungen unterscheiden. Dass Gott *existiert*, ist eine Existenzbehauptung, die allenfalls bestätigt, nicht aber widerlegt werden kann. Steven Brams hat *spieltheoretisch* untersucht, ob wir übermenschliche Wesen überhaupt als solche erkennen könnten.[8] Dazu werden Eigenschaften wie Allwissenheit, Allmacht, Unsterblichkeit, Unbegreiflichkeit spieltheoretisch präzisiert, und es werden verschiedene Regeln für „Spiele" zwischen Menschen und überlegenen Wesen erwogen. So werden auch Fragen, die man traditionell eher für metaphysisch halten möchte, einer rationalen Diskussion zugänglich. Das Ergebnis ist weitgehend agnostisch: Man könnte solche Wesen in der Regel *nicht* als allwissend, allmächtig, unsterblich erkennen! Für die Frage der Erkennbarkeit Gottes scheint mir das ein wichtiger Ansatz.

Dass Gott in unser Leben *eingreift*, wäre prüfbar, wenn die Voraussagen konkret genug wären. Prüfbar wäre etwa die Behauptung, dass Gebete in mehr als zufälligem Maß erhört werden. Man stellt jedoch bald fest, dass theistische Auffassungen sich dieser Art von kritischer Prüfung nicht aussetzen: Ihre Aussagen sind so vage, dass sie mit jedem Verlauf vereinbar sind.

Auch unübersehbare *Widersprüche* werden nicht als Widerlegungen angesehen, sondern im Rahmen des Systems umgedeutet. Eine Religionsgemeinschaft hat für heute eine neue Sintflut errechnet. Ihre Mitglieder sammeln sich auf einem hohen Berg und beten um Rettung. Die Sintflut bleibt aus. Werden die Mitglieder in ihrem Glauben irre? Nein. Sie sagen: „Unser Gebet hat uns vor dem Untergang bewahrt." In ihrem Glauben fühlen sie sich sogar noch bestärkt.

Solche Immunisierungsstrategien finden sich in vielen theologischen Lehren: Gott wird gerade so gedeutet, dass eine Widerlegung unmöglich wird. Diese Beobachtung ist selbstverständlich kein Argument gegen die Existenz Gottes, sondern eine *Kritik* an theistischen Systemen und Strategien.

Misserfolgs-Argument: Ist der Theismus schon nicht prüfbar, weil er sich dem Risiko einer *Widerlegung* gar nicht erst aussetzt, so ist er doch wenigstens bestätigungsfähig. Aber zu welchem Schatz an Bestätigungen hat er es in zweieinhalbtausend Jahren eigentlich gebracht? Hatte er nicht Zeit und Gelegenheit, überzeugende Belege zu sammeln? Wo sind diese Belege?

Sollte gar jemand behaupten, der Theismus oder das Christentum hätten die Menschen besser und glücklicher gemacht, so wäre er oder sie durch Verweis auf die Fakten, insbesondere auf die Kirchengeschichte, leicht zu widerlegen.[9]

Doch naturgemäß beweist (oder belegt) ein solcher Erfolg oder Misserfolg bei dem Versuch, die Menschen moralisch zu bessern, über die Existenz (eines) Gottes überhaupt nichts.

Das Problem des Bösen, des Übels, des Leides (Theodizee-Problem): Dieses Problem, das schon weiter oben formuliert wurde, ist für den Theismus sicher eines der schwierigsten. Am leichtesten wird es gelöst, wenn Gott *nicht allmächtig* ist. (Damit beseitigt man gleichzeitig alle Allmachtsparadoxien.) Es scheint jedoch, dass die Kirchen von der Allmacht Gottes nicht abrücken wollen.

Symmetrie-Argumente: Fast jedes Argument für die Existenz Gottes lässt sich spiegeln in ein Argument für die Existenz des Teufels: Ist Existenz vielleicht eine negative Eigenschaft? Dann gibt es nicht Gott, sondern den Teufel. Ist diese Welt vielleicht die schlechteste aller möglichen Welten?[10] Beweisen meine Irrtümer nicht, dass es den *Teufel* gibt? Sind meine Triebe und Wünsche Belege dafür? Ist nicht auch der Teufelsglaube universell? Brauchen wir ihn nicht für die Erklärung des Bösen, als Maßstab für das Unwerte, als Erklärung für unsere Erfahrung mit bösen Geistern?

Diese Symmetrie ist nicht leicht aufzuheben. Müssen wir dann nicht, wenn wir an Gott glauben, auch an den Teufel glauben? Gehört nicht zum Theismus gleichberechtigt ein Diabolismus? Sollen wir ihm gegenüber auch Agnostiker bleiben? Ist es da nicht besser, die Existenz *beider*, Gottes wie des Teufels, zu verneinen?

Ökonomie-Argumente: Es besteht kein Zweifel, dass der Theismus hohen Erklärungswert hat. Letztlich kann er auf jede Frage, warum dies oder jenes der Fall sei, antworten: „Weil Gott es so wollte." Wissenschaftstheoretisch sind aber solche Universaltheorien, die jedes denkbare Ereignis erklären können, besonders verdächtig: Sie können nicht ernsthaft geprüft werden, weil sie selbst dann, wenn sie falsch sind, nicht als falsch erkannt werden können.

Aus dieser Schwierigkeit helfen Sparsamkeitsprinzipien: Von zwei im Übrigen gleichwertigen Hypothesen oder Theorien bevorzugen wir die jeweils einfachere. Lässt man ein solches Prinzip auch in theologischen Fragen gelten, dann ist zu prüfen, ob die theistischen Hypothesen entbehrlich sind. Für viele ist dann die Gotteshypothese zwar verständlich und nicht als falsch erkennbar, aber eben einfach überflüssig.

Unsere Überlegungen sollten dazu dienen, den Sinn der Titelfrage zu erläutern und Wege zu ihrer Beantwortung aufzuweisen. Wie ich als Autor die Titelfrage beantworte, sollte dabei keine wesentliche Rolle spielen. Entscheidend ist, ob die theistischen Argumente überzeugen oder nicht. Doch gewiss ist auch meine eigene Haltung in den Gedankengang eingeflossen. Es erscheint mir deshalb fair, die Titelfrage zuletzt auch für mich zu beantworten.

Zunächst meine ich, dass man dem Wort „Gott" durchaus eine verständliche Bedeutung geben kann. Aber ich glaube nicht an diesen Gott. Die Argumente für die Existenz Gottes überzeugen mich nicht. Von den berühmten Gottesbeweisen ist keiner zwingend, und auch die übrigen Argumente sind für mich weder einzeln noch in ihrer Gesamtheit überzeugend. Theist bin ich also nicht.

Bin ich nun Agnostiker oder Atheist? Wie bequem wäre es, könnte ich mich als Agnostiker davonstehlen! Meine Bemühungen um das Problem habe ich nachgewiesen; jetzt auf eine Parteinahme zu verzichten, macht den Eindruck einer salomonischen Entscheidung. Aber so einfach will ich es mir nicht machen. Tatsächlich sehe ich nicht, warum ich – außer aus taktischen Gründen – die Frage im Sinne des Agnostikers offen lassen sollte.

Fraglos kann niemand beweisen, dass es keinen Gott gibt. Aber gerade deshalb können wir auch nicht auf einen solchen Beweis warten. Theistische Auffassungen hatten lange genug Zeit, Belege aufzutreiben; sie sind dabei regelmäßig gescheitert. Wie sollen wir diesen Misserfolg erklären, wenn nicht durch die Annahme, dass es den theistischen Gott einfach nicht gibt?

Das Problem scheint mir also nicht einfach ungelöst zu sein. Schließlich gibt es sogar Argumente, die *gegen* die Existenz Gottes sprechen. Das Hauptproblem ist das Problem des Bösen. Das Leid unter den Menschen zeigt, dass es den vollkommenen Gott des Theismus, der sich um uns kümmert, nicht gibt.

Die übrigen Argumente sind eher methodologischer Natur. Sie zeigen, warum es sinnvoll ist, die Gotteshypothese zu verneinen: Sie ist, soweit verständlich, unprüfbar und insgesamt entbehrlich.

Deshalb bin ich Atheist.

Richard Dawkins
Die Unwahrscheinlichkeit Gottes

Vieles, was Menschen tun, tun sie im Namen Gottes. Iren sprengen einander in seinem Namen in die Luft. Araber sprengen sich selbst in seinem Namen in die Luft. Imame und Ayatollahs unterdrücken Frauen in seinem Namen. Im Zölibat lebende Päpste und Priester beflecken das Sexualleben von Menschen in seinem Namen. Jüdische Schächter schneiden in seinem Namen lebenden Tieren die Kehle durch. Die Großtaten der Religion in der Geschichte – blutige Kreuzfahrten, Inquisitionen mit Folter, massenmordende Eroberer, Kulturen vernichtende Missionare, gesetzlich untermauerter Widerstand gegen jeden neuen Mosaikstein wissenschaftlicher Wahrheit bis zum letzten Moment – sind sogar noch eindrucksvoller. Und wozu war das alles gut? Meines Erachtens wird zunehmend deutlich, dass die Antwort darauf lautet: zu absolut gar nichts. Es gibt keinen Grund zu glauben, dass irgendeine Art von Göttern existiere, aber recht gute Gründe anzunehmen, dass sie nicht existieren und auch nie existiert haben. Das Ganze war nur eine gigantische Verschwendung von Zeit und Leben. Wäre es nicht so tragisch, könnte man es für einen Scherz kosmischen Ausmaßes halten.

Warum glauben Menschen an Gott? Für die meisten Menschen liegt die Antwort nach wie vor in einer Variante des alten teleologischen Gottesbeweises. Wir sehen die Schönheit und Komplexität der Welt um uns herum – den aerodynamischen Flügelschlag einer Schwalbe, die Zartheit von Blüten und Schmetterlingen, die sie bestäuben, durch ein Mikroskop das Gewimmel des Lebens in jedem Tropfen Teichwasser, durch ein Fernglas die Krone eines riesigen Mammutbaumes. Wir denken über die komplexe Verschaltung und optische Perfektion unserer Augen nach, mit denen wir das sehen. Wenn wir nur ein bisschen Phantasie haben, dann vermitteln uns all diese Dinge ein Gefühl der Ehrfurcht und Achtung. Außerdem beeindruckt uns einfach die offensichtliche Ähnlichkeit lebender Organismen mit den sorgfältig ausgeklügelten Entwürfen menschlicher Ingenieure.

Die bekannteste Darstellung des teleologischen Gottesbeweises ist die Uhrmacher-Analogie des Priesters William Paley aus dem 18. Jahrhundert. Selbst wenn man nicht wüsste, was eine Uhr ist, so würden die offenkundig geplanten Eigenschaften ihrer Zahnräder und Federn sowie deren Ineinandergreifen zu einem bestimmten Zweck doch zwangsläufig darauf schließen lassen, „dass die Uhr von irgendjemandem geschaffen worden sein muss; dass zu irgendeinem Zeitpunkt an irgendeinem Ort ein oder mehrere Erschaffer existiert haben müssen, die sie zu jenem Zweck schufen, dem sie unseres Wissens nach tatsächlich dient; der begriff, wie sie aufgebaut sein muss, und sie zu diesem Zweck entwarf." Wenn dies für eine verhältnismäßig primitive Uhr gilt, wie viel mehr muss dies dann für das Auge, das Ohr, die Nieren, dass Ellbogengelenk und das Gehirn gelten? Diese großartigen, komplizierten, diffizilen und offensichtlich zu einem bestimmten Zweck erschaffenen Strukturen müssen von einem Schöpfer eigens entworfen worden sein, von einem Uhrmacher – von Gott.

So lautete Paleys Beweisführung – eine Beweisführung, die nahezu alle nachdenklichen, sensiblen Menschen irgendwann in ihrer Kindheit selbst entdecken. In der Geschichte muss sie wohl die meiste Zeit absolut überzeugend und selbstverständlich gewirkt haben. Und doch wissen wir heute infolge einer der beeindruckendsten intellektuellen Revolutionen der Geschichte, dass sie falsch ist – oder zumindest überflüssig. Wir wissen heute, dass die Ordnung und die scheinbare Zweckdienlichkeit der lebendigen Welt durch einen völlig anderen Prozess zustande kamen, für dessen Funktionieren es keinen Schöpfer geben muss; er ergibt sich im Grunde aus sehr einfachen Gesetzen der Physik. Es handelt sich um den von Charles Darwin und unabhängig davon von Alfred Russel Wallace entdeckten Prozess der Evolution durch natürliche Selektion.

Was haben all die Objekte, die aussehen, als müssten sie von jemandem entworfen worden sein, gemeinsam? Die Antwort lautet: die statistische Unwahrscheinlichkeit. Wenn wir einen durchsichtigen Kieselstein finden, der vom Meer so abgeschliffen wurde, dass er grob die Form einer Linse hat, schließen wir daraus nicht, dass er von einem Optiker entworfen worden sein muss. Dieses Ergebnis kann ohne weitere Hilfe alleine durch die Gesetze der Physik erzielt werden; es ist nicht so unwahrscheinlich, dass es nicht einfach „passiert" sein könnte. Wenn wir allerdings eine ausgefeilte Verbundlinse haben, die genauestens gegen sphärische und chromatische Aberration korrigiert ist, die beschichtet ist, damit sie nicht spiegelt, und auf deren Rand „Carl Zeiss" eingraviert ist, dann wissen wir, dass dies alles nicht zufällig passiert sein kann. Würde man all die Atome einer solchen Verbundlinse nehmen und diese nach dem Zufallsprinzip unter dem Einfluss der normalen physikalischen Gesetze in der Natur zusammenwürfeln, wäre es *theoretisch* möglich, dass sich die Atome durch einen glücklichen Zufall genau in dem Muster einer Zeiss-Verbundlinse anordneten und selbst die Atome am Rand der Linse zufällig genau so zu liegen kämen, dass dadurch der Name Carl Zeiss erkennbar wäre. Aber die Zahl der anderen Möglichkeiten, wie sich die Atome mit gleicher Wahrscheinlichkeit anordnen könnten, ist so gigantisch, so gewaltig, so unermesslich viel größer, dass wir die Zufallshypothese völlig außer Acht lassen können. Der Zufall steht als Erklärung außer Frage.

Dies ist übrigens kein Zirkelschluss. Es könnte als solcher erscheinen, weil man auch sagen könnte, dass *jede* bestimmte Anordnung von Atomen im Nachhinein äußerst unwahrscheinlich ist. Wie schon gesagt, wenn ein Ball auf einem Golfplatz auf einem bestimmten Grashalm landet, wäre es töricht zu rufen: „Der Ball hätte auf Milliarden Grashalme fallen *können*, aber er fiel tatsächlich auf diesen einen. Wie verblüffend, wie unfassbar unwahrscheinlich!" Der Trugschluss hierbei ist natürlich, dass der Ball irgendwo landen musste. Wir können nur verblüfft über die Unwahrscheinlichkeit eines eingetretenen Ereignisses reagieren, wenn wir es *a priori* präzisiert haben: Wenn sich beispielsweise ein Mann mit verbundenen Augen auf dem Abschlag umdreht, per Zufall den Ball trifft und dabei mit einem Schlag einlocht. Das wäre wirklich verblüffend, weil das Ziel des Balles im Voraus festgelegt ist.

Von all den Billionen unterschiedlicher Möglichkeiten, die Atome eines Teleskops zusammenzusetzen, würde nur eine Minderheit tatsächlich auf sinnvolle Weise funktionieren. Nur auf einer verschwindenden Minderheit wäre Carl Zeiss eingraviert oder überhaupt *irgendwelche* erkennbaren Wörter einer menschlichen Sprache. Das Gleiche gilt für die Bestandteile einer Uhr: Von all den Milliarden potenzieller Möglichkeiten, sie zusammenzusetzen, würde nur eine verschwindend geringe Minderzahl die Zeit anzeigen oder irgendetwas anderes Zweckmäßiges zustande bringen. Und natürlich gilt das Gleiche *a fortiori* für die Bestandteile des Körpers eines Lebewesens. Von all den Billionen über Billionen Möglichkeiten, die Teile eines Körpers zusammenzusetzen, würde nur eine unendlich geringe Minderheit leben, Nahrung suchen und verzehren und sich fortpflanzen. Es stimmt zwar, dass es viele verschiedene Möglichkeiten gibt, die zu Lebewesen führen – mindestens zehn Millionen unterschiedliche Wege, wenn wir die Zahl der verschiedenen heute lebenden Tierarten zugrunde legen –, aber ganz gleich, wie viele Möglichkeiten es auch für Lebewesen geben mag, sicher ist, dass es weitaus mehr Möglichkeiten für tote Dinge gibt!

Wir können getrost schließen, dass lebende Organismen um viele Milliarden Mal zu kompliziert sind – statistisch gesehen zu unwahrscheinlich –, als dass sie durch reinen Zufall entstanden sein könnten. Wie aber sind sie dann entstanden? Die Antwort lautet, dass tatsächlich der Zufall ins Spiel kommt, aber nicht ein einzelner gewaltiger Akt des Zufalls, sondern vielmehr eine ganze Reihe aufeinander folgender winziger zufälliger Schritte, von denen jeder klein genug war, dass er glaubhaft das Produkt seines Vorgängers sein konnte. Hervorgerufen werden diese kleinen zufälligen Schritte durch genetische Mutationen, durch zufällige Veränderungen – im Grunde Fehler – im genetischen Material. Daraus entstehen Veränderungen des existierenden Körperbaus. Die meisten dieser Veränderungen sind nachteilig und führen zum Tod. Eine Minderheit davon stellt sich jedoch als leichte Verbesserung heraus, mit der Folge, dass sich die Überlebensfähigkeit und der Fortpflanzungserfolg erhöhen. Durch diesen Prozess der natürlichen Selektion breiten sich die zufälligen Veränderungen, die sich als vorteilhaft erweisen, letztendlich innerhalb einer Art aus und werden zur Norm. Nun ist der Boden bereitet für die nächste kleine Veränderung im Evolutionsprozess. Nach, sagen wir, 1000 dieser kleinen Veränderungen hintereinander, von denen jede die Grundlage für die nächste bildet, ist das Endergebnis durch den Prozess der Akkumulation viel zu komplex geworden, als dass es durch einen einzelnen zufälligen Akt zustande gekommen sein könnte. So ist es beispielsweise theoretisch denkbar, dass ein Auge durch einen einzelnen glücklichen Zufall aus dem Nichts entsteht: sagen wir, aus bloßer Haut. Es ist theoretisch in dem Sinne möglich, dass eine Anleitung in Form einer großen Zahl von Mutationen aufgeschrieben sein könnte. Wenn alle diese Mutationen gleichzeitig erfolgten, könnte in der Tat aus dem Nichts ein vollständiges Auge entstehen. Aber obschon dies theoretisch möglich ist, ist es praktisch unvorstellbar. Dazu wäre viel zu viel Glück erforderlich. Für die „richtige" Anleitung sind gleichzeitige Veränderungen an einer riesigen Zahl von Genen notwendig. Die richtige Anleitung ist eine bestimmte Kombination von Veränderungen von Billionen gleich wahrscheinlicher Kombinationen von Veränderungen. Eine derart wundersame Fügung können wir mit Sicherheit ausschließen. Hingegen ist es *absolut* plausibel, dass das moderne Auge aus etwas sehr Ähnlichem, nur unwesentlich anderem entstanden sein könnte: aus einem geringfügig weniger hoch entwickelten Auge. Genauso lässt sich argumentieren, dass dieses geringfügig weniger hoch entwickelte Auge aus einem noch etwas weniger hoch entwickelten Auge hervorgegangen sei und so weiter. Wenn man zwischen jedem evolutionären Schritt und dessen Ausgangsstadium eine *ausreichend große Zahl ausreichend kleiner Abweichungen* annimmt, kann man zwangsläufig ein vollständiges, komplexes, funktionsfähiges Auge aus einem Stück bloßer Haut ableiten. Wie viele Zwischenstadien dürfen wir postulieren? Das hängt davon ab, wie viel Zeit wir zur Verfügung haben. Hatten die Augen genügend Zeit, um sich durch kleine Schritte aus dem Nichts zu entwickeln?

Aus den Fossilfunden wissen wir, dass das Leben auf der Erde vor über 3000 Millionen Jahren entstand. Es ist für einen Menschen fast unmöglich, sich einen derart gewaltigen Zeitraum vorzustellen. Glücklicherweise sehen wir von Natur aus unsere eigene Lebenserwartung als recht langen Zeitraum an, aber diese liegt noch nicht einmal bei einem Jahrhundert. Seit Jesus lebte, sind 2000 Jahre vergangen – eine ausreichend lange Zeitspanne, um die Unterscheidung zwischen Geschichte und Mythos zu verwischen. Können Sie sich eine Million solcher Zeiträume hintereinander vorstellen? Nehmen wir an, wir wollten die gesamte Geschichte auf einer einzelnen langen Schriftrolle aufschreiben. Wenn wir die gesamte Geschichte unserer Zeitrechnung auf einen Meter Rolle zusammendrängen würden, wie lang wäre dann der Teil der Schriftrolle vor unserer Zeitrechnung bis zum Beginn der Evolution? Die Schriftrolle für die Zeit vor unserer Zeitrechnung würde sich von Mailand bis Moskau erstrecken. Überlegen Sie, was dies für die Menge der evolutionären Veränderungen bedeutet, die sich darin unterbringen lassen! All die Hunderassen – Pekinesen, Pudel, Spaniels, Bernhardiner und Chihuahuas – entstanden in einer Zeitspanne von Hunderten, bestenfalls Tausenden von Jahren aus Wölfen: nicht mehr als zwei Meter auf einer Strecke von Mailand nach Moskau. Denken Sie daran, wie viele Veränderungen für den Wandel von einem Wolf zu einem Pekinesen notwendig sind, und multiplizieren Sie diese Zahl dann mit einer Million. So betrachtet, fällt es leicht zu glauben, dass ein Auge durch kleine Schritte aus dem Nichts entstanden sein könnte.

Dennoch müssen wir uns davon überzeugen, dass jede Zwischenstufe auf dem Entwicklungsweg, beispielsweise von bloßer Haut bis zum modernen Auge, von der natürlichen Selektion begünstigt worden sein muss – also eine Verbesserung gegenüber dem vorhergehenden Stadium der Abfolge sein musste oder zumindest überlebt hat. Es ist nicht unbedingt überzeugend, dass es theoretisch eine Kette gerade so wahrnehmbarer unterschiedlicher Zwischenstadien gibt, die zu einem Auge führen, wenn viele dieser Zwischenstadien ausgestorben sind. Manchmal wird behauptet, die Teile eines Auges müssten alle vorhanden sein, da dieses sonst überhaupt nicht funktionieren würde. Ein halbes Auge, so das Argument, sei auch nicht besser als gar kein Auge. Mit einem halben Flügel kann man nicht fliegen; mit einem halben Ohr kann man nicht hören. Daher kann es auch keine Reihe von Zwischenstadien gegeben haben, die Schritt für Schritt zu einem modernen Auge, Flügel oder Ohr geführt haben.

Diese Argumentationsform ist so naiv, dass man sich nur darüber wundern kann, aus welchen unterbewussten Motiven man dies glauben möchte. Es ist eindeutig falsch, dass ein halbes Auge nutzlos ist. An grauem Star Erkrankte, denen die Linse des Auges operativ entfernt wurde, können ohne Brille nicht besonders gut sehen, sind aber immer noch weitaus besser dran als Menschen ohne Augen. Ohne Linse kann man nicht scharf stellen und ein detailliertes Bild wahrnehmen, man kann aber vermeiden, gegen Hindernisse zu stoßen, und man könnte den Schatten eines lauernden Räubers erkennen.

Ähnliches gilt für das Argument, mit einem halben Flügel könne man nicht fliegen – es wird von einer Vielzahl sehr erfolgreicher Gleitflieger widerlegt, darunter viele verschiedene Säugetierarten, Echsen, Frösche, Schlangen und Kalmare. Zahlreiche unterschiedliche baumbewohnende Tierarten besitzen Hautlappen zwischen den Gelenken, die im Grunde nichts anderes sind als Teile von Flügeln. Beim Sturz aus einem Baum kann jeder Hautlappen oder jede Abflachung des Körpers, welche die Oberfläche vergrößert, lebensrettend sein. Und ganz gleich, wie klein oder groß diese Hautlappen sein mögen, es gibt stets eine kritische Höhe: Wenn Sie von einem Baum dieser Höhe stürzen, hätte Ihr Leben durch nur ein wenig mehr Oberfläche gerettet werden können. Wenn Ihre Nachkommen nun diese zusätzliche Oberfläche entwickelt haben, würde ihr Leben durch dieses klein wenig Mehr gerettet, selbst wenn sie aus einem noch etwas höheren Baum fielen. Und so weiter in unmerklich abgestuften Schritten, bis wir Hunderte Generationen später bei vollständigen Flügeln angelangt sind.

Augen und Flügel können nicht in einem einzigen Schritt entstehen. Das käme dem fast unendlichen Glück gleich, zufällig die Zahlenkombination zu treffen, mit der sich der große Tresor einer Bank öffnen lässt. Würde man jedoch ein Zahlenschloss nach dem Zufallsprinzip drehen und jedes Mal, wenn man der Glückszahl ein Stück näher kommt, würde die Tresortür einen Spalt weiter aufknarren, dann hätte man die Tür bald offen! Das ist im Wesentlichen das Geheimnis, wie die Evolution durch die natürliche Selektion erreicht, was einst unmöglich schien. Dinge, die man nicht plausibel von sehr unterschiedlichen Ausgangsstadien ableiten kann, lassen sich *recht plausibel* von leicht abweichenden Ausgangsstadien ableiten. Nur unter der Voraussetzung, dass es eine ausreichend lange Abfolge solcher leicht abweichender Ausgangsstadien gibt, lässt sich alles von allem anderen ableiten. Somit vermag die Evolution *theoretisch* die Aufgabe zu erfüllen, die einst Gott vorbehalten schien. Gibt es jedoch irgendwelche Beweise dafür, dass die Evolution tatsächlich stattgefunden hat? Die Antwort lautet ja – die Beweise sind überwältigend. Millionen von Fossilien werden an genau denjenigen Stellen und in exakt denjenigen Tiefen gefunden, wo man sie erwarten würde, sofern eine Evolution erfolgt ist. Kein einziges Fossil wurde je an einem Ort gefunden, an dem es der Evolutionstheorie zufolge nicht zu erwarten gewesen wäre, obgleich dies recht leicht hätte passieren *können*: Ein fossiles Säugetier in Gesteinen, die so alt sind, dass es damals noch nicht einmal Fische gab, würde beispielsweise ausreichen, um die Evolutionstheorie zu widerlegen.

Die Verbreitungsmuster der heute lebenden Tiere und Pflanzen auf den Kontinenten und Inseln der Welt entspricht genau dem, was man erwarten würde, wenn sie sich durch langsame, allmähliche Abstufungen aus gemeinsamen Vorfahren entwickelt hätten. Die Ähnlichkeiten zwischen Tieren und Pflanzen entspricht exakt den Erwartungen, sofern einige von ihnen nah miteinander verwandt sind und andere entfernter. Die Tatsache, dass der genetische Code bei allen Lebewesen derselbe ist, spricht mit überwältigender Wahrscheinlichkeit dafür, dass sie von einem einzigen Vorfahren abstammen. Die Beweise für die Evolution sind so zwingend, dass es nur einen Weg gibt, die Schöpfungstheorie aufrechtzuerhalten: Die Annahme, dass Gott absichtlich enorme Mengen von Beweisen unterschob, damit es so *aussieht*, als hätte eine Evolution stattgefunden. Mit anderen Worten, die Fossilien, die geographische Verbreitung von Tieren und so weiter sind alle lediglich ein gigantischer Betrug. Möchte irgendjemand einen Gott anbeten, der zu solchen Betrügereien imstande ist? Es ist sicherlich weitaus ehrfurchtsvoller und zudem wissenschaftlich viel sinnvoller, die Beweise für bare Münze zu nehmen. Alle Lebewesen sind miteinander verwandt und stammen von einem entfernten Vorfahren ab, der vor über 3000 Millionen Jahren lebte.

Der teleologische Gottesbeweis wurde somit als Grund für den Glauben an einen Gott ausgeräumt. Gibt es noch andere Argumente? Manche Menschen glauben an Gott, weil sie offenbar innerlich davon überzeugt sind. Solche Überzeugungen sind nicht immer erbaulich, aber zweifellos empfinden sie die Betreffenden als real. Viele Insassen von Irrenanstalten haben die unerschütterliche innere Überzeugung, sie seien Napoleon oder sogar Gott selbst. Für die Betreffenden besteht keinerlei Zweifel an der Stärke dieser Überzeugung, aber das ist für uns andere noch lange kein Grund, ebenfalls daran zu glauben. Da sich solche Überzeugungen gegenseitig widersprechen, können wir gar nicht allen glauben.

Und noch etwas sollte erwähnt werden. Evolution durch natürliche Selektion erklärt vieles, konnte aber nicht aus dem Nichts beginnen. Sie konnte erst beginnen, als es eine Art rudimentäre Fortpflanzung und Vererbung gab. Die moderne Vererbung beruht auf dem DNA-Code, der selbst zu kompliziert ist, um spontan durch einen einzelnen Zufallsakt entstanden sein zu können. Das bedeutet offenbar, dass es irgendeine Art früheres, heute nicht mehr existierendes Vererbungssystem gegeben haben muss, das so einfach war, dass es durch Zufall und die Gesetze der Chemie entstehen konnte, und das dann das Medium lieferte, in dem eine primitive Form kumulativer natürlicher Selektion ihren Anfang nehmen konnte. Die DNA war ein späteres Produkt dieser früheren kumulativen Selektion. Vor dieser ursprünglichen Form der natürlichen Selektion gab es eine Periode, in der komplexe chemische Verbindungen aus einfacheren aufgebaut wurden, und davor eine Periode, in der aus einfacheren Elementen nach den wohl bekannten Gesetzen der Physik die chemischen Elemente hervorgingen. Davor lag der Urknall, bei dem das Universum entstand, das letztlich ganz aus reinem Wasserstoff aufgebaut ist.

Viele neigen zu dem Einwand, dass Gott zwar nicht gebraucht wird, um die Evolution einer komplexen Ordnung zu erklären, als das Universum mit seinen grundlegenden Gesetzen der Physik erst einmal seinen Anfang genommen hatte, dass wir aber Gott benötigen, um die Entstehung all dieser Dinge zu erklären. Wenn das so wäre, hätte Gott nicht allzu viel zu tun gehabt: Er musste nur den Urknall in Gang setzen und konnte sich dann abwartend zurücklehnen, weil alles Weitere von selbst passierte. Peter Atkins, Professor für physikalische Chemie, postuliert in seinem wunderbar geschriebenen Buch *Schöpfung ohne Schöpfer* einen faulen Gott, der bestrebt ist, so wenig wie möglich tun zu müssen, um alles in Gang zu setzen. Atkins erklärt, wie jeder Schritt in der Geschichte des Universums aufgrund einfacher physikalischer Gesetze auf seinen Vorgänger folgte. Dadurch beschränkt er die Arbeit, die der faule Schöpfer erledigen müsste, auf ein Minimum, und gelangt letztlich zu dem Schluss, dass er eigentlich überhaupt nichts tun musste!

Die Einzelheiten der ersten Phase des Universums gehören ins Reich der Physik, ich hingegen bin Biologe und befasse mich daher mehr mit den späteren Phasen der Evolution der Komplexität. Für mich ist der entscheidende Punkt folgender: Selbst wenn der Physiker das Vorhandensein eines nicht mehr reduzierbaren Minimums zu Beginn postulieren muss, damit das Universum überhaupt seinen Anfang nehmen konnte, so ist dieses nicht mehr reduzierbare Minimum sicherlich extrem einfach. Definitionsgemäß sind Erklärungen, die auf einfachen Vorbedingungen aufbauen, plausibler und befriedigender als Erklärungen, die komplexere und statistisch unwahrscheinlichere Ausgangspunkte voraussetzen müssen. Und es kann kaum etwas Komplexeres geben als einen allmächtigen Gott!

Bernulf Kanitscheider
Die Feinabstimmung des Universums

Es besteht kein Zweifel daran, dass unser Universum, großräumig betrachtet, recht lebensfeindlich ist. Schon ein Blick auf die unmittelbare Umgebung unseres Planeten macht deutlich, dass die wenigen bewohnbaren Kilometer Luftraum oberhalb des Meeresspiegels eine außerordentliche Ausnahme in der Natur darstellen. Bereits die höchsten Punkte der Erdoberfläche sind für die meisten Menschen, wenn überhaupt, nur mit künstlichen Atmungshilfen erreichbar, die Tiefen der Meere, ohne hohen technischen Aufwand, gar nicht. Der Weltraum ist fast leer. Die anderen Planeten besitzen entweder keine oder lediglich eine für Menschen völlig ungeeignete oder extrem giftige Atmosphäre.

Soweit wir bis jetzt wissen, hat sich nur auf dem dritten Planeten dieses Sonnensystems, das sich in ca. 250 Millionen Jahren einmal um das Zentrum einer mächtigen Spiralgalaxis dreht, eine Form komplexer Systeme entwickelt, die wir als organisches Leben bezeichnen und die in ihren Spätstadien Bewusstsein, Intelligenz und Erkenntnis hervorgebracht hat. Die Entstehung, die Entwicklung und langzeitliche Aufrechterhaltung dieses Typus von Komplexität bedürfen einer großen Zahl lokaler, unmittelbar einsichtiger notwendiger Vorbedingungen. So muss ein mit äußerster Konstanz arbeitender, permanent Energie liefernder Zentralkörper gegeben sein; ferner eine auf der Ekliptik schief stehende Erdachse für die Erzeugung von Jahreszeiten; ein Magnetfeld, das nur kurzfristige Unterbrechungen besitzen darf, um uns vor der harten kosmischen Strahlung zu schützen, eine Erdbahn um den zentralen Stern mit geringer Exzentrizität, um heftige Variationen in der Energiezufuhr zu vermeiden; eine Ozonschicht, um die harte Ultraviolettstrahlung abzuwehren. Für Bedingungen dieser Art, die notwendige Voraussetzungen für Entstehung, Entwicklung und Aufrechterhaltung von Leben auf unserem Planeten darstellen, hat man den Namen *Feinabstimmung* eingeführt. Da die eben genannten astronomischen und astrophysikalischen Bedingungen unsere unmittelbare Umgebung betreffen, kann man auch von lokaler Feinabstimmung sprechen.

Der enge Spielraum der astronomischen Vorbedingungen für die Existenz von Leben auf unserem Planeten war schon lange Zeit bekannt und wurde bereits im 18. Jahrhundert von den Verteidigern einer teleologischen, also geplanten Naturverfassung zur Argumentationshilfe eingesetzt. Hauptvertreter der teleologischen Deutung des Passungscharakters der Tier- und Pflanzenwelt war William Paley.[1] Paleys zentrale Denkfigur ist die Uhrenmetapher. Wenn jemand in der Heide eine Uhr findet, dann kommt er nicht auf die Idee, dass diese von selbst dort entstanden ist, sondern er vermutet ohne zu zögern, dass es einen Hersteller dieses Kunstproduktes gegeben haben muss. Diese Denkfigur wollte Paley in der ganzen Natur realisiert sehen, ein hoher Ordnungsgrad verweist nach ihm immer auf einen Ordner. Allerdings hat schon David Hume die logische Schwäche des Analogieschlusses von dem Uhrenuniversum auf den Uhrmacher kritisiert. Es lassen sich nämlich auch andere Analogien für das Universum finden. Man kann es z.B. ebenso gut als großen Organismus betrachten, und Lebewesen entstehen offensichtlich von selbst. Wir sehen in unserer Umgebung, wie Pflanzen und Tiere völlig ohne Planung in der Natur wachsen und gedeihen. In dieser Hinsicht gleichen Lebewesen gar nicht unseren Kunstwerken. Überdies leistet die Uhrmacheranalogie nicht, was sie eigentlich sollte, nämlich einen Existenzbeweis für einen göttlichen Schöpfer zu liefern, denn jeder Architekt prägt immer nur neue Formen einem bereits vorhandenen Material auf, kein Uhrmacher erzeugt Uhren aus dem Nichts.[2]

In jüngster Zeit hat sich die Diskussion um die Herkunft dieser Feinabstimmungen insofern verdichtet, als sich zeigen ließ, dass eine Reihe der notwendigen Vorbedingungen für intelligentes Leben mit sehr speziellen Eigenschaften unseres Universums verbunden ist. Nicht nur unsere lokale astronomische Umgebung muss eine definitive Struktur besitzen; auch das Universum im Großen bedarf der Feinabstimmung. Die Notwendigkeit einer solchen *globalen Feinabstimmung* kann man auf folgende Weise einsehen. Wir Menschen selbst und alles Leben, das wir bisher kennen, ist auf den vier Elementen Kohlenstoff (C), Wasserstoff (H), Sauerstoff (O) und Stickstoff (N) aufgebaut, was man auch dadurch ausdrückt, dass wir so genanntes CHON-Leben repräsentieren. Es ist zwar nicht endgültig entschieden, ob jedes Leben vom CHON-Typ sein muss, aber unser Leben ist von dieser Art, also müssen wir fragen, wie die notwendigen kosmischen Voraussetzungen für die Entstehung dieser vier Elemente lauten. Nach heutigem astrophysikalischem Wissen stammen nur Wasserstoff und Helium (He) aus der Frühzeit des Universums. Alle schweren Elemente jenseits von He – die Astrophysiker sprechen hier von Metallen – werden in den Spätstadien der Sternentwicklung erzeugt. Da Sterne sich nur innerhalb von Galaxien bilden können, müssen die galaktische Evolution und einige Sterngenerationen abgewartet werden, bis das interstellare Medium so mit Metallen, also Elementen jenseits von Helium, angereichert ist, dass Fixsterne mit einem Planetenkranz entstehen, die die passende Elementverteilung besitzen. Damit ergibt sich bereits eine Untergrenze für das Alter des Universums. Nur eine Welt, die ausreichend alt und nach der allgemeinen Relativitätstheorie dann auch entsprechend groß ist[3], kann die biochemisch wichtigen Elemente aufbauen und enthält damit die notwendigen Bedingungen für CHON-Leben. Ein Universum, das extrem materiedicht ist und lange vor der Bildung irgendwelcher galaktischer und stellarer Strukturen wieder rekollabiert, wird – vorausgesetzt,

Die Feinabstimmung des Universums

dass unser Wissen von der neurobiologischen Basis von Intelligenz nicht völlig falsch ist – unerkannt verschwinden. Nicht nur die Raumzeit, auch die Gesetzesstruktur ist durch die Forderung der Lebensmöglichkeit stark eingeengt.

Die Durchmusterung unserer Naturgesetze und Naturkonstanten hat ergeben[4], dass der Spielraum bezüglich beider extrem klein ist, wenn das Universum nicht der Möglichkeit, Leben zu beherbergen, beraubt werden soll. Anders ausgedrückt: Bereits kleinste Änderungen in den Gesetzen und in den Konstanten würden Leben zu irgendeinem Zeitpunkt in der Entwicklung des Universums unmöglich machen. Dabei ist zu betonen, dass Feinabstimmung zunächst ein rein deskriptiver Begriff ist, der nicht von selbst auf einen Feinabstimmer weist. Die teleologische Deutung ist eine mögliche Hypothese, um die Koinzidenzen zu erklären, wie wir noch sehen werden. Wie viel lokale und globale Feinabstimmung benötigt wird, um Leben zu ermöglichen, kann völlig objektiv durch logische Analyse festgestellt werden.

Bereits in Bezug auf den Urknall sind Variationen denkbar, die ganz und gar nicht zu einem lebensfreundlichen Universum geführt hätten. Einzelne kosmologische Modelle lassen durchaus die Möglichkeit zu, dass die Materie in einer extrem irregulären, unkoordinierten und turbulenten Form aus dem Urknall heraustritt. Als Folge hätte sich die Materie in Form riesiger schwarzer Löcher organisiert und sicher nicht als großräumige glatte Galaxienverteilung, in der jahrmilliardenlang chemische Evolution betrieben wird. Selbstverständlich hätte das Universum auch extrem kurzlebig sein können, beispielsweise nach einer Sekunde wieder rekollabieren können, oder es wäre so rasant expandiert, dass alle keimhaften Ansätze einer Galaxienbildung von der dynamischen Expansion sofort wieder zunichte gemacht worden wären.

Unabdingbar ist nach heutigem Wissen von Strukturentstehung auch das Vorhandensein eines thermodynamischen Ungleichgewichtes. In einer Gleichgewichtssituation, zum Beispiel in einer statischen Welt, kann keine Selbstorganisation anlaufen.[5] Nur in einem flachen Universum, in dem die Expansion weder zu schnell noch zu langsam ist, können die Kondensationskeime – die kleinen Dichtekontraste in der primordialen Materie – so wachsen, dass nach einigen Milliarden Jahren galaktische Strukturen entstehen. Auch extrem anisotrope Expansionsformen oder solche, in denen zugleich Expansion und Kontraktion in verschiedenen Teilen des Universums auftritt, liefern keine günstigen Vorbedingungen für die Galaxienentstehung. Die Existenz solcher permanenter Basen für Leben scheint an einer geradezu atemberaubenden Präzision der Feinabstimmung der Expansionsbewegung zu hängen, die knapp nach dem Urknall, d.h. zur Planck-Zeit (10^{-43} Sekunden nach dem Anfang), mit einer Genauigkeit von $1:10^{54}$ erfüllt gewesen sein muss. Die Glattheit und die Flachheit unseres Universums lassen sich im Prinzip auch kausal erklären, wenn man in die sehr frühe Zeit des Universums eine kurz wirkende beschleunigte Expansion einbaut, die so genannte inflationäre Phase. Beim inflationären Szenarium erfährt das Universum nach kurzer anfänglicher Abbremsung eine enorme exponentielle Beschleunigung der Expansion, die seine Größe innerhalb von 10^{-35} Sekunden um den Faktor $10^{1\,000\,000}$ erhöht. Dieser Vorgang extremer Streckung bedeutet, dass der sichtbare Bereich des Universums aus einer viel kleineren Region entstanden ist, die glatt und koordiniert war. Alle Unregelmäßigkeiten und Inhomogenitäten, wenn es sie am Anfang gegeben hätte, würden auf solche Weise zu Null gedehnt. Aber das Abstimmungsproblem wird damit nur verschoben. Der Inflationsvorgang selber muss so exakt dosiert sein, dass er genau die richtige Größenordnung von Anfangsirregularitäten liefert, die weder zu fein noch zu grobkörnig sein dürfen, um später die Bildung von Galaxien zu ermöglichen. Trotz der kausalen Erklärung der Glattheit und Flachheit des Universums lässt sich auf diese Weise die Forderung nach notwendigen Voraussetzungen für die Existenz von Leben nicht umgehen.

Hoch empfindlich für kleine Variationen sind auch die vier Grundkräfte, die nach unserem Wissen heute die Welt regieren. Auch sie stehen unter einer engen Beschränkung, wenn Leben in einer Welt möglich sein soll. Um nur einige Beispiele zu nennen: Wäre die schwache Wechselwirkung nur wenige Prozent stärker, hätte sich schon im Feuerballstadium des Universums aller Wasserstoff in Helium verwandelt, es gäbe keinen Brennstoff für die Hauptreihensterne mittlerer Größenordnung wie die Sonne. Ein Abschwächen der starken Wechselwirkung (Kernkraft) hätte gleich zu Anfang die Entstehung von Wasserstoff verhindert, weil die Neutronen (n) nicht in Protonen (p) zerfallen wären. Für den Aufbau von Kohlenstoff in schweren Sternen darf die Stärke der Kernkraft höchstens um 1 Prozent von dem Wert verschieden sein, den sie hat. Unsere Energiequelle, die Sonne, ist ein gasdynamisches Gebilde, dessen Stabilität an dem ausgewogenen Verhältnis von Elektromagnetismus und Gravitation hängt. Eine etwas stärkere elektromagnetische Wechselwirkung würde die Hauptreihensterne in so genannte rote Riesen verwandeln, die sicher zu kalt wären, um eine biologische Evolution in Gang zu setzen. Eine kleine Schwächung des Elektromagnetismus hingegen würde sie zu heißen blauen Sternen machen, mit viel zu kurzer Lebenszeit für eine biologische Evolution. Bereits eine einprozentige Steigerung der elektromagnetischen Kraft hätte zum Ergebnis, dass die chemischen Vorgänge um so viel langsamer ablaufen, dass die Lebensentwicklung zweimal so viel Zeit benötigt hätte. Eine Verdoppelung der Stärke des Elektromagnetismus brächte bereits eine Zeiterfordernis von 10^{62} Jahren für den Aufbau intelligenten Lebens mit sich, was aber völlig nutzlos wäre, da inzwischen alle Protonen, die vermutlich eine Halbwertszeit von 10^{32} Jahren besitzen, zerfallen wären. Auch die Gravitation muss, wenn Leben im Universum auftauchen soll, fein abgestimmt sein. De facto ist die Schwerkraft 10^{39}-mal schwächer als der Elektromagnetismus. Wäre dieses Verhältnis nur 6 Größenordnungen anders, also 10^{33}, hätten die Sterne um den Faktor 10^9 weniger Massen, würden aber 10^6-mal schneller brennen. Das gleiche Gedankenspiel kann man mit den Teilchenmassen von Neutron, Proton und Elektron (e^-), den Hauptmateriebestandteilen, durchführen.[6] Auch hier zeigt sich, dass nur minimale Toleranz existiert, soll das Universum nicht seine Fähigkeit verlieren, intelligentes CHON-Leben zu generieren. Was in jedem Fall beeindruckt, ist die Fülle von Feinabstimmungen, die vorhanden sein müssen, damit nur die notwendigen, wenngleich nicht hinreichenden Bedingungen für die Entstehung von Leben gegeben sind. In der Feinabstimmung drückt sich also synthetisches Wissen über die Welt aus, das man aus keiner apriorischen Überlegung hätte gewinnen können.

Der nächste Schritt besteht nun darin, eine *Erklärung* für diese faktische Situation zu geben. Hier setzt nun das viel umstrittene *anthropische Prinzip* ein, das sich bemüht, in verschiedener Form die Frage anzugehen, *warum* das Universum so penibel diese vielen lebensfreundlichen Bedingungen erfüllt – angesichts der weiten physikalischen Möglichkeiten, die von den Gesetzen her gegeben sind.

Man hat dem anthropischen Prinzip, vor allem in seiner schwachen Form, den Vorwurf der Tautologie gemacht. In der Tat ist die Formulierung, dass Menschen nicht in einem Universum vorhanden wären, das nicht die notwendigen Bedingungen für deren Entstehung erfüllt, zwar analytisch wahr, aber auch trivial. Dasselbe gilt, wenn man das anthropische Prinzip als Konsistenzbedingung formuliert[7], d. h. es so ausdrückt, dass unsere lokale und globale Umgebung logisch vereinbar mit unserer Existenz sein muss. Auch da wird klar, dass es sich beim anthropischen Prinzip nicht um eine *kausale Relation* handelt, sondern um eine *logische Relation*. Aus diesem Grund ist dieses Prinzip sicher kein neues Erklärungsschema für die Welt, das etwa dem Relativitätsprinzip oder dem Prinzip der kleinsten Wirkung oder dem Pauli-Prinzip an die Seite gestellt werden könnte. Durch seine logische Kopplung von menschlicher Existenz und Universum fordert das anthropische Prinzip auf, die Voraussetzungen für die Existenz von Leben, Bewusstsein und Intelligenz zu erforschen.

Es hat also eigentlich *heuristischen* Charakter. Zudem ist weder das schwache noch das starke anthropische Prinzip (der Unterschied liegt nur darin, ob man bei Letzterem die für Leben notwendigen Werte der Variablen bzw. die Werte der Konstanten und Anfangsbedingungen fordert) genau genommen anthropozentrisch orientiert. Vielmehr betrifft es alle komplexen Systeme mit längerer Zeitskala der Evolution in gleicher Weise. Je geringer der Komplexitätsgrad einer Struktur ist, desto weniger werden die kosmischen Parameter eingeschränkt. CHON-Leben „selektiert" stärker unter den möglichen Universen als ein extraterrestrisches Leben auf einer interstellaren Gaswolke[8], wie es einige Science-Fiction-Autoren erdacht haben.

Der heuristische Wert des anthropischen Konsistenzargumentes kann auch darin gesehen werden, dass ein Weltmodell, das mit Sicherheit die Existenz des konstruierenden Theoretikers zu späten Zeiten ausschließt, nicht die ganze Wahrheit darstellen kann. So etwas ist tatsächlich einmal vorgekommen: P. A. M. Dirac hat ein kosmologisches Modell vorgeschlagen unter Zugrundelegung der so genannten Hypothese der großen Zahlen, das zur Folge hat, dass die Gravitation mit der kosmischen Zeit schwächer wird. Wie Edward Teller später nachgewiesen hat, hätte das Modell die Konsequenz besessen, dass unsere Ozeane auf der Erde bereits in der vorkambrischen Ära gekocht hätten, sicherlich nicht die richtige Voraussetzung für die Entstehung von Kosmologen und Astrophysikern.

Wenn klargestellt ist, dass dem anthropischen Prinzip, sei es stark oder sei es schwach, nur Hinweischarakter für eine erklärungsbedürftige Situation zukommt, dann kann man weitergehen und fragen, *wie* man denn die überraschende Feinabstimmung wirklich erklärt. Es gibt nun verschiedene denkbare Reaktionen auf die unwahrscheinlichen, lebensfreundlichen, kosmischen Umstände.

1) Die *Zufallshypothese*: Sie drückt aus, dass jedes Universum, wenn es überhaupt existiert, durch bestimmte Anfangsbedingungen, Parameterwerte und Fundamentalkonstanten gekennzeichnet ist. Denn *eine* Kombination solcher Werte muss es sein; dass genau *diese* vorliegt, ist danach reiner Zufall. Von dieser Sicht her gäbe es bei der Feinabstimmung gar nichts zu erklären; man müsste sie einfach hinnehmen. Dass die Zufallshypothese unplausibel ist, lässt sich durch analoge Alltagssituationen leicht demonstrieren.[9] Wenn beim Verkauf eines kostbaren seidenen Tuches der Händler seinen Daumen gerade über das einzige kleine Loch im Stoff hält, wird kaum ein Käufer auf einen Zufall tippen mit dem Gedanken, irgendwo muss der Händler ja schließlich seinen Daumen postieren. Wenn ein alter Torbogen, knapp nachdem man ihn passiert hat, krachend zusammenstürzt und man gerade sieht, wie sich der stärkste Konkurrent um eine heiß begehrte Frau auf leisen Sohlen davonschleicht, wird dem Betroffenen sicher nicht zuerst die Zufallshypothese einfallen und die Idee, irgendwann muss der Torbogen ja einstürzen. In vergleichbaren Alltagssituationen suchen wir durchaus nach kausalen Erklärungen. Aus diesem Grund war in der Vergangenheit die bevorzugte Erklärung

2) die *Planungshypothese*: Ein außerweltliches mächtiges Wesen, traditionell mit Gott identifiziert – aber auch viele Götter in Kooperation tun den gleichen Dienst – wollte, dass sich mindestens einmal im Verlauf des Universums Leben einstellt, und er oder sie haben die Anfangs- und Randbedingungen dementsprechend passend justiert. Rein logisch kann diese theologische, supernaturalistische Planungshypothese nicht ausgeschlossen werden; sie trifft jedoch auf alle jene erkenntnistheoretischen Einwände, denen jeder Supernaturalismus auch sonst ausgesetzt ist.

Was bewog IHN oder SIE, um den Polytheismus nicht gleich auszuschließen, diese spezielle Wahl zu treffen? Was bedeutet eigentlich „wählen" bei einem Wesen, das keine raumzeitlich organisierten Denkstrukturen besitzt, von dessen inneren Prozessen so gut wie nichts ausgesagt werden kann, von dem völlig unklar ist, wie eine Wechselwirkung mit einem materiellen Universum vonstatten gehen soll? Darüber hinaus lässt sich kritisieren, dass göttliche Planung der Feinabstimmung wirklich eine unhintergehbare Letzterklärung darstellt. Wenn dieses oder diese Wesen die raffinierten Anfangsbedingungen gesetzt haben, muss in ihrem Wesen zumindest so viel Komplexität vorhanden sein wie in der kosmischen Ordnung selbst. Diese göttliche Komplexität ist nun genauso ihrerseits erklärungsbedürftig wie jene des Universums selbst, so dass man kaum von einem Zuwachs an Wissen durch eine solche Erklärung sprechen kann. Lässt man eine Erklärung der göttlichen „Wahl" der Anfangsbedingungen zu, schlittert man in einen unendlichen Regress hinein, von dem nicht zu sehen ist, wie er abgebrochen werden kann. Kann man ferner angesichts der ontologischen Differenz zwischen transzendenten Göttern und der Welt wirklich von einer kausalen *Erklärung* der Feinabstimmung sprechen? Zur Minimalbedeutung von Kausalität gehört der Transfer irgendeiner permanenten Entität von der Ursache auf die Wirkung. Bei dem innerweltlichen Kausalvorgang wird irgendeine Erhaltungsgröße wie Energie oder Impuls übertragen. Es ist nicht zu sehen, was im Fall einer göttlichen Aktivität bei der Feinabstimmung diesem Transfer entsprechen könnte. All diese kaum zu entkräftenden Einwände sprechen dafür, auch bei dieser schwierigen Situation den naturalistischen Rahmen nicht zu verlassen und sich anderenorts nach einer echten Erklärung umzusehen. Die Feinabstimmung muss ja nicht unbedingt auf einen personalen feinabstimmenden Planer verweisen, sie lässt sich auch durch eine abstrakte schöpferische Kraft im Universum erklären. Dies wäre

3) die *teleologische Hypothese*: Danach besitzt das Universum ein inneres Entwicklungsvermögen, eine Disposition, welche die Randbedingungen in die für Lebensentstehung günstige Richtung treibt. John Leslie, der sich für diese teleologische Lösung eingesetzt hat, nennt die neue, nichtphysikalische Kraft „the world's creative ethical requiredness"[10], die Gefordertheit der schöpferischen Kraft des Universums.

Es ist die neuplatonische Idee, dass das Gute eine innere Tendenz besitzt, sich zu realisieren. Bewusstsein, Leben, Intelligenz besitzen einen inneren Wert, und dieser entfaltet seine schöpferische Aktivität, indem er nicht nur das Universum erzeugt, sondern auch in jene Entwicklungsrichtung treibt, die geistiges Leben ermöglicht. Leslies Konzeption ist zweifellos *teleologisch*, jedoch keineswegs *theistisch*. Werte haben ihren Ort im Bewusstsein, *deshalb* musste ein Universum entstehen – mit jener Feinabstimmung der Naturkonstanten, die für die Lebensentstehung günstig ist.

Nun setzt sich diese moderne teleologische Hypothese ebenso der Kritik aus wie jene der Vergangenheit.[11] Warum, so kann man fragen, muss denn das Zustandekommen des Bewusstseins diesen immensen Umweg über all jene leblosen, ungeistigen, materiellen Objekte nehmen? Warum hat sich der Zielwert, das Geistige, nicht unmittelbar realisiert? Warum bedarf es all der Physik und Chemie? Noch grundsätzlicher ist natürlich der Zweifel an der neuplatonischen Wertontologie überhaupt.[12] Welche guten Gründe gibt es, Werte nicht als subjektive Einstellungen, vielleicht Dispositionen unseres limbischen Systems zu betrachten, sondern als objektive außersomatische Entitäten, die ein eigenes dynamisches Leben entfalten können? Die modernen Überlegungen zur Quelle der Werte legen am ehesten eine Verankerung in den emotiven Zentren des Gehirns nahe.[13] Werte können danach kein extraneuronales Eigenleben besitzen und rein materiale Systeme in eine bestimmte Richtung steuern, wie dies nach dem extremen Axiachismus von John Leslie der Fall sein müsste. Zudem muss die Wirkungsweise des Guten offensichtlich retrokausal erfolgen; die Entwicklung des Universums wird vom Ziel her gesteuert. Dies widerspricht all unserem Wissen von der Richtung der Zeit.

Zuletzt wird von jenen Autoren, die dem Naturalismus nahe stehen, die
4) Vielwelthypothese verteidigt. Danach soll unser Erstaunen über die Koinzidenz der vielen unabhängigen lebensförderlichen Konstanten und Parameter dadurch reduziert werden, dass nicht nur diese eine beobachtbare Welt existiert, sondern ein ganzes Ensemble von Welten, in dem die Naturkonstanten und kosmischen Parameter die unterschiedlichsten Werte besitzen. In dieser Weltenmenge, die dann als neues Universum (oder Multiversum) figuriert, besitzt nur eine winzige Untermenge die passende Abstimmung zur Entwicklung von komplexen Systemen als Basen für Leben, Bewusstsein und Erkenntnis, weshalb man diese auch die intelligible Teilmenge nennt (cognizable subset, B. Carter). Das Weltensemble kann einfach in Form eines Postulates eingeführt werden, wie dies Brandon Carter in seiner ersten Arbeit zum anthropischen Prinzip getan hat[14], oder auf der Basis einer quantenkosmologischen Theorie, wie dies André Linde in seinem Szenarium der chaotischen Inflation vorgeschlagen hat.[15] Dabei muss das Weltensemble nicht unbedingt unendlich groß sein, noch müssen alle möglichen Universen postuliert werden, die denkbar sind. Es muss nur so umfassend sein, dass es nicht mehr als Rätsel erscheint, wie in *einem* Element des Ensembles die höchst unwahrscheinliche lebensförderliche Parameterkombination auftreten kann.

Ein Weltensemble ist nicht ein ganz so exotischer Begriff, wie er aussieht. Abgesehen davon, dass die Vielzahl der Welten eine lange Begriffsgeschichte hinter sich hat[16], kommen Mehrfachwelten in verschiedener Form in der modernen Physik vor. In einem oszillierenden Weltmodell folgen Welten aufeinander, die durch Singularitäten getrennt, völlig neue Anfangsbedingungen und damit auch total andere physikalische Eigenschaften besitzen. Obwohl heute noch unklar ist, ob und wie man durch Quantisierung die Singularität kausal durchlässig machen kann, handelt es sich zweifelsohne um eine Abfolge von Welten. Bei der Interpretation der Messung in der Quantenmechanik gibt es eine Deutung, die den seltsamen akausalen Sprung bei der Reduktion des Zustandsvektors durch den Vorgang einer Aufspaltung der einen Welt in viele Welten beschreibt. Die Superposition von Apparat und Quantenobjekt wird in dieser Deutung nie zerstört; alle Elemente der Überlagerung leben in den einzelnen Welten fort. Die einzelnen Äste der Aufspaltung haben jedoch keinen kausalen Kontakt. In gewissem Sinn enthüllt auch das Standardmodell der Kosmologie, vor allem wenn der Raum offen und von unendlicher Erstreckung ist, unendlich viele kausal entkoppelte Bereiche, die durch Beobachtungshorizonte getrennt sind. Diese Beispiele sollen nur belegen, dass die moderne Physik bei widerspenstigen Erklärungssituationen durchaus bereit ist, von der Voraussetzung der Einzigkeit der Welt abzugehen. Allerdings fragt sich, ob bei den angeblichen Koinzidenzen wirklich eine erklärungsheischende Situation vorliegt.

Die Kritiker der anthropischen Denkfigur setzen bereits bei dem Begriff der Koinzidenz an.[17] Wann sind denn zufällige Übereinstimmungen überhaupt bemerkenswert? Ist denn ein zahlenmäßiges Zusammentreffen disparater Größen immer bedeutungsvoll, so dass man dahinter einen kosmischen Code vermuten muss, den es zu dechiffrieren gilt? Einfache Beispiele zeigen, dass man sich nicht vorschnell in numerologische Spekulationen einlassen sollte: Die Zahl der Neuronen im menschlichen Gehirn liegt bei 10^{11}, ebenso groß ist auch die Zahl der Galaxien im Universum. Kein Mensch käme hier auf die Idee, nach okkulten Zusammenhängen zwischen ontologisch derart differenten Systemen zu suchen. In der Kulturgeschichte gibt es viele Beispiele, dass man mit ausreichend überhitzter Phantasie immer irgendwelche Konnektionen finden kann. In der Bibel wird berichtet (Joh.-Evang. 21,11) dass Petrus beim wunderbaren Fischzug am See Tiberias 153 Fische gefangen hat. Augustinus fragte sich später (Trac. in evang. Joh. 122,8), welche geheime Information hinter dieser Zahl verborgen sei, und er fand die numerologische Erklärung für die authentische göttliche Botschaft, die in dem Kryptogramm verborgen war: Wenn man von den 10 Geboten Gottes ausgeht, dann noch die 7 Geistesgaben, hinter denen der Heilige Geist steht, hinzuaddiert und die so erhaltene Zahl 17 dann in ihrer Folge von 1 bis 17 zusammenzählt, erhält man 153, womit man nach Augustinus im Besitz der Erklärung der göttlichen Botschaft ist.

Der Aufweis von Koinzidenzen krankt schon daran, dass man im kosmologischen Kontext schlecht mit dem Begriff eines unwahrscheinlichen Zusammentreffens operieren kann, weil der Begriff der Wahrscheinlichkeit auf unsere einzige Welt nicht anwendbar ist. Das Universum lässt sich nur a posteriori erforschen, eine Apriori-Wahrscheinlichkeit für eine kontingente Parameter-Kombination ist gar nicht definiert. Statistik ist für Unikate eine unanwendbare Beschreibung. So ist es auch nur eine psychologisch relevante Tatsache, dass niemand ein Los mit der Nr. 3333333 kauft, wohl aber die Nr. 3742061, weil diese vielleicht mit einem markanten Ereignis seines Lebens zusammenhängt. Dennoch sind die Apriori-Wahrscheinlichkeiten für beide Zahlen völlig gleich und damit auch die Gewinnchancen.

Wie viel Psychologie bei der ganzen Diskussion um das anthropische Prinzip im Spiel ist, sieht man auch an der falschen Namensgebung. Da es ohne schwere Elemente und ohne chemische Evolution sowie primordiale Nukleosynthese keine Löwen und Hunde gäbe, könnte man den logischen Bezug zum Universum auch leonisches oder caninisches Prinzip nennen. Das anthropische Prinzip hat nicht einmal irgendeinen Bezug zum Leben, denn jeder Granitblock braucht die gleichen genauesten Voraussetzungen für seine Existenz. Die Rolle eines verborgenen Selektionsprinzipes kann demgemäß von jedem Gesteinsplaneten übernommen werden, auch wenn dieser (wie z. B. der Mars) keine Spur von Leben besitzt. Der Bezug zum Menschen ist beim anthropischen Prinzip nur durch die religiöse Tradition des christlichen Abendlandes hereingeschmuggelt, wonach der Wohnort des Menschen irgendwie ausgezeichnet sein sollte. In den anthropischen Argumenten bemerkt man sehr oft ein Schwanken, ob man nur die Elemente C • H • O • N (eigentlich auch P) als Selektionsfaktor verwenden sollte oder auch das Bewusstsein. Zumeist wird das Bewusstsein als Imponiergröße erwähnt, dann aber ausschließlich mit dem komplexen System der Galaxien argumentiert. Das Bewusstsein des Beobachters spielt allerdings dann beim viel stärkeren „partizipatorischen" anthropischen Prinzip von J. A. Wheeler eine konstitutive Rolle. Dieses abgehobene und durch nichts empirisch gestützte „Prinzip" wird in religiösen Kreisen der USA als Vehikel für eine Re-Spiritualisierung der Materie verwendet. Auf der Schiene von Wheelers „it from bit" will man über den Begriff der „Spiritual Information" eine Aushöhlung der Materialität der Natur erreichen, die im Dienste einer Re-Christianisierung der Wissenschaft steht.[18]

Wie Helge Kragh richtig vermutet hat, ist bei dem Hochstilisieren des anthropischen Gedankengutes die enttäuschte spirituelle Sehnsucht und das mystische Wunschdenken am Werk; letztlich handelt es sich um die Wiedergewinnung kosmischer Sinnperspektiven, die angesichts der Gleichgültigkeit der Welt gegenüber den Sorgen der Menschen diese immer noch bewegt.[19]

Auch die Hypothese von den vielen Welten muss man unter dieser Perspektive skeptisch betrachten, zumal Theologen schon versucht haben, daraus eine methodologische Patt-Situation zwischen der kreationistischen These und der naturalistischen Viel-Welten-Deutung zu konstruieren. Eine solche metaphysische Doppeldeutigkeit sollte ernsthafte Wissenschaft vermeiden:[20] Entweder die vielen Welten folgen unvermeidlich aus einer seriösen Theorie der Quantenkosmologie, dann stellen sie auch keine Sache der Option dar, sondern die Konsequenz einer sonst empirisch bewährten Theorie, oder sie sind überflüssiges metaphysisches Gepäck, dann sollte man sie abstoßen. Die Wissenschaft von der Welt im Großen muss eindeutig ihren Gegenstandsbereich spezifizieren, es kann nicht Sache naturalistischer oder metaphysischer Einstellung sein, den Bereich alles Existierenden vorzugeben.

Der ganze Wirbel um das anthropische Prinzip ist weniger eine intellektuelle Revolution, sondern ein Widerhall der nicht zum Ende gelangten Auseinandersetzung von Religion und Wissenschaft. Nicht umsonst hat sich die Diskussion schwerpunktmäßig auf Nordamerika zentriert, weil dort die Emanzipation der Wissenschaftler von religiösen Bedürfnissen kaum in Gang gekommen ist. Selbst bei hochkarätigen Denkern besteht eine Art Nostalgie nach einer Versöhnung beider Bereiche. Charakteristisch hierfür ist die Reaktion des bekannten Astrophysikers Allan Sandage auf Steven Weinbergs Äußerung, dass das Universum umso sinnloser erscheint, je tiefer wir darin eindringen. Sandage reagierte auf die Frage eines Reporters zu seiner Meinung auf diese Behauptung mit einem Seitenblick auf Nietzsche: „To avoid that [nihilism], I'm quite willing to believe there is a purpose."[21]

Die Vorstellung eines ohne Telos, ohne Ziel und Aufgabe sich entwickelnden Universums flößt offenbar sogar Fachleuten für Kosmologie gelinden Schrecken ein. Um diesen zu kompensieren, sind sie durchaus auch zu jedem sacrificium intellectus bereit, denn die Begründungslage ist natürlich klar: Solange nicht die Spur eines globalen Zieles des Kosmos gefunden wurde, ist Sandages Äußerung ein unbegründeter Glaubensakt, eine Wunschvorstellung, die auf nichts als der persönlichen Einstellung beruht. Man kann dies so hingehen lassen, wenn es sich um einfache, deutlich gekennzeichnete Bekenntnisse handelt, aber gelegentlich verstärken sich diese Überzeugungen und werden für den nicht fachlich vorgebildeten Laien in ein undurchschaubares mathematisches Dickicht gehüllt, wie bei Frank Tiplers „Physik der Unsterblichkeit", bei der das anthropische Prinzip zum finalen (teleologischen) Prinzip verstärkt wird (FAP), wonach der Geist, wenn er einmal im Universum entstanden ist, niemals ausstirbt. Damit begründet Tipler die Auferstehung der Toten aus physikalischen Vorgängen, indem er seine theologischen Zielsetzungen in die Sprache der Informatik kleidet: Die Seele wird zum Programm (Software), das auf dem Gehirn (Hardware) abläuft. Mit dieser missbräuchlichen dualistischen Deutung informationstheoretischer Terminologie schmuggelt er Konnotationen in die Physik ein, die den Übergang der Physik in die Theologie aufbereiten sollen.[22] Kurioserweise hat sich Tipler sogar die Zustimmung renommierter Theologen wie W. Pannenberg gesichert, woraus man nur schließen kann, dass die Gotteswissenschaft wahrhaft in Begründungsnot ist.

So lässt sich unsere Evaluation des Feinabstimmungsrätsels und der dafür angebotenen anthropischen Erklärungen einfach zusammenfassen: Das schwache anthropische Prinzip ist eine sterile logische Selbstverständlichkeit und die stärkeren Versionen davon sind metaphysische Behauptungen, für die nach dem gegenwärtigen Stand des Wissens nicht das Geringste spricht. Wenn jemand den seit langem toten Anthropozentrismus wieder zum Leben erwecken will, muss er sich etwas Neues einfallen lassen.

Edward O. Wilson
Religion – eine List der Gene?

Die Prädisposition zu religiösem Glauben ist die komplexeste und mächtigste Kraft des menschlichen Geistes und aller Wahrscheinlichkeit nach ein unauslöschlicher Bestandteil der menschlichen Natur. Emile Durkheim[1], ein Agnostiker, bezeichnet die Religionsausübung als Weihung der Gruppe und als Wesenskern der Gesellschaft. Sie ist eine der Universalien des Sozialverhaltens, und sie nimmt in allen Gesellschaften, von den Banden der Jäger und Sammler bis zu den sozialistischen Republiken, erkennbare Formen an. Ihre Rudimente reichen mindestens bis zu den Knochenaltären und den Bestattungsriten des Neandertalers zurück. Vor 60 000 Jahren schmückten bei Shanidar im Irak Neandertaler ein Grab mit sieben Arten von Blumen, die medizinische und wirtschaftliche Bedeutung haben, vielleicht um einen Schamanen zu ehren.[2] Seit jener Zeit hat die Menschheit, folgt man dem Anthropologen Anthony F. C. Wallace[3], etwa 100 000 Religionen hervorgebracht.

Skeptiker halten noch immer an der Ansicht fest, dass Wissenschaft und Aufklärung die Religion, in der sie nichts anderes als ein Gespinst von Illusionen sehen, verbannen werden. Die nobelsten unter ihnen sind davon überzeugt, dass die Menschheit aufgrund der so genannten Logotaxis[4], einer automatischen Orientierung auf die Information, der Erkenntnis entgegenstrebe, so dass die organisierte Religion als das Dunkle immer weiter vor dem heller werdenden Morgenlicht der Aufklärung zurückweichen müsse. Diese Auffassung von der menschlichen Natur, deren Wurzeln bis zu Aristoteles und Zeno zurückreichen, erwies sich jedoch noch nie als so nichtig wie heute. Es ist eher so, dass die Erkenntnis begeistert in den Dienst der Religion gestellt wird. Die Vereinigten Staaten, das technisch und wissenschaftlich höchstentwickelte Land in der Geschichte, sind zugleich das zweitreligiöseste – nach Indien. Nach einer Gallup-Umfrage aus dem Jahr 1977 glaubten damals 94 Prozent der Amerikaner an Gott oder irgendein höheres Wesen, und 31 Prozent hatten einen Augenblick der plötzlichen religiösen Einsicht oder Erweckung, ihre Berührung mit der Offenbarung, erlebt. Das erfolgreichste Buch des Jahres 1975 war mit 810 000 verkauften Exemplaren der gebundenen Ausgabe Billy Grahams *Angels: Gods Secret Messengers*.[5] [...]

In seinem *Système de Politique Positive*, das von 1846 bis 1854 erschien, behauptete Auguste Comte, der religiöse Aberglaube könne an seiner Quelle besiegt werden. Nach seiner Empfehlung sollten gebildete Menschen künstlich eine weltliche Religion schaffen, bestehend aus Hierarchien, Liturgien, Kanons und Sakramenten, nicht unähnlich denen der römisch-katholischen Kirche, bei der jedoch an die Stelle Gottes die Gesellschaft als das anzubetende höchste Wesen treten sollte. [...] Andere wohlmeinende Gelehrte haben versucht, Wissenschaft und Religion dadurch miteinander zu versöhnen, dass sie die beiden Rivalen voneinander isolierten. Newton[6] verstand sich nicht nur als Wissenschaftler, sondern auch als Geschichtslehrer, dessen Aufgabe es war, die Heilige Schrift als ein echtes historisches Dokument zu entziffern. Obwohl seiner gewaltigen Leistung die erste moderne Synthese der Naturwissenschaften zu verdanken ist, betrachtete er diese Errungenschaft lediglich als eine Zwischenstation zum Verständnis des Übernatürlichen. Er glaubte, der Schöpfer habe dem Gelehrten zwei Werke zu lesen gegeben, das Buch der Natur und das Buch der Schrift. Heute ist dank des unablässigen Fortschritts der Wissenschaft, für den Newton bahnbrechend wirkte, Gottes Immanenz an einen Ort verlegt worden, der irgendwo unterhalb der subatomaren Teilchen oder jenseits der fernsten sichtbaren Galaxie liegt. Diese scheinbare Ausschließung Gottes hat wiederum andere Philosophen und Wissenschaftler angespornt, eine „Prozesstheologie" zu schaffen, in der Gottes Gegenwart aus den inhärenten Eigenschaften des Atomaufbaus gefolgert wird. Nach der auf Alfred North Whitehead[7] zurückgehenden Konzeption ist Gott nicht als eine äußerliche Kraft anzusehen, die Wunder wirkt und über die metaphysischen Wahrheiten wacht. Er ist immer und überall gegenwärtig. Er sorgt insgeheim dafür, dass aus Atomen Moleküle, aus Molekülen lebendige Organismen und aus der Materie Geist entsteht. Die Eigenschaften des Elektrons lassen sich nicht definitiv bestimmen, solange nicht ihr Endprodukt, der Geist, verstanden ist. Der Prozess ist Realität, Realitätsprozess, und Gottes Hand manifestiert sich in den Gesetzen der Wissenschaft. Daher sind religiöses und wissenschaftliches Trachten zutiefst miteinander vereinbar, so dass sich wohlmeinende Wissenschaftler in einem Zustand geistigen Friedens wieder ihrem Beruf zuwenden können. Dies alles hat jedoch, wie der Leser sogleich bemerkt haben wird, wenig mit der realen Religion der nächtlichen Beschwörungstänze australischer Eingeborener und des Konzils von Trient zu tun.

Welchen Sinn es hat, dass der unwiderstehliche wissenschaftliche Materialismus zum unerschütterlichen religiösen Glauben im Widerspruch steht, vermögen wir heute so wenig wie eh und je zu erfassen. Wir versuchen, mit einem Pragmatismus der kleinen Schritte zurechtzukommen. Ihren Fortschritt verdankt unsere schizophrene Gesellschaft der Erkenntnis, doch ihr Überleben verdankt sie einer Inspiration, die gerade aus den Glaubensvorstellungen stammt, welche die Erkenntnis zu erschüttern sucht. Ich glaube, dass dieses Paradoxon sich zumindest intellektuell auflösen lässt – nicht mit einem Schlag, sondern nach und nach und mit schwer vorhersehbaren Konsequenzen –, wenn wir der Soziobiologie der Religion die gebührende Beachtung schenken. Die

Religion – eine List der Gene?

Manifestationen religiöser Erfahrung sind gewiss von beeindruckender Vielfalt und mehrdimensional, und in ihren verwickelten Labyrinthen verlieren sich selbst die besten Psychoanalytiker und Philosophen, doch glaube ich, dass sich die religiösen Praktiken in den zwei Dimensionen des genetischen Vorteils und des evolutionären Wandels darstellen lassen.

Diese Aussage möchte ich sogleich abschwächen, indem ich Folgendes einräume: Selbst wenn die Prinzipien der Evolutionstheorie tatsächlich den – bildlich ausgedrückt – Stein von Rosette der Theologie enthalten sollten, ist nicht zu erwarten, dass die Übersetzung sämtliche religiöse Phänomene im Detail umfasst. Die Wissenschaft kann mit den traditionellen Methoden der Reduktion und der Analyse wohl die Religion erklären, nicht aber die Bedeutung dessen, was ihr Wesen ausmacht, vermindern.

Eine historische Episode soll für die Soziobiologie der Religion als Beispiel dienen. Die Ureinwohner Tasmaniens[8] sind, genau wie die exotischen Beutelwölfe, die einst mit ihnen den Wald als Lebensraum teilten, ausgestorben. Die britischen Kolonisten brauchten nur vierzig Jahre, um ihnen den Garaus zu machen (die Wölfe überstanden weitere 100 Jahre bis 1950). Vom Standpunkt der Anthropologie aus ist dieses abrupte Ende besonders bedauerlich, da die Tasmanier – die „Wilden" – keine Möglichkeit hatten, der übrigen Welt auch nur eine Beschreibung ihrer Kultur zu überliefern. Man weiß kaum etwas außer der Tatsache, dass sie Jäger und Sammler von kleiner Statur mit rötlich brauner Haut und krausem Haar waren und – laut den Kundschaftern, die als Erste auf sie stießen – ein offenes und glückliches Naturell besaßen. Woher sie stammten, kann man nur vermuten. Höchstwahrscheinlich waren sie die Nachkommen von australischen Ureinwohnern, die vor etwa 10 000 Jahren Tasmanien erreichten und sich dann biologisch und kulturell an die kühlen, feuchten Wälder der Insel anpassten. Nur wenige Fotos und Skelette sind uns geblieben. Nicht einmal die Sprache lässt sich rekonstruieren, weil kaum ein Europäer, der mit den Tasmaniern in Berührung kam, es für lohnend hielt, Aufzeichnungen zu machen.

Für die britischen Siedler, die seit dem Beginn des 19. Jahrhunderts auf der Insel eintrafen, waren die Tasmanier keine Menschen, sondern lediglich kleine braune Hindernisse für Landwirtschaft und Zivilisation. Dementsprechend wurden sie in organisierten Jagden zusammengetrieben und wegen geringfügiger Übertretungen ermordet. Einmal wurde eine Gruppe aus Männern, Frauen und Kindern lediglich deshalb niedergeschossen, weil sie bei einer der von den Eingeborenen massenhaft veranstalteten Känguru-Jagden auf Weiße zuliefen. Die meisten starben an Syphilis und anderen europäischen Krankheiten. Der Punkt, an dem eine Umkehr nicht mehr möglich war, wurde 1842 erreicht, als die Anzahl der Tasmanier von ursprünglich etwa 5000 auf weniger als 30 zusammengeschmolzen war. Jetzt waren die Frauen zu alt, um noch Kinder zu haben, und die Kultur war verkümmert.

Edward O. Wilson

Die letzten Etappen des Niedergangs der Eingeborenen vollzogen sich unter der Obhut eines bemerkenswerten Altruisten, George Robinson, eines Missionars aus London. Als 1830 noch einige hundert Tasmanier übrig geblieben waren, begann Robinson einen heroischen Kampf zur Rettung der Rasse, bei dem er praktisch auf sich gestellt war. Indem er den gehetzten Überlebenden wohlwollend entgegenkam, konnte er sie dazu bewegen, ihre Waldverstecke zu verlassen und den Kampf aufzugeben. Einige ließen sich daraufhin in den neuen Städten der Siedler nieder, wo sie unweigerlich herunterkamen. Die Übrigen brachte Robinson in ein Reservat auf der Flinders-Insel, einem abgelegenen Posten nordöstlich von Tasmanien. Dort wurden sie mit Pökelfleisch und süßem Tee gefüttert, in europäische Kleidung gesteckt und in persönlicher Reinlichkeit, im Umgang mit Geld und im strengen Calvinismus unterwiesen. Die Pflege ihrer alten Kultur wurde ihnen dabei gänzlich untersagt.

Tagtäglich wanderten die Tasmanier in ihre kleine Kirche, um eine Predigt von George Robinson zu hören. Von dieser Endphase ihrer Kulturgeschichte besitzen wir Zeugnisse, die im Pidgin-Englisch verfasst sind: „Ein Gott ... Eingeborener gut, Eingeborener tot, gehen zum Himmel ... Böser Eingeborener tot, geht nieder, böser Geist, Feuer endet. Eingeborener weinen, weinen, weinen ..."

Der Katechismus wiederholte die leicht zu begreifende Botschaft:

Was wird Gott demnächst mit der Welt machen?
Sie verbrennen!
Liebst du den Teufel?
Nein!
Wozu hat Gott uns gemacht?
Seine eigenen Absichten ...

Die Tasmanier konnten die strenge Umformung ihrer Seelen nicht überleben. Sie wurden düster und lethargisch und hörten auf, Kinder zu zeugen. Viele starben an Grippe und Lungenentzündung. Die Übriggebliebenen wurden schließlich in ein neues Reservat in der Nähe von Hobart auf der Hauptinsel Tasmaniens umgesiedelt. Der letzte männliche Vertreter, von den Europäern King Billy genannt, starb 1869, und die noch verbliebenen alten Frauen folgten ihm einige Jahre später. Man begegnete ihnen mit heftiger Neugierde und schließlich mit Respekt. Während der ganzen Zeit scharte George Robinson eine zahlreiche Familie um sich. Sein Lebensziel war es, die Tasmanier vor dem Aussterben zu bewahren, und er versuchte es zu erreichen, indem er guten Gewissens den Mord durch die zivilisiertere Form der religiösen Unterjochung ersetzte. Wenn er auch scheiterte, war er nach dem unbeugsamen biologischen Gesetz, das ihn unbewusst leitete, dennoch kein Versager.

Religion – eine List der Gene?

Die wachsenden Erkenntnisse von Anthropologie und Geschichtsforschung bestätigten immer wieder die Feststellung Max Webers, dass die primitiveren Religionen vom Übernatürlichen durchaus irdische Belohnungen erwarten: ein langes Leben, Land und Nahrung in Fülle, die Verhinderung von Naturkatastrophen und den Sieg über Feinde. Eine Art von kulturellem Darwinismus ist auch beim Wettbewerb zwischen Sekten in der Evolution höherer Religionen wirksam. Diejenigen, die Anhänger gewinnen, wachsen, diejenigen, die das nicht schaffen, verschwinden. Folglich gleichen Religionen anderen menschlichen Institutionen darin, dass sie sich in solche Richtungen entwickeln, die der Wohlfahrt ihrer Anhänger förderlich sind. Da dieser demographische Vorteil zwangsläufig der Gruppe als ganzer zuwächst, kann er teils durch Altruismus und teils durch Ausbeutung erlangt werden, wobei einige Sektoren auf Kosten anderer profitieren. Der Vorteil kann aber auch als Summe der generell gesteigerten Lebensfähigkeit sämtlicher Mitglieder entstehen. Man kann demnach in gesellschaftlicher Hinsicht zwischen mehr unterdrückenden und mehr fördernden Religionen unterscheiden. Wahrscheinlich sind alle Religionen in einem gewissen Maße unterdrückend, vor allem wenn sie von Häuptlingstümern und Staaten betrieben werden. In der Ökologie kennt man das Gause'sche Gesetz, nach dem die Konkurrenz zwischen Arten mit identischen Bedürfnissen am stärksten ist. Ähnlich verhält es sich bei den Religionen: Eine Form des Altruismus, die man selten bei ihnen beobachtet, ist Toleranz gegenüber anderen Religionen. Ihre gegenseitige Abneigung verstärkt sich, wenn Gesellschaften in Konflikt geraten, da die Religion ein hervorragendes Werkzeug im Dienst der Kriegführung und der wirtschaftlichen Ausbeutung ist. Die Religion des Siegers wird zu einem Schwert, die des Besiegten zu einem Schild.

Für die Human-Soziobiologie stellt die Religion die größte Herausforderung und die erregendste Gelegenheit dar, sich zu einer wirklich eigenständigen theoretischen Disziplin zu entwickeln. Sollte der menschliche Geist in einem gewissen Umfang von Kant'schen Imperativen geleitet werden, so wird man sie wahrscheinlich eher im religiösen Empfinden als im rationalen Denken finden. Auch wenn das Phänomen der Religion eine materialistische Grundlage hat und in den Bereich der konventionellen Wissenschaft fällt, wird seine Entschlüsselung ihr doch aus zwei Gründen schwerfallen. Erstens ist die Religion unbestreitbar eine der bedeutenden Verhaltenskategorien, die allein die menschliche Spezies auszeichnen. Die aus der Populationsbiologie und aus experimentellen Untersuchungen an niederen Tieren abgeleiteten Prinzipien der Verhaltensevolution werden sich auf die Religionen nicht unmittelbar anwenden lassen. Zweitens sind die entscheidenden Lernregeln und ihre letztlich genetische Motivation vermutlich dem bewussten Denken entzogen, da die Religion vor allem in jenem Prozess besteht, durch den Individuen dazu gebracht werden, ihr unmittelbares Eigeninteresse den Interessen der Gruppe unterzuordnen. Die

Jünger sollen kurzfristige physiologische Opfer für ihre eigenen langfristigen genetischen Vorteile bringen. Selbsttäuschung macht Schamanen und Priester in ihrem Auftreten sicherer und fördert die Täuschung ihrer Zuhörer. Inmitten von Sinnlosigkeit bietet die Verkündigung Gewissheit. Die Entscheidungen fallen automatisch und rasch, da es keinen rationalen Kalkül gibt, nach dem Gruppen von Individuen ihre kollektive genetische Tauglichkeit tagtäglich berechnen und daher *wissen* können, wie viel Konformität und Eifer für jede einzelne Handlung optimal sind. Die Menschen bedürfen einfacher Regeln, die komplexe Probleme lösen, und sie leisten in der Regel Widerstand, wenn man versucht, die unbewusste Ordnung und die Entscheidungen ihres Alltagslebens genauer zu untersuchen. Ernest Jones[9] hat diese Regel psychoanalytisch folgendermaßen ausgedrückt:

Immer dann, wenn ein Individuum einen gegebenen (seelischen) Vorgang für derart selbstverständlich hält, dass eine Erforschung seiner Gründe nicht in Frage kommt, und gegen eine solche Erforschung Widerstand zeigt, dürfen wir vermuten, dass der tatsächliche Grund ihm verborgen ist – und zwar nahezu sicher wegen seiner Unannehmbarkeit.

Die Tiefenstruktur des religiösen Glaubens lässt sich erkunden, indem man die Wirkung der natürlichen Auslese auf drei verschiedenen Ebenen untersucht. Zunächst wirkt die Auslese auf der ekklesiastischen Ebene: Religiöse Führer entscheiden sich für bestimmte Rituale und Konventionen wegen deren emotionaler Wirkung unter den gegebenen gesellschaftlichen Bedingungen. Die ekklesiastische Auslese kann entweder dogmatisch und stabilisierend oder evangelistisch und dynamisch sein. In beiden Fällen werden die Resultate kulturell weitervermittelt; Variationen in der Religionsausübung von einer Gesellschaft zur anderen beruhen daher auf Lernvorgängen und nicht auf den Genen. Auf der nächsten Ebene ist die Auslese ökologischer Natur. Wie sehr auch das Ergebnis der ekklesiastischen Auslese den Gefühlen der Gläubigen entsprechen mag, wie leicht die von ihr begünstigten Konventionen auch gelernt werden mögen – die daraus resultierende Praxis muss letzten Endes den Anforderungen der Umwelt genügen. Falls eine Religion die Gesellschaft im Krieg schwächt, die Zerstörung der Umwelt fördert, das Leben verkürzt oder die Fortpflanzung behindert, wird sie, ungeachtet ihrer kurzfristigen emotionalen Vorzüge, ihren eigenen Untergang einleiten. Schließlich findet eine genetische Auslese statt, denn von den sich überschneidenden Wirkungen der kulturellen Evolution und der Populationsschwankung werden die Häufigkeiten verschiedener Gene beeinflusst.

Die hier vertretene Hypothese lautet, dass gewisse Genhäufigkeiten sich in Übereinstimmung mit der ekklesiastischen Auslese ändern. Die Gene programmieren die Funktionsweise des nervösen, sensorischen und hormonalen

Religion – eine List der Gene?

Systems des Körpers und beeinflussen dadurch nahezu mit Sicherheit den Lernprozess. Sie bestimmen die Reifung bestimmter Verhaltensweisen und die Lernregeln anderer Verhaltensweisen. Inzesttabus, Tabus überhaupt, Xenophobie, Einteilung von Objekten in heilige und profane, hierarchische Dominanzsysteme, gespannte Aufmerksamkeit gegenüber Führern, Charisma, Errichtung von Denkmälern und Tranceerzeugung gehören zu den Elementen religiösen Verhaltens, die höchstwahrscheinlich durch Entwicklungsprogramme und Lernregeln beeinflusst sind. Die Funktion all dieser Erscheinungen besteht darin, eine soziale Gruppe abzugrenzen und ihre Mitglieder in bedingungsloser Treue aneinander zu binden. Unsere Hypothese setzt voraus, dass es entsprechende Verhaltenszwänge gibt, dass sie eine physiologische Basis haben und dass die physiologische Basis ihrerseits eine genetische Grundlage hat. Sie besagt, dass ekklesiastische Entscheidungen durch die Kette von Vorgängen beeinflusst werden, die von den Genen über die Physiologie zu bestimmten Lernvorgängen Einzelner führt.

Nach dieser Hypothese werden die Häufigkeiten der Gene ihrerseits über viele Generationen hinweg durch die absteigende Folge verschiedener Formen der Auslese – die ekklesiastische, die ökologische und die genetische – beeinflusst. Wenn religiöse Praktiken das Überleben und die Fortpflanzung der Anhänger fördern, werden sich die physiologischen Steuerungsmechanismen, die den Erwerb solcher Praktiken durch das Individuum begünstigen, ausbreiten. Zugleich werden diejenigen Gene, von denen solche Steuerungsmechanismen abhängen, begünstigt. Da religiöse Praktiken während der individuellen Entwicklung keinem direkten genetischen Einfluss unterliegen, können sie im Zuge der kulturellen Evolution eine große Variationsbreite aufweisen. Es ist sogar möglich, dass Gruppen wie etwa die Shaker bestimmte Konventionen übernehmen, welche die genetische Tauglichkeit über eine oder einige Generationen hinweg vermindern. Über viele Generationen hinweg werden die entsprechenden Gene jedoch ihre Großzügigkeit damit büßen, dass ihr Anteil innerhalb der Gesamtbevölkerung zurückgeht. Andere Gene, die Verhaltensmechanismen hervorrufen, welche sich dem durch kulturelle Evolution bedingten Tauglichkeitsverfall widersetzen, werden die Oberhand gewinnen, und die abweichenden Praktiken werden verschwinden. Die Kultur testet also unablässig die verhaltenssteuernden Gene, aber sie kann dabei nicht mehr tun, als einen Gensatz durch einen anderen zu ersetzen.

Diese Hypothese von der Wechselwirkung zwischen Genen und Kultur kann entweder bestätigt oder widerlegt werden, wenn wir die Auswirkungen der Religion auf ökologischer und genetischer Ebene untersuchen. Nun ist die ökologische Ebene sehr viel leichter zugänglich. Wir müssen also fragen: Welche Auswirkungen hat die jeweilige religiöse Praxis auf die Wohlfahrt von Individuen und Stämmen? Unter welchen historischen und Umweltbedingungen entstand diese Praxis? Wenn sie eine Reaktion auf eine Zwangslage darstellt oder die Effizienz einer Gesellschaft über viele Generationen hinweg gesteigert hat, bestätigt dieser Zusammenhang die Interaktionshypothese. Wenn sie diese Erwartungen nicht erfüllt und nicht einmal in einem relativ einfachen, plausiblen Sinne mit der Reproduktionsfähigkeit in Beziehung gebracht werden kann, ist die Hypothese in Schwierigkeiten. Wenn sich schließlich herausstellt, dass die genetisch festgelegten Lernbeschränkungen, wie sie von der Entwicklungspsychologie aufgedeckt wurden, nicht mit den Hauptentwicklungslinien der religiösen Praxis übereinstimmen, ist die Hypothese zweifelhaft, und man ist zu der Annahme berechtigt, dass die kulturelle Evolution in diesem Fall den theoretisch zu erwartenden Verlauf der genetischen Evolution nachgeahmt hat.

Damit die Untersuchung einen hinreichend breiten Gegenstandsbereich erfasst, muss die Definition des religiösen Verhaltens erweitert werden, so dass auch die Magie und die weihevollen Stammesrituale sowie umfassendere mythologische Vorstellungskomplexe einbezogen sind. Ich glaube, dass auch noch nach diesem Schritt die Hypothese der Gen-Kultur-Interaktion von den Tatsachen gedeckt wird und kaum ein Beispiel aus der Religionsgeschichte ihr widerspricht.

Nehmen wir das Ritual[10]. In der ersten Begeisterung für die Ethologie Lorenz-Tinbergen'scher Prägung haben einige Sozialwissenschaftler eine Analogie zwischen menschlichen Zeremonien und den Äußerungen tierischer Kommunikation hergestellt. Der Vergleich ist, gelinde gesagt, ungenau. Die meisten tierischen Äußerungen sind Signale, die eine ganz bestimmte, begrenzte Bedeutung vermitteln. Sie sind vergleichbar mit den Körperhaltungen, Gesichtsausdrücken und Elementarlauten der nichtsprachlichen menschlichen Kommunikation. Einige tierische Äußerungen, wie etwa bestimmte Formen der Partnerwerbung und Bindungsherstellung bei Vögeln, sind von so beeindruckender Kompliziertheit, dass Zoologen sie gelegentlich als Zeremonien bezeichnet haben. Aber auch hier ist der Vergleich irreführend. Die meisten menschlichen Rituale haben mehr als nur einen unmittelbaren Signalwert. Sie dienen, wie Durkheim hervorgehoben hat, nicht nur der Darstellung, sondern auch der Bekräftigung und der Erneuerung der moralischen Werte der Gemeinschaft.

Etwas ganz spezifisch Menschliches sind die heiligen Rituale. In ihren elementaren Formen geht es um Magie, um den Versuch der aktiven Beeinflussung der Natur und der Götter. Altsteinzeitliche Zeichnungen an westeuropäischen Höhlenwänden lassen eine vorrangige Beschäftigung mit Jagdtieren erkennen. Zahlreiche Darstellungen zeigen Speere und Pfeile, die sich in den Körper der Beute bohren. Andere Zeichnungen stellen Menschen dar, die in tierischer Vermummung tanzen oder mit gesenktem Kopf vor Tieren stehen. Die Funktion dieser Bilder war vermutlich eine magische Übertragung, die auf der Vorstellung beruhte, dass das, was mit der Abbildung geschieht, sich auch an dem realen Objekt vollziehen wird. Die Vorwegnahme der Handlung ist mit den Intentionsbewegungen von Tieren vergleichbar, die im Lauf der Evolution oft zu kommunikativen Signalen ritualisiert wurden. Der Schwänzeltanz der Honigbiene ist tatsächlich eine verkleinerte Wiederholung des Fluges vom Stock zur Futterquelle. Die Biene beschreibt bei dem Tanz eine Acht, deren gerader Mittelteil durch seine Richtung und seine Länge genau die Größe dieser Parameter angibt, die von der anderen Biene beim wirklichen Flug zu beachten sind. Der primitive Mensch würde den Sinn eines derart komplexen tierischen Verhaltens ohne weiteres verstanden haben. Die Magie wurde und wird in einigen Gesellschaften noch immer von besonderen Menschen praktiziert, die als Schamanen, Zauberer oder Medizinmänner bezeichnet werden. Man glaubte, sie allein besäßen das geheime Wissen und die Macht, auf die übernatürlichen Kräfte der Natur einzuwirken, und zuweilen hatten sie daher einen stärkeren Einfluss als die Stammeshäuptlinge. Sakrale Riten, das zeigt ein 1968 erschienener kritischer Artikel des Anthropologen Roy A. Rappaport[11], mobilisieren und zeigen primitive Gesellschaften in einer Weise, die unmittelbar biologisch vorteilhaft zu sein scheint. Zeremonien können zum Beispiel Informationen über die Stärke und den Reichtum von Stämmen und Familien liefern. Bei den Maring in Neuguinea gibt es keine Häuptlinge oder sonstigen Führer, die im Krieg Gefolgschaft erwarten können. Eine Gruppe veranstaltet einen rituellen Tanz, und dabei können die einzelnen Männer ihre Bereitschaft zur Unterstützung einer militärischen Aktion dadurch zu erkennen geben, ob sie sich am Tanz beteiligen oder nicht. Wie stark der Kriegsverband ist, lässt sich danach genau durch Abzählen bestimmen. Dem gleichen Zweck dienen in höher entwickelten Gesellschaften Militärparaden, die man mit dem ganzen Gepränge und den Ritualen der Staatsreligion ausschmückt. In den berühmten indianischen Potlach-Zeremonien der Küstenregion der kanadischen Nordwestterritorien beweist man seinen Reichtum durch die Menge der Güter, die man verschenkt. Führer können darüber hinaus die Verwandtschaft zur Herstellung von überschüssigen Gütern mobilisieren und dadurch die Macht der Familie steigern.

Rituale dienen außerdem der Klärung von Beziehungen, die ansonsten uneindeutig und in kostspieliger Weise ungeklärt blieben. Das beste Beispiel für diese Kommunikationsform sind die Übergangsriten. Während ein Junge heranreift, vollzieht sich der Übergang vom Kind zum Mann im biologischen und psychologischen Sinne ganz allmählich. Manchmal wird er sich wie ein Kind verhalten, wenn eine erwachsene Reaktion angebrachter wäre, und umgekehrt. Es fällt der Gesellschaft schwer, ihn in dem einen oder dem anderen Sinne einzuordnen. Der Übergangsritus beseitigt diese Uneindeutigkeit durch eine willkürliche Änderung der Klassifikation und ersetzt einen stetigen Gradienten durch eine Dichotomie. Zugleich dient er der Zementierung der Bindungen des jungen Mannes an die Erwachsenengruppe, die ihn aufnimmt.

Die Neigung des menschlichen Geistes zu einer zweiteiligen Klassifikation bestätigt sich auch bei der Hexerei. Die psychologische Entstehung der Hexerei haben Sozialwissenschaftler wie Robert A. LeVine[12], Keith Thomas[13] und Monica Wilson mit großem Geschick rekonstruiert. Ihre Untersuchungen zeigen, dass die unmittelbaren Motivationen teils emotionaler, teils rationaler Natur sind. In allen Gesellschaften ist der Schamane in der Lage, entweder zu heilen oder einen bösen Zauber auszusprechen. Solange er in seiner Rolle unangefochten ist, genießen er und seine Verwandten zusätzlichen Einfluss. Sind seine Aktionen nicht nur wohltuend, sondern werden außerdem durch Rituale sanktioniert, dann tragen sie zur Entschlossenheit und zur Integration der Gesellschaft bei. Die biologischen Vorteile der institutionalisierten Zauberei scheinen demnach geklärt zu sein.

Die Hexenjagd, das Gegenteil der Zauberei, ist ein sehr viel rätselhafteres Phänomen und stellt für unsere theoretische Untersuchung eine wirklich interessante Herausforderung dar. Wie kommt es, dass Menschen von Zeit zu Zeit erklären, sie seien behext oder ihre Gesellschaft sei davon betroffen, und bei ihren Mitmenschen böse übernatürliche Kräfte vermuten? Exorzismen und Inquisitionen sind ebenso komplexe, eindrucksvolle Erscheinungen wie die Magie, aber auch hier zeigt sich, dass die Motivationen in der Selbstsucht von Einzelnen liegen. Eines der besser belegten Beispiele ist die epidemische Hexenjagd im England der Tudors und der Stuarts. Vor dieser Zeit (1560–1680) hatte die katholische Kirche den Bürgern ein wohl organisiertes System ritueller Vorkehrungen gegen böse Geister und üblen Zauber geboten. Die Kirche hatte im Grunde eine positive Hexerei betrieben. Die Reformation beseitigte diesen psychologischen Schutz. Protestantische Pfarrer denunzierten die früheren religiösen Praktiken, bestätigten aber zugleich die Existenz böser Magie. Ritueller Gegenmaßnahmen beraubt, wandten sich nun behexte Personen direkt gegen die mutmaßlichen Hexen, klagten sie öffentlich an und suchten sie zu vernichten.

Eine eingehende Untersuchung der Gerichtsakten hat die vermutlich tiefere Motivation hinter den Verfolgungen aufgedeckt. Im typischen Fall hatte der Ankläger eine arme Frau, die um Essen oder eine andere Gefälligkeit bat, abgewiesen und war anschließend von einem persönlichen Missgeschick wie etwa einer Missernte oder einem Todesfall in der Familie betroffen worden. Indem er die Schuld daran der Frau auflud, erreichte der Ankläger zwei Zwecke. Er unternahm direkt etwas gegen das, was er, einer gewissen Logik folgend, die von der Eigenartigkeit und dem zudringlichen Verhalten vermeintlicher Hexen ausging, aufrichtig für die Ursache seiner Schwierigkeiten hielt. Das zweite Motiv ist subtiler und nicht so leicht nachzuweisen. Thomas schreibt darüber:

Der Konflikt zwischen seiner Verärgerung und einem gewissen Pflichtgefühl führte zu der Ambivalenz, die es einem Mann ermöglichte, bet-

telnde Frauen brüsk von der Tür zu weisen und dennoch anschließend Gewissensqualen zu leiden. Die entsprechenden Schuldgefühle waren ein fruchtbarer Boden für Anschuldigungen von Hexerei, da das später auftretende Missgeschick als eine Vergeltung seitens der Hexe betrachtet werden konnte. Die Spannungen, aus denen Behauptungen von Hexerei erwuchsen, wurden von einer Gesellschaft erzeugt, die sich nicht mehr darüber im Klaren war, wie ihre abhängigen Mitglieder zu behandeln seien; in ihnen spiegelte sich der ethische Konflikt zwischen den beiden entgegengesetzten Auffassungen, dass, wer nicht arbeitet, auch nicht essen soll, und dass es für die Reichen segenbringend ist, die Armen zu unterstützen.

Der Ankläger rationalisierte also, wenn er das Dilemma in einen Krieg gegen böse Geister umdeutete, seine egoistische Handlungsweise.

Bei den Nyansongan in Kenia wird nicht durch eine förmliche Denunziation, sondern durch den Klatsch festgelegt, wer eine Hexe ist. Die Führer der Nyansongan, unter ihnen die Familienoberhäupter, die Ältesten, die Häuptlinge und die Mitglieder der Gerichtshöfe, weisen die Erzählungen von Hexerei gewöhnlich zurück und versuchen, die Streitigkeiten durch Diskussion und Schiedsspruch beizulegen. Die Formlosigkeit des Verfahrens gestattet es den Leuten, mit Gerüchten und Anschuldigungen hausieren zu gehen und dadurch auf ihre persönlichen Probleme aufmerksam zu machen.

Hexerei und andere Formen der Magie werden häufig aufgrund ihrer praktischen Natur von den höheren Ebenen der „echten" Religion abgehoben. Die meisten Gelehrten sind Durkheim gefolgt, der einen fundamentalen Unterschied machte zwischen dem Sakralen als dem Wesenskern der Religion und dem Profanen als einer Eigenschaft der Magie und des alltäglichen Lebens. Mit der Heiligung eines Verfahrens oder einer Äußerung wird sie über jeden Zweifel hinaus beglaubigt und jedem, der es wagt, ihr zu widersprechen, Strafe angedroht. In den hinduistischen Schöpfungsmythen landen beispielsweise diejenigen, die außerhalb ihrer Kaste heiraten, nach dem Tod im Höllenreich Yama, wo sie gezwungen werden, glühend rote Menschengestalten zu umarmen. Zwischen dem Sakralen und dem Profanen besteht eine solche Distanz, dass es bereits eine Übertretung ist, wenn man es unter ungeeigneten Umständen auch nur erwähnt. Die sakralen Riten wecken Ehrfurcht und deuten Qualitäten an, die sich dem menschlichen Verständnis entziehen.

Diese äußerste Form der Beglaubigung wird jenen Praktiken und Dogmen zuteil, die dem vitalen Interesse der Gruppe dienen. Das Individuum wird durch die sakralen Rituale auf äußerste Anstrengungen und Selbstaufopferung vorbereitet. Überwältigt von bestimmten Losungsworten, besonderen Gewändern und sakralen Tanz- und Musikveranstaltungen, die genau auf seine Gefühlszentren zielen, wird es durch ein religiöses Erlebnis verändert. Der Gläubige ist bereit, seine Treue zu Stamm und Familie zu bekräftigen, Nächstenliebe zu üben, sein Leben zu weihen, zur Jagd auszuziehen, in die Schlacht zu gehen, für Gott und Vaterland zu sterben. So war es früher; folgen wir der Schilderung von John Pfeiffer[14]:

> *Alles, was sie wussten und glaubten, die ganze Kraft der vorväterlichen Autorität und Tradition, verdichtete sich bis zur Weißglut in der Zeremonie. Was mit einem Schamanen begann, der im Trancezustand unter Leuten auftrat, die um Lagerfeuer versammelt waren, kulminierte in Schauspielen, die von Hohepriestern und ihren Kohorten auf Plattformen dargeboten wurden, welche sich über die Menge erhoben. Lieder wurden gesungen, in denen bestimmte Worte immer wiederkehrten, in einem eintönigen Metrum, das die Endreime betonte. Die Musik, die im Hintergrund das Tempo angab, den Gesang unterstrich und zuweilen zu Crescendi und Höhepunkten anschwoll, beschleunigte den Pulsschlag. Maskierte Tänzer begleiteten die Worte und die Musik mit Darstellungen von Göttern und Helden. Die Zuschauer bewegten sich im Rhythmus mit und sangen rituelle Responsorien.*

Und so setzt es sich bis in die Gegenwart fort – für gewöhnlich in bruchstückhafteren und gedämpfteren Versionen. Die moderne, traditionalistische Häresie des Katholizismus und die evangelistischen Erneuerungsbewegungen der Protestanten stellen Bemühungen dar, die zersetzende Säkularisierung der Gesellschaft rückgängig zu machen und zu den alten Formen zurückzukehren. Eine gedankenlose Unterwerfung unter den Willen der Gemeinschaft gehört bei den „braven" Menschen der „schweigenden Mehrheit" der Gesellschaft noch immer zu den emotional wirkungsvollsten Tugenden. „Jesus ist die Antwort" ist das zeitgenössische Gegenstück von *Deus vult*, der Parole des ersten Kreuzzugs. Gott will es, was immer zu tun sei, wie schwer auch der Weg sei. Mao Zedong[15] sagte: „Wir müssen bei unserer Arbeit ausharren und sie ohne Unterbrechung weiterführen; auch uns wird es gelingen, den Himmel (Gott) zu rühren. Unser Himmel (Gott) ist nichts anderes als die Masse des chinesischen Volkes." Wenn den Göttern gedient wird, ist letzten Endes, obwohl unerkannt, die biologische Tauglichkeit der Stammesangehörigen der Nutznießer. Wir müssen jetzt fragen: Ist die Bereitschaft, sich indoktrinieren zu lassen, eine neurologisch begründete Lernbereitschaft, die sich durch die Auslese von miteinander konkurrierenden Clans entwickelte?

Gestützt wird diese einfache biologische Hypothese durch die Tatsache, dass die blind machende Kraft der religiösen Treue auch ohne Theologie wirksam sein kann. Die Maiaufmärsche auf dem Tien-An-Men-Platz wären von den

Volksmengen der Maya, das Lenin-Mausoleum von den Verehrern des blutgetränkten Grabtuches Christi unmittelbar verstanden worden. Betrachten wir die nachstehenden Überlegungen von Grigori Pjatakow[16], einem der engsten Vertrauten Lenins:

Ein wirklicher Kommunist [...], das heißt ein Mann, der in der Partei ausgebildet wurde und ihren Geist tief genug in sich aufgenommen hat, wird selbst in gewisser Weise ein Wundermann. Für eine solche Partei wird ein wahrer Bolschewik bereitwillig Ideen aus seinem Geist entfernen, an die er seit Jahren geglaubt hat. Ein wahrer Bolschewik hat seine Persönlichkeit in der Kollektivität, der „Partei", in einem solchen Ausmaß aufgehen zu lassen, dass er die notwendige Anstrengung unternehmen kann, sich von seinen eigenen Ansichten und Überzeugungen zu trennen und aufrichtig mit der Partei übereinzustimmen – das ist die Prüfung für den wahren Bolschewiken.

In „Dynamik des Todes" erinnert uns Ernest Becker[17] daran, dass das Guru-Phänomen ein Mittel ist, um das Selbst einer machtvollen und wohlwollenden Kraft zu unterwerfen. Der Zen-Meister verlangt absoluten Gehorsam in jeder Übung – den exakten Kopfstand, die exakte Art zu atmen –, bis der Jünger seines Selbst entkleidet ist und von einer magischen Macht getragen wird. Der Zen-Bogenschütze schießt nicht mehr den Pfeil ab; das Innere der Natur bricht aus in die Welt mittels der vollkommenen Selbstentsagung des Bogenschützen und lässt die gespannte Sehne zurückschnellen. [...]

Sowohl für das Individuum wie für die Gesellschaft kann eine solche bereitwillige Unterordnung vorteilhaft sein. Henri Bergson erkannte als Erster, welche Kraft letzten Endes hinter den Mechanismen der emotionalen Befriedigung stehen könnte. Die extreme Plastizität des menschlichen Sozialverhaltens, so stellte Bergson fest, ist sowohl eine große Stärke als auch eine Gefahr. Wenn jede Familie ihre eigenen Verhaltensregeln festsetzte, würde die Gesellschaft als Ganze im Chaos versinken. Um egoistischem Verhalten und der auflösenden Kraft von hoher Intelligenz und Idiosynkrasie entgegenzuwirken, muss jede Gesellschaft sich Gesetze geben. Innerhalb weiter Grenzen funktionieren willkürliche Konventionen immer noch besser als gar keine. Weil Regelsysteme, so willkürlich sie auch sein mögen, das Funktionieren sichern, werden Organisationen leicht durch überflüssige Ungerechtigkeiten in ihrer Effizienz beeinträchtigt. Rappaport hat das bündig formuliert:

Die Heiligung verwandelt das Willkürliche in das Notwendige, und Regelungsmechanismen, die willkürlich sind, werden für gewöhnlich geheiligt.

Doch die Willkürlichkeit der Heiligung ruft Kritik hervor, und in den freiheitlicheren und selbstbewussteren Gesellschaften treten Seher und Revolutionäre an, um das System zu ändern. Ihre Absicht ist es letztlich, Regeln zu errichten, die sie selbst ersonnen haben. Die Veränderung stößt auf Widerstand, denn da die herrschenden Regeln geheiligt und mythologisiert wurden, hält die Mehrheit der Menschen sie für unzweifelhaft und fasst die Nichtübereinstimmung als eine Lästerung auf.

Damit sind die Voraussetzungen für den Konflikt der natürlichen Auslese auf der Ebene des Individuums und der Gruppe gegeben. Indem wir diesen Konflikt ansprechen, sind wir wieder bei der theoretischen Frage nach der Entstehung des Altruismus gelandet. Unterstellen wir zunächst einmal, dass es eine genetische Prädisposition zu Konformität und Heiligung gibt. Wurde sie herbeigeführt durch eine Auslese auf der Ebene ganzer Gesellschaften oder durch eine Auslese auf der Ebene des Individuums? Man kann die Frage auch im psychologischen Sinne formulieren: Entspricht das Verhalten einem strengen Altruismus, ist es also darauf programmiert, die Interessen der gesamten Gemeinschaft zu wahren, oder entspricht es einem milden Altruismus, droht es also, durch das eigennützige Interesse von Individuen manipuliert zu werden?

Auf der einen Seite, auf der wahrscheinlich eher eine strenge Religiosität entsteht, setzt die Auslese bei der Gruppe an. Wenn sich die Konformität zu sehr abschwächt, nehmen die Gruppen ab oder sterben sogar aus. In dieser hypothetischen Version ist es dennoch möglich, dass egoistische, individualistische Mitglieder die Oberhand gewinnen und sich auf Kosten anderer vermehren. Doch der wachsende Einfluss ihrer abweichenden Prädispositionen steigert die Verletzlichkeit der Gesellschaft und beschleunigt ihren Niedergang. Gesellschaften, die solche Individuen und damit auch die Gene, die zu ihrer Entstehung prädisponieren, in größerer Häufigkeit aufweisen, werden jenen weichen, deren „genetische Entschlossenheit" nicht so geschwächt ist, und damit wird der Anteil von konformen Individuen an der Gesamtpopulation steigen. Die genetisch bedingte Fähigkeit zu blindem Konformismus breitet sich zu Lasten der genetisch bedingten Unfähigkeit aus. Auch das Potenzial für Selbstaufopferung kann auf diese Weise gestärkt werden, da die Bereitschaft von Individuen, auf Belohnung zu verzichten oder sogar das eigene Leben hinzugeben, das Überleben der Gruppe fördern wird. Der Verlust an Genen, der durch den Tod von disziplinierten Individuen eintritt, kann mehr als ausgeglichen werden durch einen Gewinn an Genen, der durch Expansion der begünstigten Gruppe erreicht wird.

Auf der anderen Seite, auf der eine mildere und eher ambivalente Religiosität entsteht, setzt die Auslese beim Individuum an. Die Fähigkeit zu konformem Verhalten erlaubt es den Individuen, die Vorzüge der Gruppenmitgliedschaft mit einem Minimum an Energieverausgabung und Risiko zu genießen, und ihr Verhalten wird über lange Zeit hinweg als soziale Norm aufrechterhalten. Die Rivalen der Konformisten mögen zwar zeitweilig durch Egoismus und Respektlosigkeit einen Vorteil erlangen, langfristig jedoch geht er durch Ächtung und Unterdrückung wieder verloren. Das altruistische Handeln der Konformisten, das möglicherweise bis zur Gefährdung des eigenen Lebens geht, beruht nicht auf einer genetischen Prädisposition, die durch den Wettbewerb zwischen ganzen Gesellschaften herausselektiert wurde, sondern darauf, dass die Gruppe gelegentlich imstande ist, sich die Indoktrinierbarkeit zunutze zu machen, die bei anderen Gelegenheiten für das Individuum vorteilhaft ist.

Diese beiden Möglichkeiten brauchen einander nicht auszuschließen; Gruppenauslese und individuelle Auslese können sich gegenseitig verstärken. Wenn der Erfolg der Gruppe spartanische Tugenden und eine selbstverleugnende Religiosität verlangt, kann der Sieg den überlebenden Gläubigen mit Land, Macht und Fortpflanzungschancen mehr als entschädigen. Das durchschnittliche Individuum wird bei diesem Darwin'schen Spiel gewinnen, und sein Einsatz wird sich lohnen, weil die Bemühungen der Beteiligten, nimmt man sie zusammen, dem durchschnittlichen Mitglied einen mehr als ausgleichenden Vorteil gewähren.

Und der Herr redete mit Mose und sprach: Nimm die Summe des Raubes der Gefangenen, an Menschen und an Vieh, du und Eleasar, der Priester, und die obersten Väter der Gemeinde; und gib die Hälfte denen, die ins Heer ausgezogen sind und die Schlacht getan haben, und die andere Hälfte der Gemeinde. Du sollst aber dem Herrn geben von den Kriegsleuten, die ins Heer gezogen sind, je von fünf Hunderten eine Seele, an Menschen, Rindern, Eseln und Schafen. Von ihrer Hälfte sollst du es nehmen und dem Priester Eleasar geben zur Hebe dem Herrn. Aber von der Hälfte der Kinder Israel sollst du je ein Stück von Fünfzig nehmen, an Menschen, Rindern, Eseln und Schafen und von allem Vieh, und sollst es den Leviten geben, die des Dienstes warten an der Wohnung des Herrn.[18]

Die höchsten Formen der Religionsausübung verleihen, betrachtet man sie näher, einen biologischen Vorteil. Vor allem festigen sie die Identität. Inmitten der chaotischen und potenziell desorientierenden Erfahrungen, die jeder täglich durchmacht, gibt die Religion einem einen festen Ort, verschafft sie einem die fraglose Zugehörigkeit zu einer Gruppe, die über starke Kräfte zu verfügen behauptet, und vermittelt einem dadurch ein vorwärts treibendes Ziel im Leben, das mit dem Eigeninteresse vereinbar ist. Die Stärke des Individuums ist die Stärke der Gruppe, sein Leitprinzip der heilige Bund. Der Theologe und Soziologe Hans J. Mol[19] hat diesen entscheidenden Prozess treffend als „Sakralisierung der Identität" bezeichnet. Der menschliche Geist besitzt eine Prädisposition – man darf vermuten, dass Lernregeln physiologisch programmiert sind –, an einigen Sakralisationsvorgängen mitzuwirken, aus denen zusammen die Institutionen der organisierten Religion erwachsen.

Der erste Vorgang ist die Objektivierung, die Darstellung der Realität mithilfe von Bildern und Definitionen, die leicht verständlich und frei von Widersprüchen und Ausnahmen sind. Himmel und Hölle, das menschliche Leben als eine Arena des Kampfes zwischen den Kräften von Gut und Böse, Götter, die über alle Kräfte der Natur gebieten, und Geister, die bereit sind, den Tabus Nachdruck zu verleihen, sind Beispiele für diesen Vorgang. Die Objektivierung schafft ein Gerüst, das sich dafür anbietet, mit Symbolen und Mythen ausgeschmückt zu werden.

Der zweite Vorgang im Prozess der Religionsentstehung ist das Gelöbnis. Die Gläubigen weihen ihr Leben den objektivierten Ideen und dem Wohlergehen derer, die das Gleiche tun. Das Gelöbnis ist ein Akt blanker Unterwerfung unter den Stamm, der sich auf dem Weg der emotionalen Selbstaufgabe vollzieht. Es bezieht sich auf den mystischen Bund sowie auf Schamanen und Priester, durch deren Auslegung die Gebote Glaubwürdigkeit erlangen. Das Gelöbnis wird bei Zeremonien abgelegt, in deren Verlauf die willkürlichen Regeln und die sakralen Objekte heilig gesprochen und immer wieder definiert werden, bis sie ebenso sehr als ein Bestandteil der menschlichen Natur erscheinen wie die Liebe oder der Hunger.

Schließlich gibt es den Mythos: jene Erzählungen, welche die besondere Stellung des Stammes in der Welt in einer rationalen Weise erklären, die sich mit dem Verständnis des Zuhörers von der natürlichen Welt deckt. Schriftlose Jäger und Sammler erzählen glaubhafte heilige Geschichten über die Erschaffung der Welt. Menschen und Tiere mit übernatürlichen Kräften und einer besonderen Beziehung zu dem Stamm kämpfen, essen und zeugen Nachkommen. Ihre Handlungen erklären ein wenig, wie die Natur funktioniert und warum der Stamm eine bevorzugte Stellung auf der Erde hat. Mit der Komplexität der Gesellschaften wächst die der Mythen. Sie stellen die tatsächliche Struktur noch einmal in phantastischeren Formen dar. Stämme von Halbgöttern und Heroen, die um das Königstum und den Besitz von Territorien streiten, errichten ihre Herrschaft über verschiedene Lebensbereiche der Sterblichen. Immer wieder berühren die Mythen das manichäische Thema zweier überirdischer Kräfte, die um die Herrschaft über die Welt des Menschen ringen. Bei einigen Indianerstämmen der Amazonas- und Orinoco-Wälder sind die Streitenden zwei Brüder, welche die Sonne und den Mond darstellen, der eine ein wohlwollender Schöpfer, der andere ein Gauner. In den späteren Hindumythen erschafft Brahma, der gütige Herr des Universums, die Nacht. Sie gebiert die Rakschasas, die versuchen, Brahma zu fressen und die sterblichen Menschen zu vernichten. Ein anderes Thema, das in den stärker ausgeformten Mythologien immer wiederkehrt, sind die Apokalypse und das künftige Reich, und es wird darin prophezeit, dass die Kämpfe aufhören werden, wenn Gott herabsteigt, um der bestehenden Welt ein Ende zu bereiten und eine neue Ordnung zu schaffen.

Der Glaube an solche erhabenen Götter ist nicht universal. Von 81 Jäger- und Sammlergesellschaften, die John W. M. Whiting[20] untersuchte, kannten nur 28 (oder 35 Prozent) erhabene Götter in ihrer heiligen Überlieferung. Die Vorstellung eines tätigen, moralischen Gottes, der die Welt erschuf, ist noch weniger verbreitet.

Übrigens erwächst diese Vorstellung ganz überwiegend aus einer Hirtenexistenz. Je größer die Abhängigkeit vom Hirtenleben, desto eher glaubt man an einen Hirtengott des jüdisch-christlichen Typs.[21] In anderen Gesellschaftsformen tritt diese Glaubensvorstellung bei knapp 10 Prozent derjenigen auf, deren Religion bekannt ist.

Der Gott der monotheistischen Religionen ist stets männlich; diese starke patriarchalische Tendenz hat mehrere kulturelle Ursachen. Hirtengesellschaften sind äußerst mobil, straff organisiert und oftmals militant – alles Merkmale, welche die Waage zugunsten männlicher Autorität ausschlagen lassen. Bedeutsam ist auch, dass das Viehhüten, die hauptsächliche wirtschaftliche Basis, vor allem in die Zuständigkeit der Männer fällt. Weil die Israeliten ursprünglich ein Hirtenvolk waren, beschreibt die Bibel Gott als einen Hirten und das auserwählte Volk als seine Schafe. Der Islam, eine der strengsten monotheistischen Religionen, gelangte zunächst bei den Hirtenvölkern der Arabischen Halbinsel zu Einfluss.

Die soziobiologische Erklärung des Glaubens an Gott führt zu der ungelösten Frage nach der Rolle der Mythologie im modernen Leben. Unverkennbar werden die Menschen noch immer in hohem Maße von Mythen beherrscht. […] Während die Wissenschaft auf ihrem Vormarsch die uralten mythischen Darstellungen eine nach der anderen niederreißt, zieht sich die Theologie in ihre letzte Verschanzung zurück, aus der sie nie vertrieben werden kann. Das ist die Vorstellung von Gott im Schöpfungsmythos: Gott als Wille, als Ursache alles Seienden, als die Kraft, die sämtliche Energie in dem Feuerball des Urknalls erzeugte und die Naturgesetze bestimmte, nach denen sich das Universum entwickelte. Solange sie diese Schanze hält, kann die Theologie gelegentlich durch deren Pforten hinausschlüpfen und Vorstöße in die reale Welt machen. Sobald die anderen Philosophen nicht auf der Hut sind, können die Dreisten in der Art der Prozesstheologie einen allgegenwärtigen transzendentalen Willen postulieren, ja sie können sogar die Hypothese aufstellen, es gebe Wunder.

Man täusche sich jedoch nicht über die Stärke des wissenschaftlichen Materialismus. Er bietet dem menschlichen Geist eine alternative Mythologie, die in Konfliktbereichen die traditionelle Religion bisher noch stets Punkt für Punkt geschlagen hat. Ihre Erzählform ist das Epos: Beginnend mit dem Urknall vor 15 Milliarden Jahren, handelt es von der Evolution des Universums über die Entstehung der Elemente und der Himmelskörper bis zu den Anfängen des Lebens auf der Erde. Das evolutionäre Epos ist insofern Mythologie, als die Gesetze, die es hier und jetzt anführt, Gegenstand des Glaubens sind, ohne dass sie je definitiv bewiesen werden können, so dass sich ein Ursache-und-Wirkung-Kontinuum von der Physik zu den Sozialwissenschaften, von dieser Welt zu allen übrigen Welten im sichtbaren Universum und zeitlich zurück zum Anfang des Universums ergeben würde. Alle Teile des Daseins gelten als Naturgesetzen unterworfen, die keiner äußerlichen Kontrolle bedürfen. Die Verpflichtung des Wissenschaftlers zu Sparsamkeit bei der Erklärung schließt den göttlichen Geist und andere äußere Kräfte aus. Das Bedeutsamste ist, dass wir jetzt die entscheidende Etappe in der Geschichte der Biologie erreicht haben, wo die Religion selbst zum Gegenstand der naturwissenschaftlichen Erklärung wird. Wie ich zu zeigen versucht habe, kann die Soziobiologie die Entstehung der Mythologie mit dem Prinzip der natürlichen Auslese erklären, welche auf die genetisch sich entwickelnde materielle Struktur des menschlichen Gehirns einwirkt.

Wenn diese Deutung richtig ist, wird der entscheidende Vorteil des wissenschaftlichen Naturalismus auf seiner Fähigkeit beruhen, die traditionelle Religion, seinen Hauptkonkurrenten, als ein durch und durch materielles Phänomen zu erklären.[22] Die Theologie wird als eine unabhängige intellektuelle Disziplin wahrscheinlich nicht überleben. Die Religion dagegen wird lange als eine vitale Kraft in der Gesellschaft fortbestehen. Wie der mythische Riese Antäus, der Kraft von seiner Mutter, der Erde, bezog, kann die Religion nicht von denen besiegt werden, die sie lediglich niederwerfen. Die spirituelle Schwäche des naturwissenschaftlichen Naturalismus beruht darauf, dass er nicht eine solche ursprüngliche Kraftquelle besitzt. Er vermag zwar die biologischen Quellen der Kraft religiöser Emotionen zu erklären, ist jedoch in seiner gegenwärtigen Form unfähig, sie zu nutzen, denn das Evolutionsepos versagt dem Individuum Unsterblichkeit und der Gesellschaft das göttliche Privileg und lässt für die menschliche Spezies höchstens einen existenziellen Sinn erkennen. Humanisten werden niemals die leidenschaftlichen Freuden der geistigen Bekehrung und der Selbstaufgabe genießen; Wissenschafter können nicht in aller Aufrichtigkeit als Priester fungieren. Daher ist die Frage angebracht: Gibt es eine Möglichkeit, die Macht der Religion in die Dienste jenes großartigen neuen Vorhabens zu stellen, das die Quellen jener Macht bloßlegt? Damit sind wir bei einem zweiten Dilemma, und zwar in einer Form, die nach einer Antwort verlangt.

Das erste Dilemma entstand durch den scheinbar unaufhaltsamen Niedergang der Mythen der traditionellen Religion und ihrer weltlichen Gegenstücke, darunter vor allem der Ideologien, die auf einer marxistischen Geschichtsdeutung basieren. Die Folge dieses Niedergangs war, dass der moralische Konsens verloren ging, dass das Gefühl der Hilflosigkeit angesichts der allgemeinen Lage der Menschheit wuchs und dass man sich nur noch um die eigene Person und die unmittelbare Zukunft kümmerte. Intellektuell lässt sich dieses Dilemma lösen, indem wir die menschliche Natur gründlicher und mutiger erforschen und dabei die Resultate der Biologie mit denen der Sozialwissenschaften verknüpfen. Wir werden den menschlichen Geist als Epiphänomen der neuronalen Maschinerie des Gehirns zu verstehen haben. Diese Maschinerie ist wiederum das Produkt einer genetischen Evolution, die durch eine natürliche Auslese zustande kam, welche sich während einiger Jahrhunderttausende an menschlichen Populationen in ihrer jeweiligen Umwelt vollzog. Wenn wir die Methoden und die Ideen der Neurobiologie, der Ethologie und der Soziobiologie vorsichtig ausweiten, können wir eine angemessene Grundlage für die Sozialwissenschaften schaffen, und der Bruch, der noch immer zwischen den Naturwissenschaften auf der einen und den Sozial- und Geisteswissenschaften auf der anderen Seite besteht, könnte geheilt werden.

Norbert Hoerster
Die Unlösbarkeit des Theodizee-Problems

Das Wort „Theodizee" kommt aus dem Griechischen und bedeutet „Rechtfertigung Gottes". Gemeint ist mit dem so genannten Theodizee-Problem in der philosophischen und theologischen Diskussion somit das Problem der Rechtfertigung Gottes, genauer gesagt: das Problem der Lehre von der Güte Gottes angesichts der Übel in einer von Gott abhängigen Welt. Schon aus dieser knappen Begriffserläuterung geht hervor, dass das Theodizee-Problem nicht unter allen Umständen und für jedermann, sondern nur auf dem Hintergrund eines ganz bestimmten Weltbildes tatsächlich ein Problem darstellt. Dieses Weltbild ist durch die folgenden Überzeugungen – Überzeugungen, die insbesondere für das Christentum charakteristisch sind – gekennzeichnet: 1. Es gibt einen Gott, das heißt ein intelligentes, personales Wesen, das die Welt erschaffen hat und erhält. 2. Dieser Gott ist allmächtig und allwissend, das heißt, er besitzt ein Maximum an Macht und Wissen. 3. Dieser Gott ist allgütig, er besitzt ein Maximum an Güte. 4. Es gibt in der Welt, so, wie wir sie aus Erfahrung kennen, Übel.

Damit diese vier Überzeugungen oder Thesen, zusammengenommen, tatsächlich zu einem Problem führen, muss, wenn man genau sein will, sogar noch eine fünfte These hinzukommen, nämlich die These, dass „gut" und „schlecht" oder „gut" und „übel" in der Weise einander entgegengesetzt sind, dass etwas, was selbst gut ist (hier also Gott!), etwas anderes, das schlecht oder übel ist, nach Möglichkeit beseitigen oder eliminieren wird. Diese These erscheint jedoch in ihrer logischen Stringenz als so selbstverständlich, dass ich im Folgenden nicht mehr auf sie zurückkomme. Soweit ich sehe, wird sie in der Auseinandersetzung um das Theodizee-Problem von niemandem geleugnet.

Worin besteht nun, näher erläutert, das Theodizee-Problem? Es besteht darin, dass es überaus fraglich erscheint, ob die vier Thesen oder Überzeugungen logisch miteinander vereinbar sind, ob also nicht derjenige, der sie alle akzeptiert, sich damit einem Widerspruch aussetzt. Ich bezeichne im Folgenden der Einfachheit halber denjenigen, der einen solchen Widerspruch leugnet, der also von der Vereinbarkeit der vier Thesen überzeugt ist, als „Gläubigen" und denjenigen, der einen solchen Widerspruch behauptet, als „Skeptiker". Die Position des Skeptikers kommt in folgenden Sätzen, die Epikur zugeschrieben werden, treffend zum Ausdruck: „Ist Gott willens, aber nicht fähig, Übel zu verhindern? Dann ist er nicht allgütig. Ist er jedoch sowohl fähig als auch willens, Übel zu verhindern? Dann dürfte es in der Welt kein Übel geben!"

Der Skeptiker behauptet also, dass der Gläubige, will er sich nicht einem Widerspruch aussetzen, jedenfalls *eine* der vier Thesen preisgeben muss. Und zwar kommt für eine Preisgabe offenbar nur eine der Thesen 1–3, kaum aber These 4 in Betracht. Denn dass die Welt tatsächlich so etwas wie Übel enthält, wird niemand, ob Skeptiker oder Gläubiger, realistischerweise leugnen wollen. Das schließt zwar nicht aus, dass Skeptiker und Gläubige etwa in einzelnen Fällen unterschiedlicher Meinung darüber sein können, ob etwas als Übel zu betrachten ist. Trotzdem gibt es in der Welt, so, wie sie ist, genügend Phänomene, die von jedem bekannten Wertungsstandpunkt aus als etwas Negatives, also als Übel, klassifiziert werden müssen.

Es hat sich im Lauf der Behandlung, die das Theodizee-Problem in der Geschichte der abendländischen Philosophie und Theologie erfahren hat, als zweckmäßig erwiesen, die Gesamtheit des Übels, das in der Welt vorhanden ist, in zwei große Klassen einzuteilen: die Klasse des „natürlichen" Übels und die Klasse des „moralischen" Übels. Diese Unterscheidung hat sich deshalb als zweckmäßig erwiesen, weil die beiden Arten von Übel im Rahmen des Theodizee-Problems, wie wir noch sehen werden, zu unterschiedlichen Fragestellungen führen. Der Unterschied zwischen den beiden Arten besteht in Folgendem: Das *moralische* Übel ist definiert als Übel, das in unmoralisch-schuldhaftem Handeln menschlicher (oder menschenähnlicher) Wesen oder in den Folgen eines solchen Handelns besteht. Das moralische Übel umfasst also Phänomene wie Hass, Grausamkeit, Neid, Habgier sowie deren unheilvolle Auswirkungen. Das *natürliche* Übel ist demgegenüber definiert als Übel, das in keinem Zusammenhang mit unmoralischem menschlichem Handeln steht. Es umfasst solche Phänomene wie unabwendbare Krankheiten, Seuchen, Naturkatastrophen.

Ich möchte den Unterschied zwischen moralischem und natürlichem Übel noch verdeutlichen anhand eines Beispiels aus der Belletristik und mit diesem Beispiel gleichzeitig in die Erörterung der Problematik selbst überleiten. Das Beispiel stammt aus dem 1933 erschienenen Roman *Miss Lonelyhearts* des Amerikaners Nathaniel West. Im Mittelpunkt des Romans steht ein junger Journalist, der als Briefkastenonkel – unter dem Pseudonym Miss Lonelyhearts – Leserbriefe für eine New Yorker Tageszeitung zu beantworten hat und an der Fülle von Leid zerbricht, das in diesen, oft hilflos formulierten, Briefen zum Ausdruck kommt. Einer dieser Briefe lautet:

Liebe Miss Lonelyhearts,
ich bin jetzt 16 Jahre alt und weiß nicht, was ich machen soll. Als ich noch klein war, da ging es noch, weil ich mich daran gewöhnte, dass die Nachbarskinder sich über mich lustig machten, aber jetzt möchte ich Freunde haben wie die anderen Mädchen auch und am Samstagabend ausgehen. Doch niemand will mit mir ausgehen, da ich von Geburt an

keine Nase habe – dabei tanze ich gut, bin gut gewachsen und mein Vater kauft mir hübsche Kleider. Ich sitze den ganzen Tag da, schaue mich an und weine. Mitten im Gesicht habe ich ein großes Loch, das die Leute abschreckt, sogar mich selber; man kann es den Jungen nicht verdenken, wenn sie nicht mit mir ausgehen wollen. Meine Mutter hat mich gern, aber sie weint furchtbar, wenn sie mich anschaut. Womit habe ich nur dieses furchtbare Schicksal verdient? Selbst wenn ich manchmal schlecht war, dann jedenfalls nicht, bevor ich ein Jahr alt war; und ich bin so geboren. Ich habe meinen Vater gefragt, und er sagt, er weiß es auch nicht. Er meint, vielleicht habe ich in der anderen Welt etwas getan, ehe ich geboren wurde, oder vielleicht werde ich für seine Sünden bestraft. Das glaube ich aber nicht, er ist nämlich sehr nett. Soll ich Selbstmord begehen? Mit besten Grüßen N. N.

Der hier geschilderte Fall einer angeborenen Missbildung ist ein typisches Beispiel eines natürlichen Übels. Interessant ist jedoch – und das zeigt dieses Beispiel gut –, dass nicht wenige Menschen offenbar instinktiv dazu neigen, ein natürliches Übel nicht als nackte Tatsache hinzunehmen, sondern nach irgendeinem menschlichen Verschulden für dieses Übel zu forschen, es also nicht als ein nur scheinbar natürliches, in Wirklichkeit moralisches Übel zu erweisen. Doch ein solches Forschen – auch das zeigt das Beispiel – ist häufig fruchtlos: Es gibt in einem Fall wie dem vorliegenden keinerlei Anhaltspunkte für irgendein menschliches Verschulden im Zusammenhang mit dem Übel.

Zwar lässt sich die logische Möglichkeit nie ausschließen, dass ein solcher Zusammenhang in irgendeiner Weise besteht. Doch die Behauptung, dass dieser Zusammenhang tatsächlich bestehe, hat in vielen konkreten Fällen (so auch im vorliegenden Fall) nicht mehr als den Charakter einer *Ad-hoc-Annahme*. Unter einer Ad-hoc-Annahme verstehe ich eine Annahme, die allein zu dem Zweck gemacht wird, dass die durch sie gestützte These gerettet werden soll, eine Annahme also, die unabhängig von dieser Funktion als völlig willkürlich erscheinen muss. In unserem Beispiel: Für die Annahme, dass das junge Mädchen in einer vorgeburtlichen Form der Existenz ihre Missbildung verschuldet habe, gibt es – unabhängig davon, dass diese Annahme vielleicht die gewünschte Erklärung für die Missbildung liefern könnte – keinen guten Grund.

Die Neigung, im Zusammenhang mit dem Theodizee-Problem mit Ad-hoc-Erklärungen für das jeweilige Übel zu operieren, ist keine Spezialität philosophischer und theologischer Laien (wie des Vaters unseres jungen Mädchens). So gibt es in der christlichen Tradition beispielsweise eine Lehre, die das natürliche Übel in der Welt im Wesentlichen auf das destruktive Wirken des Teufels zurückführt. Was ist von dieser Erklärung des natürlichen Übels zu halten? Zunächst einmal: Diese Erklärung – auch wenn sie zutrifft – löst das Theodizee-

Problem noch nicht. Denn jetzt stellt sich sofort die weitere Frage: Wie kann ein allmächtiger und allwissender ebenso wie allgütiger Gott es zulassen, dass es *erstens* überhaupt einen Teufel gibt und *zweitens* dieser Teufel sich derart unheilvoll in der Welt aufführen darf?

Diesen Punkt übersehen selbstverständlich auch die Vertreter dieser Lehre nicht. Sie nehmen jedoch mit Recht an, dass ihre These, sofern zutreffend, doch einen möglicherweise bedeutsamen Fortschritt in Richtung einer Lösung des Theodizee-Problems bedeuten würde: Der Teufel und seine Genossen, mit denen er die Welt durchstreift – also lauter (theologisch gesprochen) „gefallene Engel" –, sind *personale* Wesen. Wenn nun das gesamte natürliche Übel auf das boshafte Wirken dieser personalen Wesen zurückginge, dann würde damit das Problem des natürlichen Übels letztlich zum Verschwinden kommen und nur das Problem des moralischen Übels übrig bleiben. Denn das moralische Übel ist ja, wie wir sahen, dadurch definiert, dass es im schuldhaften Handeln menschlicher oder menschenähnlicher, also personaler Wesen begründet liegt. Wenn das moralische Übel dann in einem weiteren Schritt als vereinbar mit den Thesen 1–3 erwiesen werden könnte, so wäre damit das gesamte Theodizee-Problem gelöst. Insofern ist also die These, die das natürliche Übel in der Welt auf das Wirken gefallener Engel zurückführt, für die Lösung des Theodizee-Problems durchaus von Bedeutung.

Aber was ist von der Richtigkeit dieser These zu halten? Ich meine, diese These läuft (ganz ähnlich wie die Erklärungshypothese des Vaters des jungen Mädchens in unserem Beispiel) auf eine bloße Ad-hoc-Annahme hinaus: Unsere Informationen über Lebensweise und Aktivitäten von gefallenen Engeln – ja, man wird sagen dürfen: von Engeln überhaupt, ob gefallen oder nicht – sind so beschränkt, dass die These einfach nicht hinreichend begründet ist. Die Tatsache, dass sie geeignet ist, das Theodizee-Problem einer Lösung näher zu bringen, ist allein nicht ausreichend dafür, sie für wahr zu halten.

Vielleicht wird der eine oder andere, der als Christ die Ausgangsthesen 1–3 akzeptiert, das soeben von mir erörterte Lösungsangebot für das Problem des natürlichen Übels von vornherein nicht sehr attraktiv finden. Der Teufel wird in der heutigen christlichen Theologie ja oft stark an den Rand gedrängt, ja bisweilen sogar in seiner personalen Existenz geleugnet. Doch auch wer im Einklang mit einer solchen Sichtweise dem Teufel nicht mehr allzu viel zutraut, kann aus der von mir geübten Kritik eine grundsätzliche, für *jeden* Lösungsversuch des Theodizee-Problems wichtige Lehre ziehen.

Diese Lehre besteht in Folgendem: Das Theodizee-Problem ist, wie ich eingangs sagte, ein Problem logischer Vereinbarkeit. Nun kann man aber den Thesen 1–4 nicht ohne weiteres ansehen, ob sie logisch miteinander vereinbar sind oder nicht – wenngleich der erste Anschein eher für die negative Position des Skeptikers sprechen dürfte. Wenn die logische Vereinbarkeit oder Unvereinbarkeit aus den Thesen 1–4 selbst ohne weiteres definitiv ersichtlich wäre, hätte das Theodizee-Problem nicht seit Jahrhunderten Philosophen und Theologen immer wieder bewegt. Um zu einer Lösung oder auch nur zu einem ernsthaften Versuch einer Lösung des Problems zu gelangen, muss man offensichtlich (über die Sätze 1–4 hinaus) weitere Sätze in die Erörterung einführen, und zwar solche weiteren Sätze, die im Hinblick auf die zur Diskussion stehende Vereinbarkeit der Sätze 1–4 so etwas sie eine *Brückenfunktion* haben können, das heißt, Sätze, mit deren Hilfe sich möglicherweise doch eine Vereinbarkeit der Sätze 1–4, entgegen dem ersten Anschein, erweisen lässt.

Nun ist es aber kein allzu großes Problem, sich irgendwelche Sätze auszudenken, welche die gesuchte Brückenfunktion erfüllen können. Ein Beispiel ist die oben erörterte These, durch die zumindest das Problem des natürlichen Übels zum Verschwinden kommt. Und ein weiteres Beispiel wäre die insbesondere von Leibniz vertretene These, dass die Welt trotz aller partiellen Übel, die sie ohne Zweifel enthält, insgesamt gesehen eine gute, ja die bestmögliche Welt ist, weil sämtliche in ihr vorfindlichen Übel zum Zweck des Kontrastes geradezu notwendig sind, um das Gesamte der Welt als optimal erscheinen zu lassen – ähnlich wie ein riesiges Gemälde (man denke etwa an Picassos berühmtes Kriegsgemälde *Guernica*) trotz seiner ästhetischen Gesamtqualität Details enthalten mag, die, isoliert betrachtet, als abstoßend und hässlich gelten müssen (ich werde auf diese These zum Zweck ihrer kritischen Erörterung noch zurückkommen).

Es steht außer Frage, so lautet mein grundsätzlicher Punkt, dass derartige Annahmen wie die genannten Thesen zwar prinzipiell geeignet sind, die Sätze 1–4 miteinander vereinbar zu erweisen und damit das Theodizee-Problem im Sinne der Gläubigen zu lösen. Tatsächlich können derartige Annahmen das Theodizee-Problem jedoch nur lösen, wenn sie nicht nur, logisch betrachtet, zur Lösung geeignet sind, sondern wenn sie darüber hinaus auch noch wahr beziehungsweise hinreichend begründet sind. So kann die erste der beiden Thesen, wie ich ausführte, das Problem des natürlichen Übels nur dann lösen, wenn tatsächlich das natürliche Übel in der Welt auf das Wirken von Teufeln zurückgeht. Das heißt mit anderen Worten: Die jeweiligen, zur Überbrückung der Sätze 1–4 gemachten Annahmen müssen mehr sein als bloß Ad-hoc-Annahmen in dem von mir erläuterten Sinne; sie müssen um ihrer selbst willen – also unabhängig von ihrer Funktion im Rahmen einer Lösung des Theodizee-Problems – Akzeptanz verdienen.

Nach diesem grundsätzlichen, für sämtliche Versuche zur Lösung des Theodizee-Problems wichtigen Punkt zurück zum *natürlichen* Übel. Ich werde die wichtigsten der mir bekannten, im Zusammenhang mit dem natürlichen Übel vorgebrachten Brückenannahmen oder Brückenthesen nunmehr der Reihe nach erörtern.

Die erste Brückenthese lautet: Ein Übel ist nichts positiv Existentes, sondern lediglich die Abwesenheit eines Gutes. Es besitzt deshalb zwar, vordergründig betrachtet, eine gewisse Realität, ist aber in einem eigentlichen, metaphysischen Sinn gar nicht vorhanden. Die Antwort auf dieses, unter anderem von Augustinus und Thomas von Aquin vertretene Argument ist einfach: Selbst wenn man einmal davon absieht, dass man ebenso gut (wie etwa Epikur oder Schopenhauer es tun) gerade umgekehrt das Übel als das eigentlich Reale und das Gute lediglich als Abwesenheit von Übel ansehen könnte, so stellt sich doch unabweisbar die Frage: Warum hat Gott, wenn er selbst das maximal Gute verkörpert, es zugelassen, dass in der Welt so viel Gutes durch Abwesenheit auffällt und vom Menschen entbehrt werden muss?

Die zweite Brückenthese ist ernster zu nehmen. Sie lautet: Eine Welt, die in ihrem Verlauf bestimmten Regelmäßigkeiten, also Naturgesetzen, folgt, ist besser als eine Welt, in der jedes konkrete Ereignis auf einen göttlichen Willensakt zurückginge. Wenn es aber Naturgesetze in der Welt gibt, dann ist es unvermeidlich, dass diese Naturgesetze sich in diesem oder jenem konkreten Fall auch einmal negativ für den Menschen auswirken. Ein Beispiel wäre etwa das Gravitationsgesetz: Es wirkt sich ohne Zweifel positiv auf die Möglichkeit des Menschen aus, sich rational planend in der Welt zu orientieren, kann jedoch hin und wieder – man denke etwa an Flutkatastrophen – auch einmal unliebsame Konsequenzen haben. Dieses Argument ist den folgenden beiden Einwänden ausgesetzt.

Erstens: Selbst wenn man zugesteht, dass eine Welt *mit* Naturgesetzen unter sonst gleichen Umständen besser ist als eine Welt *ohne* Naturgesetze (was zwar nicht selbstverständlich erscheint, hier aber nicht erörtert werden soll), so ist damit keineswegs schon gesagt, dass jene spezifischen Naturgesetze, die unsere tatsächlich existente Welt regieren, nicht besser sein könnten, als sie sind. Etwas anderes würde nur dann gelten, wenn der Gläubige zeigen könnte, dass selbst etwa jene Naturgesetze, die zu so manifesten Übeln wie Schwachsinn oder Krebs führen, so, wie sie sind, notwendig sind, um andere, diese Übel überwiegende Güter herbeizuführen. Ein solcher Nachweis dürfte sich jedoch in diesen genannten ebenso wie in manchen anderen Fällen kaum erbringen lassen. Man darf in diesem Zusammenhang nicht vergessen, dass ein allmächtiger Schöpfergott keinerlei Beschränkungen unterliegen kann, beliebige – also auch in ihren Auswirkungen optimale – Naturgesetze in Kraft zu setzen. Es ist nicht einzusehen, warum Gott nicht etwa jenes Naturgesetz, das zum Entstehen von Krebs führt, so hätte modifizieren können, dass die (möglicherweise vorhandenen) positiven Auswirkungen dieses Gesetzes von seinen krebserzeugenden Auswirkungen isoliert geblieben wären.

Zweitens: Selbst wenn man trotzdem einmal annimmt, dass die in unserer tatsächlichen Welt herrschenden Naturgesetze alles in allem optimal seien, so gäbe es doch für einen allmächtigen, allwissenden und allgütigen Gott durchaus einen Weg, die jedenfalls auch vorhandenen Nachteile dieser Naturgesetze erheblich zu mildern. Gott könnte nämlich problemlos zumindest immer dann durch ein korrigierendes Wunder in den Verlauf der Natur eingreifen, wenn das betreffende Ereignis uns Menschen als Zufall erscheinen muss, da wir seine natürlichen Ursachen nicht durchschauen können. Denn in allen diesen Fällen könnte unser so wichtiges Vertrauen in einen gesetzmäßigen Weltverlauf durch einen solchen Eingriff keinerlei Schaden nehmen. Die positiven Auswirkungen eines prinzipiell Gesetzen unterworfenen Naturverlaufs blieben also unberührt. David Hume schreibt in diesem Zusammenhang: „Eine einzige Welle, ein wenig höher als die anderen, hätte Cäsar und sein Geschick auf dem Grund des Meeres begraben und damit einem beträchtlichen Teil der Menschheit die Freiheit zurückgeben können." Das ganze Gewicht dieses Einwands wird deutlich, wenn man in diesem Zitat an die Stelle von „Cäsar" etwa „Hitler" oder „Stalin" setzt. Es gibt kein Argument, das gegen einen derartigen gelegentlichen Eingriff Gottes in den Naturverlauf sprechen würde. Soweit zum Brückenprinzip der Unvermeidbarkeit von Übel aufgrund der Geltung allgemeiner Naturgesetze.

Die nächste Brückenthese, die ich anführe, spielt im religiösen Denken theologischer Laien eine wichtige Rolle. Sie ist ebenfalls relativ leicht zu entkräften. Die Übel dieser Welt, so heißt es, finden für die davon Betroffenen im Jenseits eine angemessene Kompensation.

Dazu ist Folgendes zu sagen: *Erstens* darf man von einem idealen Gastgeber erwarten, dass er sich nicht erst bei der eigentlichen Mahlzeit, sondern schon bei der Vorspeise von der besten Seite zeigt. Und *zweitens* ist diese These wieder einmal ein typisches Beispiel einer Ad-hoc-Annahme: Selbst wenn wir von der an sich schon recht fraglichen These eines jenseitigen Lebens nach dem Tode ausgehen, so erscheint doch die zusätzliche These, dieses Jenseits werde wesentlich erfreulicher als das Diesseits beschaffen sein, als vollkommen willkürlich. Wir kennen nämlich aus der Erfahrung nichts als das Diesseits und können legitimerweise allein aus diesem Diesseits, wenn überhaupt, auf das Jenseits schließen. „Nehmen Sie an", so argumentiert Bertrand Russell in diesem Zusammenhang, „Sie bekommen eine Kiste Orangen, und beim Öffnen der Kiste stellen Sie fest, dass die ganze oberste Lage Orangen verdorben ist. Sie würden daraus sicher nicht den Schluss ziehen: ‚Die unteren Orangen müssen dafür gut sein, damit es sich ausgleicht.' Sie würden vielmehr sagen: ‚Wahrscheinlich ist die ganze Kiste verdorben.' Genauso würde auch ein wissenschaftlich denkender Mensch das Universum beurteilen." Wenn Russell hier „das Universum" schreibt, so meint er die Gesamtheit der Realität – unter Einschluss einer möglicherweise jenseitigen Welt.

Ich komme zur nächsten Brückenthese, die ich oben schon kurz erwähnt habe. Es ist die These, dass Gott zwar durchaus eine völlig übelfreie Welt hätte erschaffen können, dass eine solche Welt jedoch, insgesamt gesehen, schlechter wäre als die tatsächlich von ihm erschaffene Welt. Und zwar sei die tatsächlich erschaffene Welt deshalb besser, so lautet die These, weil die partiellen Übel, die diese Welt ohne Zweifel enthält, im Wege des Kontrastes und der Ergänzung zu ihrem optimalen Gesamtbild einen notwendigen Beitrag leisteten. So behauptet Leibniz in diesem Zusammenhang etwa, selbst die christliche Glaubensannahme, dass der Großteil der Menschen dieser Erde sich am Ende der Tage im ewigen Höllenfeuer wiederfinden werde, sei kein Argument gegen diese Version einer Theodizee, da man davon ausgehen dürfe, dass in anderen Teilen des Universums (etwa auf anderen Planeten) die Anzahl der Seligen die der Verdammten deutlich übersteige. Die Verdammten dieser Erde hätten also, so darf man sein Argument paraphrasieren, die Funktion eines einzigen dissonanten Akkords im Rahmen der gerade wegen dieses Akkords umso eindrucksvoller klingenden göttlichen Weltsymphonie. Dieses Argument ist folgenden Einwänden ausgesetzt.

Erstens ist die Leibniz'sche Annahme über Selige und Verdammte außerhalb des Erdenbereichs sowie über ihr zahlenmäßiges Verhältnis ebenfalls eine typische Ad-hoc-Annahme.

Zweitens bezieht die aus dieser Annahme abgeleitete Brückenthese ihre gesamte Plausibilität aus einer Analogie zum ästhetischen Bereich: Ein Gemälde oder eine Symphonie können in der Tat insgesamt optimal sein – trotz oder gerade auch wegen einiger, isoliert betrachtet, hässlich aussehender beziehungsweise klingender Partien. Ist diese Analogie aber nicht fehl am Platze, wenn es um die Allgüte Gottes geht – eine Allgüte, die doch zumindest auch als moralische Allgüte und nicht nur als ästhetischer Inbegriff überragender Künstlerqualitäten verstanden werden muss? Man betrachte zum Vergleich folgenden hypothetischen Fall: Der Direktor einer Schauspieltruppe lässt seine zahlreichen Kinder bei den Aufführungen mitwirken. Einige haben die Rollen von Personen zu übernehmen, die vom Leben nur verwöhnt werden, andere dagegen die Rollen von Personen, die andauernd gequält und misshandelt werden. Um das Stück besonders realistisch und glaubwürdig erscheinen zu lassen, ordnet der Direktor an, dass die diversen Wohltaten ebenso wie die diversen Torturen nicht nur gespielt, sondern tatsächlich vollzogen werden. Die ästhetische Wirkung derartiger Aufführungen mag optimal sein. Aber würde dieser Umstand einem unbefangenen Betrachter (oder gar den malträtierten Kindern selbst!) ausreichen können, den Direktor als einen guten Menschen zu bezeichnen? Verletzt er nicht in eklatanter Weise 1. das allgemeine Gebot der Menschlichkeit, 2. seine spezielle Fürsorgepflicht als Vater und 3. die Forderung, die angenehmen und unangenehmen Aufgaben in seinem Unternehmen gerecht zu verteilen?

Drittens schließlich: Wäre Leibniz konsequenterweise nicht zu der Auffassung genötigt, jede menschliche Anstrengung zur Beseitigung irgendwelcher

Übel habe zu unterbleiben, da eine solche Beseitigung ja – ähnlich wie etwa die späteren „Glättungen" einer Bruckner-Symphonie – die grandiose Wucht und Schönheit des Ganzen verderben würde?

Die letzte Brückenthese zur Rechtfertigung des natürlichen Übels, die ich erörtern möchte, ist so geartet, dass sie zum Problem der Rechtfertigung des moralischen Übels, das ich im restlichen Teil dieses Aufsatzes behandeln werde, überleitet. Diese These besteht in der Behauptung, das natürliche Übel in der Welt sei ein notwendiges Mittel zu einem ganz bestimmten, nämlich moralischen Zweck, und dieser Zweck sei derartig hochwertig, dass der negative Wert des Mittels, also des natürlichen Übels, dadurch mehr als aufgewogen werde. Und zwar liege dieser Zweck in der Ermöglichung und der Ausbildung gewisser moralischer Tugenden wie Solidarität, Mitgefühl, Tapferkeit und Ausdauer. Wie ist diese These zu beurteilen?

Es ist zuzugeben, dass eine Welt gänzlich ohne natürliche Übel – also ohne solche Phänomene wie Krankheiten, Seuchen, Missbildungen, Naturkatastrophen – für die genannten moralischen Tugenden kein rechtes Betätigungsfeld hätte und diese Tugenden insofern ohne die betreffenden Übel gar nicht entstehen könnten. Man wird dem Gläubigen auch zugestehen dürfen, dass es sich bei diesen Tugenden tatsächlich um hochwertige Güter handelt, deren Vorhandensein in der Welt zur Qualität dieser Welt erheblich beiträgt. Auf diese Weise entgeht man dem von Theologen in diesem Zusammenhang nicht selten erhobenen Vorwurf, der Skeptiker halte offenbar eine Welt für ideal, in der lediglich so „niedere" Güter wie Lust, Vergnügen und Befriedigung einen Platz hätten. In Wahrheit braucht man als Skeptiker durchaus nicht ethischer Hedonist zu sein, um auch die vorliegende Brückenthese aus guten Gründen ablehnen zu können.

Der *erste* Grund: Es gibt offenbar ein beträchtliches Maß natürlichen Übels, das in gar keinem erkennbaren Zusammenhang zur möglichen Entstehung und Kultivierung irgendwelcher moralischer Tugenden steht. Auf eine Vielzahl von Krankheiten, Seuchen oder Naturkatastrophen trifft doch gleichzeitig zweierlei zu: erstens, dass sie die Betroffenen selbst entweder töten oder zu apathischem, ihre Person und somit ihr moralisches Vermögen auslöschendem Leiden verdammen, und zweitens, dass sie den Mitmenschen der Betroffenen keinerlei Möglichkeit geben zu einem helfenden, Solidarität bekundenden Eingreifen.

Der *zweite* Grund: Die Welt beziehungsweise die Menschen in ihr sind de facto so beschaffen, dass selbst jene natürlichen Übel, die ihrer Natur nach vom Menschen bewältigt werden können, keineswegs immer im positiven Sinne bewältigt werden und damit zur Ausbildung moralischer Tugenden führen. Wohl ebenso häufig werden diese Übel gerade nicht positiv bewältigt. Sie werden vielmehr zum Nährboden moralischer Untugenden oder Laster wie Egoismus, Kleinmut, Hartherzigkeit, Grausamkeit – also zum Nährboden von Eigenschaften, die der Gläubige, will er konsequent sein, entsprechend negativ bewerten muss, wie er die korrespondierenden Tugenden positiv bewertet.

Will der Gläubige nun angesichts dieser Lage der Dinge an der zur Diskussion stehenden Brückenthese festhalten, so muss er diese These offensichtlich in einer wesentlichen Hinsicht modifizieren. Der Gläubige muss nunmehr nicht nur behaupten, dass die betreffenden natürlichen Übel und die aus ihnen gelegentlich resultierenden moralischen Tugenden zusammengenommen besser seien als ein Zustand, in dem beide Phänomene fehlen. (Das ist seine ursprüngliche Behauptung.) Er muss vielmehr darüber hinaus behaupten, dass die betreffenden natürlichen Übel *und* die aus ihnen gelegentlich resultierenden moralischen Tugenden *und* die aus ihnen gelegentlich resultierenden moralischen Laster zusammengenommen besser sind als ein Zustand, in dem alle drei Phänomene fehlen.

Man braucht nicht unbedingt einem Schopenhauer'schen Pessimismus anzuhängen, um eine solche Behauptung als außerordentlich kühn oder zumindest – auch hier wiederum – als willkürlich im Sinne einer Ad-hoc-Annahme bezeichnen zu dürfen. Wenn man davon ausgeht – was nicht ganz unrealistisch sein dürfte –, dass die aus dem natürlichen Übel resultierenden Tugenden und die aus dem natürlichen Übel resultierenden Laster einander etwa die Waage halten, so folgt für eine Beurteilung der Gesamtsituation, dass das natürliche Übel selbst unter dem Strich als ausschlaggebendes Negativum übrig bleibt. Mit anderen Worten: Eine Welt ohne natürliches Übel wäre insoweit besser als die tatsächlich bestehende Welt.

Da mir weitere Brückenthesen, welche dazu dienen können, die Tatsache des natürlichen Übels mit der Vorstellung von der Allmacht, der Allwissenheit und der Allgüte Gottes in Einklang zu bringen, nicht ersichtlich sind, komme ich zu dem Ergebnis, dass bereits unter dem Gesichtspunkt des natürlichen Übels von den zu Beginn genannten theistischen Überzeugungen 1–3 mindestens eine rationalerweise aufgegeben werden sollte.

Wie ist nun die Lage im Fall des moralischen Übels? Zunächst ein paar Worte zum Umfang dieses Übels. Offenbar gibt es Formen moralischen Übels nicht nur dort, wo der Mensch auf die Tatsache des natürlichen Übels inadäquat – also etwa mitleidlos oder gar schadenfroh – reagiert. Selbst wenn es keinerlei auf natürlichen Ursachen beruhendes Übel gäbe, würde es immer noch jenes moralische Übel geben, das in dem Verstoß des Menschen gegen die Forderungen der Sittlichkeit und seinen oft katastrophalen Folgen liegt. Man denke beispielsweise an die Massenmorde der Nazis.

Derartige Fälle, in denen durch menschliches Handeln ähnlich schlimme Folgen wie durch natürliche Ereignisse, etwa Erdbeben, ausgelöst werden, werden für gewöhnlich von Gläubigen wie Skeptikern gleichermaßen als Verstöße gegen die Forderungen der Sittlichkeit und damit als moralische Übel qualifiziert. Doch für den Gläubigen ist die Liste der moralischen Übel in der Regel erheblich länger. Sie umfasst nämlich prinzipiell auch solche Verstöße gegen die Gebote Gottes, die keinerlei weitere Übel im Gefolge haben und dem Skeptiker daher eher als harmlos erscheinen. Man denke an Adams Biss in die verbotene Frucht oder an gewisse Formen sexueller Betätigung.

Auf welche Weise kann nun der Gläubige versuchen, die Tatsache des moralischen Übels mit den von ihm vertretenen Überzeugungen 1–3 in Einklang zu bringen? Der einzig mögliche Weg, der sich von den zur Rechtfertigung des natürlichen Übels eingeschlagenen, oben bereits abgelehnten Wegen nennenswert unterscheidet, verläuft über die menschliche Willensfreiheit.

Das einschlägige Argument lautet wie folgt: Moralische Übel – welcher Art auch immer – beruhen auf schuldhaften Verstößen des Menschen (oder anderer, menschenähnlicher Personen) gegen die Forderungen der Moral. Solche schuldhaften Verstöße gegen die Forderungen der Moral aber sind eine unvermeidliche Folge der Tatsache, dass der Mensch einen freien Willen besitzt. Nur Wesen ohne einen freien Willen könnten so beschaffen sein, dass sie stets und immer nur das Gute tun. Wesen dieser Art wären keine Menschen mehr, so wie wir sie kennen, sondern seelenlose Automaten. Eine Welt aber, die anstelle von sich frei entscheidenden Menschen von stets richtig handelnden Automaten bevölkert wäre, wäre alles in allem schlechter als die tatsächliche Welt. Dass Gott die Welt so geschaffen hat, wie sie ist, also einschließlich sich frei (mal für das Gute, mal für das Böse) entscheidender, personaler Wesen, ist also mit seiner überragenden Macht und Güte durchaus vereinbar.

Dieses Argument ist den folgenden kritischen Einwänden ausgesetzt. Zunächst einmal: Selbst wenn man zugesteht, dass die Existenz freier, zum Bösen fähiger Menschen trotz der damit verbundenen moralischen Fehltritte dieser Menschen den Wert der Welt erhöht, hätte ein allmächtiger Gott die Welt dann nicht trotzdem so einrichten können, dass die Versuchungen des Menschen zum Bösen – in Intensität und Häufigkeit – geringer wären, als sie es tatsächlich sind? Es gibt keinen Grund für die Annahme, dass ein solches Vorgehen Gottes der menschlichen Willensfreiheit Abbruch getan hätte. Wer dieses annimmt, also wer annimmt, dass Willensfreiheit nur dort vorliegt, wo gleichzeitig ein hohes Maß an Versuchung vorliegt, der muss etwa auch annehmen, dass ein Bürgermeister, der unter dem Gesichtspunkt der Reduzierung von Kriminalität einen Wohnslum saniert, dadurch die Willensfreiheit der Slumbewohner beeinträchtigt.

Dieser Einwand aber lässt sich noch radikalisieren: Hätte Gott eigentlich die Welt nicht von vornherein so einrichten können, dass die Menschen zwar einen freien Willen haben, sich also für das Böse entscheiden können, dass sie sich de facto aber stets für das Gute entscheiden? Mit dieser Frage sind wir auf der fundamentalen Ebene des Problems des moralischen Übels angelangt.

Wenn Gott die Dinge doch offenbar so gestalten kann, dass etwa „Herr Meier", ohne seine Willensfreiheit einzubüßen, in einer konkreten Situation der Versuchung zum Diebstahl widersteht, warum kann ein allmächtiger Gott die Dinge dann nicht ebenso gut gestalten, wiederum unter voller Wahrung der menschlichen Willensfreiheit, dass nicht nur „Herr Meier" in dieser Situation der Versuchung zum Diebstahl, sondern dass alle Menschen immer allen Versuchungen zum Bösen Widerstand leisten? Die meisten christlichen Theologen setzen in der Tat in selbstverständlicher Weise diese Möglichkeit voraus, wenn sie den Engeln wie auch den Seligen im Himmel keineswegs deswegen die Willensfreiheit absprechen, weil sie annehmen, dass diese Personen de facto der Sünde nie mehr anheimfallen.

Man könnte versucht sein zu argumentieren, wenn der Mensch de facto nie sündige, dann könne das nur darauf beruhen, dass er von Gott so geschaffen sei, dass er eben nicht sündigen könne. Mit anderen Worten: Er sei durch den göttlichen Schöpfungsakt ein für allemal am Sündigen gehindert worden. Folglich sei er unter dieser Voraussetzung kein freies Wesen. Dieses Argument ist jedoch deshalb nicht schlüssig, weil es in Wahrheit keinerlei Widerspruch bedeutet zu sagen: Gott hat den Menschen zwar mit einem freien Willen, der sich auch für das Böse entscheiden kann, geschaffen; er hat jedoch gleichzeitig – aufgrund seiner Allmacht und seiner Allwissenheit – die Randbedingungen des menschlichen Lebens so arrangiert, dass de facto nie ein Mensch von seiner Möglichkeit zum Bösen Gebrauch macht. Man könnte sich doch beispielsweise auch sehr leicht eine Welt vorstellen, in der nie jemand Selbstmord begeht – ohne dass damit die freie Möglichkeit zum Selbstmord, wie wir sie ja alle täglich haben, aufgehoben wäre.

Etwas anderes würde allenfalls unter jener Voraussetzung gelten, dass man den Begriff der Willensfreiheit so versteht, dass Willensfreiheit nicht nur mit strikter kausaler Determiniertheit unvereinbar wäre, sondern dass bereits jeder kausale Faktor, der sich in Anlage oder Umwelt des handelnden Menschen findet und seine Entscheidung zum Guten oder zum Bösen beeinflusst, die Willensfreiheit ausschlösse. Denn unter dieser Voraussetzung bestünde für Gott in der Tat nicht die Möglichkeit, die Randbedingungen des menschlichen Lebens so festzulegen, dass die Menschen de facto nie sündigen, aber trotzdem „Willensfreiheit" besitzen. In diesem Sinn „frei" wären dann nur solche Handlungen, die sich unter kausaler Betrachtung vollkommen zufällig, das heißt ohne irgendwie mit dem Charakter oder den Lebensumständen des Handelnden verknüpft zu sein, ereignen.

Ein solcher Freiheitsbegriff jedoch hätte nicht nur mit dem, was wir für gewöhnlich unter „Freiheit" verstehen, nur noch wenig zu tun. Er wäre auch für das apologetische Unterfangen des Gläubigen bei näherem Hinsehen denkbar ungeeignet. Denn welcher Wert ließe sich einer dem reinen Zufall überlassenen

Freiheit – einer Freiheit, die mit dem individuellen Charakter des Handelnden nichts zu tun hat – plausiblerweise noch zuschreiben? Will man tatsächlich behaupten, eine derartige Freiheit könne jene Fülle von moralischem Übel, die sie im Gefolge hat, wertmäßig aufwiegen?

Wenn aber doch – entgegen diesem Argument – ein gewisses Maß an faktischer Unmoral zur Realisierung der menschlichen Freiheit unerlässlich sein sollte: Warum hat Gott den Menschen und seine Umwelt dann nicht so geschaffen, dass die faktische Unmoral sich ausschließlich auf solche, oben bezeichneten Handlungen beschränkt, die zwar gegen ein Gottesgebot verstoßen, aber keine darüber hinausgehenden Übel bewirken? Wäre eine Welt, in welcher der „freie Wille" sich anstatt in Massenvernichtungslagern und Kriegen ausschließlich etwa in verbotenem Sexualverhalten gegen Gott auflehnt, nicht um einiges besser als die tatsächliche Welt? Es mag sein, dass sich in einer solchen fiktiven Welt weniger Menschen die ewige Höllenstrafe verdienen würden als in unserer tatsächlichen Welt. Doch wäre nicht auch diese Konsequenz eher zu begrüßen?

Nach alledem muss man bei nüchterner Betrachtung zu dem Ergebnis kommen, dass weder das *natürliche* noch das *moralische* Übel – jedenfalls in ihrem tatsächlichen Ausmaß – mit der gleichzeitigen Allmacht, Allwissenheit und Allgüte Gottes zu vereinbaren ist. Daraus folgt: Der Gläubige sollte rationalerweise wenigstens eine der Überzeugungen 1–3 preisgeben. Er wäre damit der Notwendigkeit einer Theodizee enthoben. Welche der drei Überzeugungen er preisgeben soll, kann im Kontext dieses Beitrags offen bleiben.

Abschließend sei auf zwei grundsätzliche Arten von Einwänden kurz eingegangen, die nicht selten gegen skeptische Angriffe auf eine Theodizee vorgebracht werden. Das Besondere, nämlich Grundsätzliche, an diesen Einwänden ist, dass laut ihnen sämtliche ins Einzelne gehende Pro- und Contra-Argumente (wie die oben von mir erörterten) bereits im Ansatz verfehlt sind, da sie für das Unternehmen einer Theodizee gänzlich irrelevant sind. Leider steht die intellektuelle Bedeutung dieser Einwände im umgekehrten Verhältnis zu ihrer Verbreitung. Deshalb dürfte die folgende, knappe Erörterung ausreichend sein.

Der erste grundsätzliche Einwand besagt, dass man die Allgüte Gottes nicht nach menschlichen Kategorien beurteilen dürfe, da sie menschliches Erkennen übersteige. Die Antwort auf diesen Einwand ist einfach: Wenn jene Güte, die der Gläubige in maximalem Ausmaß Gott zuschreibt, nicht einmal jene bescheidene Form der Güte, die man sinnvollerweise einem Menschen zuschreiben kann, zu umfassen braucht, dann hat der Gläubige seine Überzeugung 3 offenbar falsch formuliert. Eine „Güte", die mit dem, was wir für gewöhnlich im menschlichen Bereich unter diesem Begriff verstehen, nicht im Zusammenhang steht, ist ein leeres Wort. Jener Gläubige aber, der seine Überzeugung 3 tatsächlich neu formuliert, hat im Grunde der Sache nach seine (ursprüngli-

Die Unlösbarkeit des Theodizee-Problems

che) Überzeugung 3 preisgegeben – und damit dem Skeptiker Genüge getan. Das darf man allerdings nicht so verstehen, als handle es sich hier um einen bloßen Streit um Worte. Wer nicht mehr im Normalsinn des Wortes an die „Allgüte" eines Schöpfergottes glaubt, besitzt gegenüber dem Gläubigen ein radikal abweichendes Weltbild, das, konsequent verfolgt, auch zu abweichenden Zukunftserwartungen und abweichenden praktischen Lebenseinstellungen führt.

Der zweite grundsätzliche Einwand besagt, angesichts des Theodizee-Problems – wie auch im Fall der übrigen fundamentalen religiösen Wahrheiten – gelte es, nicht dem aufklärerischen Hochmut einer beschränkten menschlichen Vernunft nachzugeben, sondern schlicht zu glauben. Dabei kann diese Glaubensforderung sich sowohl unmittelbar auf die drei genannten theistischen Überzeugungen beziehen als auch auf eine der denkbaren, zu ihrer Stützung vorgebrachten Brückenthesen. In beiden Fällen nehmen die betreffenden Annahmen – als Annahmen eines rational unausgewiesenen Glaubens – den Charakter der von mir oben so genannten Ad-hoc-Annahmen an.

Kritisch lässt sich zu dieser Verteidigungsstrategie Folgendes sagen: Ohne Zweifel kann man auch ohne rationale Gründe (im religiösen wie im außerreligiösen Bereich) vieles glauben – sofern man psychologisch entsprechend motiviert ist. Ob man allerdings so verfahren *sollte*, ist eine andere Frage. Und dass man so verfahren *muss*, ist einfach falsch.

Wer nicht bereit ist, sein Weltbild aus der Tradition seiner Gesellschaft unbesehen zu übernehmen, wird auf die Forderung nach rationaler Begründbarkeit seiner Überzeugungen gerade im weltanschaulichen Bereich nicht verzichten wollen. Ein Hiob, der, von der Macht Gottes überwältigt, diesem Gott schon deshalb auch Güte zuzusprechen und Verehrung entgegenzubringen bereit ist, kann einem Menschen, der intellektuelle Redlichkeit und Konsequenz schätzt, kein Vorbild sein. Dieser Mensch wird einem Gott, der sich auf solche Weise wie der biblische Gott gegenüber Hiob der Zustimmung seiner Geschöpfe versichert, vielmehr mit besonderer Skepsis und besonderer moralischer Reserve gegenüberstehen.

Eine ausführlichere Erörterung des Theodizee-Problems findet sich in: Hoerster, N.: *Die Frage nach Gott*. 2005. Kapitel VII

Antony Flew
Theologie und Falsifikation

Beginnen wir mit einem Gleichnis. Es geht auf eine Geschichte zurück, die J. Wisdom in seinem fesselnden und aufschlussreichen Aufsatz „Götter" erzählte. Es waren einmal zwei Forscher, die stießen auf eine Lichtung im Dschungel, in der unter vielem Unkraut allerlei Blumen wuchsen. Da sagt der eine: „Ein Gärtner muss dieses Stück Land pflegen." Der andere widerspricht: „Es gibt keinen Gärtner." Sie schlagen daher ihre Zelte auf und stellen eine Wache auf. Kein Gärtner lässt sich jemals blicken. „Vielleicht ist es ein unsichtbarer Gärtner." Darauf ziehen sie einen Stacheldrahtzaun, setzen ihn unter Strom und patrouillieren mit Bluthunden. (Denn sie erinnern sich, dass *Der unsichtbare Mann* von H. G. Wells zwar gerochen und gefühlt, aber nicht gesehen werden konnte.) Keine Schreie aber lassen je vermuten, dass ein Eindringling einen Schlag bekommen hätte. Keine Bewegung des Zauns verrät je einen unsichtbaren Kletterer. Die Bluthunde schlagen nie an. Doch der Gläubige ist immer noch nicht überzeugt: „Aber es gibt doch einen Gärtner, unsichtbar, unkörperlich und unempfindlich gegen elektrische Schläge, einen Gärtner, der heimlich kommt, um sich um seinen geliebten Garten zu kümmern." Schließlich geht dem Skeptiker die Geduld aus: „Was bleibt eigentlich von deiner ursprünglichen Behauptung noch übrig? Wie unterscheidet sich denn das, was du einen unsichtbaren, unkörperlichen, ewig unfassbaren Gärtner nennst, von einem imaginären oder von überhaupt keinem Gärtner?"

An diesem Gleichnis können wir ablesen, wie die anfängliche Behauptung, dass etwas existiert oder dass eine Analogie zwischen bestimmten Phänomenkomplexen besteht, Schritt für Schritt auf einen völlig anderen Status, vielleicht den Ausdruck einer ‚Bildpräferenz' reduziert werden kann.[1] Der Skeptiker behauptet, dass es keinen Gärtner gibt, der Gläubige dagegen, dass es einen gibt (aber unsichtbar usw.). Einer spricht von Sexualverhalten, ein anderer zieht es vor, von Aphrodite zu reden (weiß aber, dass es nicht wirklich – zusätzlich zu allen sexuellen Phänomenen und für diese irgendwie verantwortlich – eine übermenschliche Person gibt).[2] Der Modifikationsprozess kann an jedem Punkt vor der vollständigen Zurücknahme der ursprünglichen Behauptung abgebrochen werden und von jener ersten Behauptung wird dabei etwas stehen bleiben (Tautologie). Der unsichtbare Mann von Wells konnte zwar zugegebenermaßen nicht gesehen werden, aber in jeder anderen Hinsicht war er ein Mensch wie jeder von uns. Obgleich der Modifikationsprozess rechtzeitig abgebrochen werden kann und natürlich normalerweise auch abgebrochen wird, wird dies doch nicht immer vernünftigerweise so gehalten. Man kann seine Behauptung vollständig auflösen, ohne dies zu bemerken. Eine schöne, kühne Hypothese kann so schrittweise den Tod durch 1000 Modifikationen erleiden.

Und darin scheint mir die besondere Gefahr, das endemische Übel theologischer Äußerungen zu liegen. Äußerungen wie „Gott hat einen Plan", „Gott schuf die Welt", „Gott liebt uns, wie ein Vater seine Kinder liebt" sehen auf den ersten Blick ganz wie Behauptungen aus, gigantische kosmologische Behauptungen. Natürlich ist das noch kein sicheres Zeichen, dass sie auch Behauptungen sind oder sein sollen, doch beschränken wir uns auf die Fälle, in denen die Sprecher mit solchen Sätzen tatsächlich Behauptungen zum Ausdruck bringen wollen. (Wer allerdings – das sei in Klammern vermerkt – solche Äußerungen als Kryptobefehle, Ausdrücke von Wünschen, verkappte Ausrufe, versteckte ethische Aussagen und was sonst immer, nur nicht als Behauptungen intendiert oder interpretiert, wird kaum imstande sein, sie im eigentlichen Sinne orthodox oder in der Praxis effektiv sein zu lassen.)

Nun ist die Behauptung, dass eine bestimmte Sache der Fall sei, notwendig äquivalent zur Verneinung, dass diese Sache nicht der Fall sei.[3] Angenommen also, wir sind uns unklar darüber, welcher Sachverhalt von jemandem mit einer Äußerung behauptet wird, oder angenommen, wir sind – noch radikaler – skeptisch, ob er in Wirklichkeit überhaupt etwas behauptet, dann besteht eine Möglichkeit, seine Äußerungen zu verstehen (oder gegebenenfalls zu entlarven) im Versuch, herauszufinden, was er als Gegenargument oder Widerspruch zu deren Wahrheit ansehen würde. Denn wenn die Äußerung tatsächlich eine Behauptung ist, wird sie notwendig äquivalent zur Verneinung der Negation dieser Behauptung sein. Und alles, was gegen die Behauptung spräche oder den Sprecher zu ihrer Zurücknahme und dem Zugeständnis ihrer Falschheit veranlassen würde, muss ein Teil (oder das Ganze) der Bedeutung der Negation dieser Behauptung sein. Und wenn man die Bedeutung der Negation einer Behauptung weiß, dann kennt man praktisch auch die Bedeutung dieser Behauptung.[4] Wenn daher eine vermeintliche Behauptung nichts verneint, dann behauptet sie auch nichts: Und damit ist sie in Wirklichkeit gar keine Behauptung. Als der Skeptiker im Gleichnis den Gläubigen fragte, was denn einen unsichtbaren, unkörperlichen, ewig unfassbaren Gärtner von einem imaginären oder gar nicht existenten überhaupt noch unterscheide, brachte er mit dieser Frage zum Ausdruck, dass die ursprüngliche Aussage des Gläubigen durch fortwährende Modifikation ihren Wert als Behauptung völlig eingebüßt hatte.

Nichtreligiösen Menschen scheint es nun oft so, dass kein denkbares Ereignis und keine denkbare Ereignisfolge einen zureichenden Grund abgeben könnten, weniger naive religiöse Menschen zu dem Eingeständnis zu bewegen: „Es gab also doch keinen Gott", oder „Gott liebt uns also in Wirklichkeit doch nicht". Man sagt uns, Gott liebt uns wie ein Vater seine Kinder liebt, und wir sind beruhigt. Doch dann sehen wir ein Kind an nichtoperierbarem Kehlkopfkrebs sterben. Während sein irdischer Vater sich verzweifelt bemüht zu helfen, zeigt sein himmlischer Vater kein sichtbares Zeichen der Anteilnahme. Eine Modifikation wird vorgenommen – vielleicht die, dass Gottes Liebe „keine nur menschliche Liebe" oder dass sie „eine unerforschliche Liebe" ist – und wir begreifen, dass solche Leiden sich durchaus mit der Wahrheit der Behauptung, „Gott liebt uns wie ein Vater (aber natürlich ...)" vertragen. Wir sind wiederum beruhigt. Aber dann fragen wir vielleicht: Welchen Wert hat denn diese Zusage von Gottes (angemessen modifizierter) Liebe überhaupt, wofür gibt diese scheinbare Garantie nun wirklich Garantie? Was müsste eigentlich geschehen, um uns nicht nur (moralisch und zu Unrecht) in Versuchung zu bringen, sondern uns auch (logisch und zu Recht) zur Aussage zu berechtigen: „Gott liebt uns nicht", oder sogar „Gott existiert nicht"? Ich stelle daher den folgenden Teilnehmern des Symposiums einfach die zentrale Frage: „Was müsste geschehen oder geschehen sein, das für Sie einen Gegenbeweis gegen die Liebe oder Existenz Gottes darstellen würde?"

Hans Albert
Formen des religiösen Pragmatismus

In der Philosophie des klassischen Rationalismus vor Kant haben Gottesbeweise eine wichtige Rolle gespielt. Dabei ging es nicht nur darum, den christlichen Glauben und die in ihm enthaltene Existenzannahme rational zu rechtfertigen. Der so genannte ontologische Gottesbeweis hatte darüber hinaus eine erkenntnistheoretische Funktion für die klassische Metaphysik. Der in ihm enthaltene Gottesbegriff diente nämlich dem Zweck, die „Wirklichkeitserkenntnis als möglich zu begreifen". Und das geschah dadurch, dass „Gott als Grund sowohl der Denkordnung wie der Ordnung der Dinge aufgefasst" wurde und dass man „seine Existenz a priori zu beweisen" suchte.[1] Der „Gott der reinen Vernunft" hatte also eine wichtige Brückenfunktion für die gesamte Wirklichkeitserkenntnis, die er dann schon in der Kant'schen Philosophie verloren hat.

Bei Vertretern der modernen Philosophie spielt das ontologische Argument kaum noch eine Rolle. Immer mehr scheint sich ein religiöser Pragmatismus auszubreiten, der auf theoretische Begründungen im klassischen Sinne keinen Wert mehr legt. Man geht davon aus, dass es solche Begründungen nicht geben kann und dass sie auch nicht notwendig sind. Das führt mitunter so weit, dass man die Bedeutung theoretischer Annahmen für den Inhalt religiöser Überzeugungen überhaupt nicht mehr sieht und das damit verbundene Wahrheitsproblem beiseite schiebt. Der religiöse Glaube wird so zu einem rein praktischen Problem. Es kommt nun darauf an, eine Entscheidung zu treffen, mit der man gut leben zu können glaubt. Letzten Endes geht es nicht mehr um die Wahrheit der betreffenden Überzeugungen, sondern um ihren Nutzen für das Leben.

Wir finden diese Art der Argumentation schon vor der Kant'schen Kritik bisheriger Gottesbeweise bei Blaise Pascal, der das Problem des religiösen Glaubens wohl als Erster als eine Frage der praktischen Entscheidung zwischen Alternativen aufgefasst hat, die für das persönliche Leben bedeutsam sind. Schon er war der Auffassung, dass man für eine solche Entscheidung nicht mit den in der Erkenntnis üblichen Methoden auskommt. Das normale Erkenntnisstreben mit seiner Suche nach objektiver Wahrheit schien ihm hier unangemessen zu sein, weil es nicht zur Gewissheit führen könne. Da die Frage nach der Existenz Gottes eine Frage von höchster Bedeutung sei, müsse sie auch dann beantwortet werden, wenn es keine hinreichende theoretische Antwort auf sie gebe. An ihre Entscheidung knüpften sich bestimmte Konsequenzen für den Einzelnen, für seine Lebensführung und für das Leben nach dem Tode, die diese Entscheidung dringlich und unaufschiebbar machten und daher auch eine skeptische Haltung nicht als sinnvoll erscheinen ließen.

Pascal geht in seiner berühmten „Wette"[2], die seine Analyse der Entscheidungssituation im Hinblick auf den christlichen Glauben enthält, von der Voraussetzung aus, dass Wesen und Existenz Gottes für die Vernunft unerkennbar seien. Der christliche Gottesglaube war seiner Auffassung nach also nicht begründbar, so dass man sinnvollerweise auch keine Begründung verlangen konnte. Das bedeutet allerdings nicht, dass er auf irgendeine Weise gezeigt hätte, man könne grundsätzlich keine rationale Gotteserkenntnis erreichen, wie es im klassischen Rationalismus sonst angenommen wurde. Er setzt vielmehr, indem er der christlichen Tradition folgt, in seiner Argumentation einen spezifischen Gottesbegriff voraus, der diese Konsequenz zu haben scheint. Dabei scheint er nicht beachtet zu haben, dass auch innerhalb dieser Tradition üblicherweise eine ganze Reihe von Aussagen über Gott gemacht werden, die mit seiner Voraussetzung unvereinbar sind, zum Beispiel die, dass Gott allmächtig, allwissend, barmherzig und gnädig sei. Für seine positive Argumentation in der Gottesfrage benötigt Pascal offenbar nur die Annahme, dass Gott unter bestimmten Umständen zur ewigen Seligkeit, unter anderen Umständen aber zu ewiger Verdammnis verhilft.

Wenn nun mit den Mitteln der vernünftigen Erkenntnis die Existenz Gottes weder beweisbar noch widerlegbar ist, dann muss nach Pascal die Antwort auf diese Frage mit anderen Mitteln herbeigeführt werden. Die Entscheidung der Gottesfrage nimmt bei ihm die Form einer Wette an, bei der es vor allem um die ewige Seligkeit geht, die man erreichen kann, wenn es Gott gibt und wenn man auf ihn gesetzt hat, während man anderenfalls, wenn es also diesen Gott nicht gibt, nichts – oder jedenfalls nicht viel – verlieren kann. Die Lösung des Problems, die Pascal zunächst schildert, sieht plausibel aus, aber nur dann, wenn man die Voraussetzungen annimmt, von denen er dabei ausgeht.[3] Nach seiner Darstellung der Situation gibt es nämlich nur zwei Möglichkeiten: Entweder Gott existiert, und er belohnt die Gläubigen mit ewiger Seligkeit, während er die Ungläubigen mit ewiger Verdammnis straft, oder das alles ist nicht der Fall.

Diese Reduktion auf zwei Möglichkeiten mag dem gläubigen Christen einleuchten. Anderen Leuten wird sie aber vermutlich – und zwar mit Recht – als willkürlich erscheinen. Man könnte hier etwa die weitere Möglichkeit berücksichtigen, dass es einen Gott gibt, der alle Leute mit Verdammnis bestraft, die nur auf ihre ewige Seligkeit spekulieren, aber andere Leute, nämlich solche, die sich auf dieser Grundlage nicht zum christlichen Glauben durchringen können, mit ewiger Seligkeit belohnt. Aber es lassen sich, auch im Rahmen der christlichen Tradition, ohne weiteres noch andere Möglichkeiten formulieren. Zum Beispiel wäre an einen Gott zu denken, dem es überhaupt nicht um den

Glauben der Menschen an ihn ginge, sondern nur um ihr moralisches Verhalten, etwa darum, ob sie dem Gebot der Nächstenliebe folgen. Im Gegensatz dazu erfolgt die Entscheidung im Pascal'schen Falle ja unter streng egoistischen Voraussetzungen. Wie dem auch sei, bei Berücksichtigung dieser und anderer Möglichkeiten würde die Pascal'sche Argumentation zusammenbrechen. Auf den Einwand, vielleicht sei der Einsatz zu hoch, weil man unter Umständen doch – nämlich in diesem Leben – etwas zu verlieren habe, wenn es keinen Gott gebe, antwortet Pascal, man könne eine Situation der Chancengleichheit annehmen, so dass für jede der in Betracht kommenden Alternativen eine Wahrscheinlichkeit von 50 Prozent vorliege, wie man heute sagen würde. Da die in Aussicht gestellte Belohnung – die ewige Seligkeit – aber einen unvergleichlich größeren Wert als alles habe, was man verlieren könne, müsse man sich auch in diesem Falle für die Existenz Gottes entscheiden. Nun ist aber in dieser Lösung des Problems nicht nur die oben kritisierte Reduktion auf zwei Möglichkeiten problematisch, sondern darüber hinaus auch die These der Chancengleichheit. Diese These wird dann von Pascal in einem weiteren Schritt abgeschwächt. Er meint nun, dass angesichts der unendlichen Belohnung auch eine geringe Chance für die Existenz Gottes hinreiche, um diese Annahme zu akzeptieren. Der schon genannte entscheidende Einwand gegen diese Argumentation, ihr Alternativ-Radikalismus, wird dadurch naturgemäß nicht berührt. Darüber hinaus ist auch seine Einschätzung der in Frage kommenden Belohnungen, also seine Bewertung der Alternativen, nicht selbstverständlich. Angesichts der Unbestimmtheit dessen, was mit „ewiger Seligkeit" gemeint ist, aber auch wenn man gewisse Deutungen berücksichtigt, die in der christlichen Tradition dafür vorliegen, mag es durchaus Leute geben, die ein befriedigendes diesseitiges Leben vorziehen.

 Den Einwand, man könne sich nicht einfach für einen Glauben entscheiden, sucht Pascal mit Ratschlägen auszuschalten, die zeigen sollen, wie man zum Glauben kommen kann. Er empfiehlt dazu nicht Gottesbeweise, sondern eine Minderung der Leidenschaften durch ein Mitmachen mit den Gläubigen, also eine entsprechende Verhaltensanpassung. Die Wirksamkeit solcher Techniken braucht man nicht zu bestreiten. Sie sind unter Umständen auch im Zusammenhang mit anderen Glaubensvorstellungen praktizierbar.

 Es wurde schon darauf hingewiesen, dass Pascal von der Voraussetzung ausgeht, dass es keine rationale Argumentation anderer Art zur Frage der Existenz Gottes geben könne, die vorzuziehen sei. Man braucht aber diese Annahme der Ohnmacht „natürlicher Erkenntnis" nicht schon deshalb zu akzeptieren, weil hier eine Gottesauffassung vorgebracht wird, die eine derartige Konsequenz zu haben scheint. Man kann also sagen, dass die Pascal'sche Problemlösung mit einer Auffassung der Problemsituation im Hinblick auf die Frage der Existenz Gottes zusammenhängt, die eine ganze Reihe fragwürdiger Komponenten enthält. Im Rahmen dieser Auffassung wird aber dann eine rationale Argumentation geboten.

Im Falle Sören Kierkegaards haben wir eine gänzlich andere Sachlage vor uns. Auch er weist für die Behandlung der Gottesproblematik die üblichen Methoden der Erkenntnis zurück[4], weil sie keine Gewissheit verschaffen können. Aber darüber hinaus verschleiert er die Problemsituation durch eine teilweise irreführende und unklare Ausdrucksweise. Kierkegaard erweckt nämlich zunächst den Eindruck, als gehe es in den beiden Fällen, die er unterscheidet – bei seiner „objektiven" und seiner „subjektiven" Reflexion –, um dasselbe: nämlich um „*die* Wahrheit". Tatsächlich operiert er aber mit *zwei* völlig verschiedenen Wahrheitsbegriffen. Er verwendet zunächst einen Wahrheitsbegriff üblichen Charakters[5], der die Sachadäquatheit der Erkenntnis betrifft, benutzt aber außerdem einen von ihm selbst geprägten Begriff, der sich auf das Verhältnis des Subjekts zu einer von ihm als existent angenommenen Wesenheit bezieht. Er stellt dann – im Hinblick auf die Erkenntnis Gottes – die Frage, auf welcher von beiden Seiten nun „*die*" Wahrheit sei, und unterstellt damit gleichzeitig unnötigerweise, dass man da eine Entscheidung treffen könne oder sogar müsse. Diese Entscheidung wird von ihm überdies als unendlich wichtig und als so dringlich dargestellt, dass jede Verzögerung „lebensgefährlich" ist.

Zur Beantwortung der Frage, wo „mehr Wahrheit" sei, aufseiten dessen, der auf objektive Weise Gott suche, also daran interessiert sei, die Wahrheit im üblichen Sinne des Wortes über Gott zu erfahren, oder aufseiten dessen, der sich darum sorge, ob er sich „in Wahrheit" zu Gott in bestimmter Weise verhalte, nämlich ihm echte Leidenschaft entgegenbringe, fingiert er eine „*Rechenaufgabe*". Seine Antwort fällt zugunsten der zweiten Verhaltensweise aus. Sie zeigt aber tatsächlich nur, dass er die erwähnte *subjektive Haltung* auf Kosten der *Suche nach der objektiven Wahrheit* bevorzugt. Er tut das in so extremem Maße, dass es ihm nicht einmal darauf anzukommen scheint, ob es den Gott, zu dem gebetet wird, überhaupt gibt, ob also die entsprechende Aussage im objektiven Sinne des Wortes wahr ist. Dabei scheint er sogar den Umstand in Kauf zu nehmen, dass man grundsätzlich den von ihm bevorzugten subjektiven Begriff der Wahrheit innerhalb vollkommen beliebiger Anschauungen benutzen kann. Dann wäre zum Beispiel seiner eigenen Bewertung entsprechend ein inbrünstig an seine Ideale glaubender Atheist oder ein gläubiger Fetischist einem „objektiven" Gottsucher vorzuziehen. Außerdem scheint ihm die Vorstellung fremd zu sein, dass gerade ein an seiner eigenen Seligkeit und deshalb auch an der Existenz Gottes leidenschaftlich Interessierter eben deshalb auch ein entsprechendes Interesse an der objektiven Wahrheit haben könnte. In seiner Erörterung der Frage der Unsterblichkeit koppelt Kierkegaard unversehens Wahrheit und Gewissheit aneinander und charakterisiert das Wagnis, sein Leben auf der These der Unsterblichkeit aufzubauen, als besten Beweis für diese These.

Auch hier tritt bei ihm das Engagement an die Stelle der Wahrheitssuche. Darüber hinaus erweckt er den Eindruck, als sei damit etwas für eine adäquate Antwort auf die Frage der objektiven Wahrheit zu erreichen.

Ähnlich verfährt er bei seiner Unterscheidung zwischen dem, *was* gesagt wird, und der Weise, *wie* es gesagt wird.[6] Die Passage, die mit der Behauptung endet, *somit* sei „die Subjektivität die Wahrheit", sieht äußerlich einem Sachargument ähnlich, ist aber nur eine Konsequenz seiner subjektiven Wahrheitsdefinition. Sie läuft nur darauf hinaus, dass für ihn selbst die Frage der subjektiven Haltung wichtiger ist als die der objektiven Wahrheit. Ihr liegt eine Suggestivdefinition der „Wahrheit" zugrunde, die den positiven Wertakzent dieses Wortes ausbeutet und ihn auf etwas überträgt, was der Autor selbst höher schätzt als die Wahrheit im üblichen Sinne des Wortes. Seine Art des Vorgehens hängt mit seiner Kritik an einem Christentum zusammen, das nur äußerlich ist, also ein bloß „objektiver" Glaube im Sinne des Für-wahr-Haltens einer Lehre, ohne dass das Leben des Einzelnen durch diese Lehre geprägt ist. Dabei vergisst Kierkegaard aber, dass ein Glaube im objektiven Sinne eine *Minimal-Bedingung* auch eines sinnvollen Glaubens im subjektiven Sinne ist.[7] Ein Christ, der nicht auch im objektiven Sinne glaubt, hätte nichts, zu dem er sich so verhalten könnte, wie es Kierkegaard fordert.

Er kommt dann zu einer Präzisierung seiner Wahrheitsdefinition, in der ein – angeblich notwendiger – *Gegensatz* zur Objektivität herausgestellt wird: Wahrheit als „*objektive Ungewissheit, festgehalten in der Aneignung der leidenschaftlichen Innerlichkeit*".[8] Das scheint aber seinen eigenen Worten nach weniger eine Definition zu sein als eine These, in der er die *höchste* Wahrheit charakterisiert, die es für einen *Existierenden* gebe. Durch die positive Akzentuierung der objektiven Ungewissheit sucht Kierkegaard offenbar zu erreichen, dass eine Suche nach objektiver Wahrheit, die diese Ungewissheit verringern könnte, als *kontraproduktiv* angesehen wird. Je weniger Anhaltspunkte für die objektive Wahrheit man hat, desto größer kann seiner Auffassung nach die subjektive Wahrheit sein, der *Glaube*. Am besten ist es demnach, das *Paradox*, das Absurde, zu glauben.

Wie man sieht, laufen Kierkegaards Ausführungen darauf hinaus, den gegen alle Vernunftgründe *immunen Glauben* zu *prämiieren* und gleichzeitig die *Suche nach objektiver Wahrheit* in religiösen Fragen zu *desavouieren*, wie das auch sonst in der christlichen Theologie oft geschehen ist. Im Gegensatz etwa zu Pascal, der das Risiko verringern will und sich rational zu argumentieren bemüht, sucht Kierkegaard eine möglichst große Ungewissheit zu erreichen, weil eine solche angeblich der Leidenschaft und damit dem Glauben zugute kommt. Wie Pascal argumentiert auch Kierkegaard unter egoistischen Voraussetzungen, das heißt: unter der Annahme, dass jeder für sich nach der eigenen ewigen Seligkeit strebe und dass darin sein dominierendes Interesse bestehe. Darüber, dass man prinzipiell jeden beliebigen Glauben so immunisieren kann, wie er das vorschlägt, scheint er sich ebenso wenig klar zu sein wie über die erkenntnistheoretischen Konsequenzen, die man daraus ziehen kann. Seine Einstellung ist für die Wende des deutschen philosophischen und theologischen Denkens nach dem Ersten Weltkrieg zum Irrationalismus von erheblicher Bedeutung gewesen.

Auch der dem amerikanischen Pragmatismus zugehörige William James hat sich intensiv mit dem Problem der Glaubensentscheidung beschäftigt.[9] Bei ihm finden wir ebenfalls die Empfehlung, bei *echten Optionen,* das heißt, bei solchen, die lebendig, unumgänglich und bedeutungsvoll sind – also etwa bei Entscheidungen im Bereich des religiösen Glaubens –, in besonderer Weise vorzugehen, das heißt nicht so wie etwa in der Wissenschaft. Dabei geht er von einer Charakterisierung der Religion, der „religiösen Hypothese", aus[10], die schon insofern fragwürdig ist, als sie den unterschiedlichen Auffassungen der verschiedenen Religionen in keiner Weise Rechnung trägt und daher die Problemsituation in ähnlicher Weise verzeichnet, wie wir das bereits bei Pascal festgestellt haben. Im Unterschied zu Pascal, für den nur seine Version der christlichen Religion in Betracht kam, ist die religiöse Hypothese bei James aber eine ziemlich abstrakte zweiteilige Behauptung, nämlich: (1) dass Vollendung ewig ist, und (2), dass, wer (1) glaubt, auch jetzt schon besser dran ist.

Im Hinblick auf diese Hypothese kommt James zu einer analogen Zweiteilung der Möglichkeiten wie Pascal. Sie ist ebenso fragwürdig wie die Pascal'sche Aufteilung, weil sie wie jene alle weiteren Möglichkeiten vernachlässigt. Auch bei James wird die Option dadurch bedeutsam, dass ein wichtiges Gut durch den Glauben gewonnen und durch den Unglauben verloren werden kann. Die Risikoeinschätzung, die er dabei vertritt, ist angesichts der Nichtberücksichtigung weiterer Möglichkeiten ebenso problematisch wie diejenige, die wir bei Pascal festgestellt hatten. Seine Überlegungen über Situationen, die echte Optionen in seinem Sinne einschließen, kann man als Plädoyer für ein Wunschdenken ansehen, das die Konsequenz nahe legt, man dürfe, je stärker man ein Gut wünsche, desto eher auch daran glauben, dass es Wesenheiten gebe, die diesen Wunsch erfüllen.

Hinsichtlich seiner modifizierten religiösen Hypothese – ihrer personalen Version[11] – kann man ähnliche Einwände machen. Hier plädiert James gewissermaßen für einen „Vertrauensvorschuss" zugunsten dieser Hypothese, weil unter Umständen nur so ein Beweis erreicht werden könne. Aber die in dieser Argumentation enthaltene Auffassung, das Universum sei so beschaffen, dass man nur auf diese Weise derartige Erkenntnisse erreichen könne, involviert schon eine Vorbelastung der Problemsituation zugunsten eines speziellen Glaubens, wie man sie allerdings im religiösen Denken immer wieder antrifft.[12] Dass ein solcher Vertrauensvorschuss schon die methodische Prämiierung des

Wunschdenkens bedeutet, darüber scheint sich James nicht klar gewesen zu sein. Im Übrigen wäre es kaum zu erklären, wie Leute, die früher einmal mithilfe eines solchen Vertrauensvorschusses zu religiösen Auffassungen gelangt waren, sich später wieder davon entfernen konnten.

Wie dem auch sei, jedenfalls kann die Tatsache, dass wir ohnehin eine natürliche Neigung zum Wunschdenken besitzen, eher zugunsten einer Konzeption verwendet werden, in der die kritische Komponente stärker betont wird. Die Zurückweisung der Möglichkeit objektiver Gewissheit durch James – seine Negation einer untrüglichen Vernunft – muss keineswegs zu Entscheidungen der von ihm befürworteten Art führen. Die Annahme der Fehlbarkeit der Vernunft ist vielmehr mit einer Methodologie vereinbar, die an der Wahrheitsidee orientiert ist, ohne das Risiko des Irrtums zu scheuen, die aber gerade deshalb die Bedeutung strenger Prüfungen betont, um illusionäres Denken auszuschalten. Der Gedanke, man müsse diese Methode gerade bei wichtigen Optionen, etwa im Bereich des religiösen Glaubens, ad acta legen, ist nicht selbstverständlich.

Die den drei bisher behandelten Autoren gemeinsame Tendenz besteht offenbar darin, den religiösen Glauben in erkenntnistheoretischer und methodologischer Hinsicht so zu charakterisieren, dass er dadurch gegen jede Kritik immunisiert wird. Dazu suchen sie die Problemsituation jeweils – zwar in verschiedener Weise, aber doch mit gleicher Pointe – so zu strukturieren, dass eine „objektive" Einstellung, wie sie etwa in der Wissenschaft oder in anderen Bereichen rationalen Problemlösungsverhaltens kultiviert wird, als unpraktikabel erscheint. Sie berücksichtigen dabei aber nicht, dass man prinzipiell in Bezug auf ganz beliebige Glaubensbestände in dieser Weise verfahren kann. Ein solches Verfahren kann schon deshalb für jemanden, der ein Interesse an der Wahrheit hat, nicht in Betracht kommen. Dass es in diesem Bereich auf die Wahrheit im üblichen Sinne überhaupt nicht ankomme, hat Kierkegaard durchblicken lassen. Er bekennt sich offen zum Glauben an das Absurde und postuliert, dass damit die ewige Seligkeit zu erreichen sei. Pascal geht von derselben Zielsetzung aus, die er offenbar für unproblematisch hält. Er scheitert mit seiner Argumentation wegen der von ihm gemachten willkürlichen Voraussetzungen. Das Gleiche gilt für James, der darüber hinaus eine völlig unzulängliche Auffassung über den Charakter der Religion präsentiert. Wer an der Frage der Wahrheit interessiert ist, kann sich mit keiner dieser Argumentationen zufrieden geben.

Das Gleiche gilt für die Auffassung, die ein moderner Philosoph, nämlich Hermann Lübbe, zu dieser Problematik entwickelt hat[13], eine Auffassung, die an die Schleiermacher'sche Idee einer „reinen Religion" anknüpft, einer Religion jenseits von Metaphysik und Moral, aber die romantische durch eine pragmatische Version dieser Idee ersetzt. Im Gegensatz zu den drei bisher behandelten Denkern geht Lübbe auf die erkenntnistheoretische Seite der Religionsproblematik nicht ein. Er bietet vielmehr eine anthropologische Argumentation zugunsten der Religion an, für die das Problem ihrer Wahrheit überhaupt keine Rolle spielt. Trotzdem weist er die moderne Religionskritik als überholt und illusionär zurück. „Nicht die Religion", so meint er, habe sich „als Illusion erwiesen, sondern die Religionstheorie, die sie als solche behandelte".[14]

Nach Lübbe ist die Religion die „Kultur der Anerkennung unverfügbarer Daseinskontingenz", und sie erfüllt daher nach seiner Meinung „eine Lebensfunktion von anthropologischer Universalität", was nichts anderes heißt, als dass der Mensch ohne Religion nicht leben könne. Damit ist naturgemäß über die Wahrheit religiöser Auffassungen noch nichts gesagt. Daher brauchen sich Religionskritiker, denen es vor allem um diese Frage geht, eigentlich kaum davon beeindrucken zu lassen, ebenso wenig wie etwa von der richtigen Feststellung Lübbes, dass die Religion bisher nicht, wie manche ihrer Kritiker vorhergesagt hatten, infolge von Aufklärungsbemühungen verschwunden ist. Es könnte ja durchaus sein, dass viele oder sogar die meisten Menschen ohne eine solche Art der Illusion nicht leben können. Dass das für alle Menschen gilt, scheint mir allerdings durch den Hinweis auf entsprechende Gegenbeispiele widerlegbar zu sein.

Die Lübbe'sche Argumentation leidet darunter, dass der Autor seine Thesen stellenweise auf eine Definition reduziert, dann aber wieder so verfährt, als handle es sich um eine ernst zu nehmende Behauptung, die inhaltlich zu diskutieren wäre.[15] Seine Definition der Religion durch Rückgriff auf die Funktion der Kontingenzbewältigung – das heißt: die Bewältigung bestimmter unabänderlicher Bedingungen des menschlichen Daseins – läuft aber auf die Bagatellisierung aller übrigen Funktionen hinaus, die in der Geschichte der Religionen eine Rolle gespielt haben. Es sind Funktionen, die für den naiven Gläubigen sehr wichtig waren und es zumeist auch heute noch sind. Seine pragmatische Reduktion lässt gerade die *heilstechnologische* Seite der Religion bis auf einen kleinen Rest verschwinden. Die Bedeutung der Religion für das menschliche Streben nach Glück, nach irdischem und himmlischem Heil, das nach Auffassung sehr vieler, wenn nicht sogar der meisten Anhänger religiöser Überzeugungen durch Opfer aller Art, durch Gebete oder durch Änderungen des Bewusstseins, der Einstellung oder des Verhaltens zu erreichen ist, wird dabei auf die Funktion der Kontingenzbewältigung reduziert. Nur deshalb ist es im Rahmen der Lübbe'schen Auffassung möglich, die mit einer religiösen Wirklichkeitsauffassung verbundenen kognitiven Ansprüche der Religion – und damit ihre metaphysische Dimension – herunterzuspielen und auf diese Weise das Wahrheitsproblem auszuklammern.

Was aber die von Lübbe postulierte Funktion der Kontingenzbewältigung angeht, so ist es nicht einmal plausibel, dass diese Minimalfunktion im Rahmen einer religiösen Auffassung stets erfüllt werden kann, wenn mit dieser Auffassung nicht auch entsprechende kognitive Annahmen verbunden sind. Ohne den Glauben an die Existenz bestimmter numinoser Wesenheiten, zum Beispiel die eines Gottes mit entsprechenden Eigenschaften, kann mit der Erfüllung dieser Funktion kaum gerechnet werden. Um aber die Befriedigung der Glücks-, Heils- oder Erlösungsbedürfnisse, um die es im religiösen Glauben meistens geht, als möglich anzunehmen – also von Bedürfnissen, die sich kaum auf die von Lübbe postulierte minimale Funktion reduzieren lassen –, muss man im Allgemeinen wohl Annahmen machen, die weit über das hinausgehen, was für die bloße Kontingenzbewältigung notwendig ist. Wer, wie das von Pascal und auch von Kierkegaard noch vorausgesetzt wurde, die ewige Seligkeit erlangen möchte, kann mit einer Religion, die auf diese Funktion reduziert ist, kaum zufrieden sein. Für den normalen Christen, der solche Bedürfnisse hat, hat der Glaube an die Existenz eines Gottes, der in der Lage ist, ihm zu helfen, gewissermaßen existenzielle Bedeutung. Für ihn ist die Frage der Wahrheit dieses Glaubens daher keineswegs nebensächlich. Eine pragmatische Behandlung der Glaubensproblematik im Lübbe'schen Sinne muss ihn daher befremden. Und der Philosoph, der sich mit dieser Problematik befasst, hat keinen Anlass, einem solchen Gläubigen die Bedeutung der Wahrheitsfrage auszureden, etwa weil seine Definition der Religion diese Dimension des Glaubens von vornherein ausgeklammert hat. Wie schon bei Pascal, Kierkegaard und James führt auch bei Lübbe der Übergang zum religiösen Pragmatismus in eine Sackgasse. Sein Versuch, auf diese Weise der modernen Religionskritik den Wind aus den Segeln zu nehmen, ist gescheitert. Wer in religiösen Fragen das Wahrheitsproblem ernst nimmt, wie das etwa Albert Schweitzer noch versucht hat, hat allen Anlass, auch diese Religionskritik ernst zu nehmen.

Hartmut Kliemt
Glaube und Intoleranz

Das so genannte „christliche Abendland" rechnet es sich zu Recht als große Errungenschaft an, institutionelle Strukturen ausgebildet zu haben, die ein friedvolles Zusammenleben unterschiedlicher Religionen erlauben. Diese Strukturen sind Ergebnis lang währender religionspolitischer Auseinandersetzungen, welche die europäische Geschichte seit der Reformation wesentlich mit prägten. Unter dem Eindruck dieser teils von blutigen Kämpfen begleiteten Konflikte erhob man zunächst die Forderung nach Duldung verschiedener Religionen (so interessanterweise u. a. auch G. E. Lessings Großvater Theophilus in dem Traktat *de religionum tolerantia*). Zunächst ging es um einen „modus vivendi". Später, etwa in den Schriften Spinozas und Lockes ebenso wie in G. E. Lessings *Nathan der Weise*, wurde Toleranz zu einem eigenständigen Wert. Zusammen mit den verwandten Werten der Geistesfreiheit ist er schließlich in den Institutionen der offenen Gesellschaft verankert worden.

Das Ausmaß an geistiger und in enger Verbindung damit religiöser Freiheit, das wir im Westen erreicht haben, ist erstaunlich. Vielen von uns erscheint es als eine gesicherte Errungenschaft unserer Zivilisation und damit das Thema von Glauben und Toleranz als weitgehend ausgestanden. Wer an die lange Geschichte religiöser Intoleranz – insonderheit des Christentums – erinnert, setzt sich dem Verdacht aus, die Schlachten von gestern schlagen zu wollen. Er wird von den aufgeklärten Mitgliedern und Funktionären heutiger Glaubensgemeinschaften tendenziell als nörgelnder Querulant abgestempelt. Sie erachten es als unfair, wenn man sie bei ihrer Geschichte nimmt – obschon sie natürlich andererseits die heute eher positiv bewerteten Aspekte der Religionsgeschichte bei passender Gelegenheit gern anführen. Tatsächlich ist das Auftreten nahezu aller heutiger westlicher religiöser Gemeinschaften in der Öffentlichkeit fundamental von der endemischen Intoleranz früherer Jahrhunderte unterschieden. Das ist zweifellos wesentlich auf den trivialen Grund zurückzuführen, dass die modernen westlichen Glaubensgemeinschaften der früheren Machtmittel entbehren. Der moderne Rechtsstaat hat sie in ziemlich enge Grenzen gewiesen und zugleich die religiösen Märkte für religiöse Konkurrenz geöffnet. Das ist nicht spurlos an den westlichen Glaubensgemeinschaften vorübergegangen. Sie haben sich reorganisiert und z. T. sogar Prinzipien wechselseitiger Toleranz und wechselseitigen Respekts in ihre Lehren inkorporiert.

Wenn wir wissen wollen, wieweit wir diesem Frieden trauen dürfen, müssen wir prüfen, ob es spezifische, den Glaubensgemeinschaften innewohnende Tendenzen zur Intoleranz und Unterdrückung abweichender Auffassungen gibt. Nach verbreiteter Ansicht ergibt sich die Neigung zur Intoleranz gleichsam „logisch" aus der Unwissenschaftlichkeit des religiösen Glaubens und dem damit grundsätzlich verbundenen Mangel an wissenschaftlicher Skepsis. Diese Sicht, mit der ich mich zunächst befassen will, lenkt jedoch eher von den eigentlichen Risiken ab, die sich aus der Existenz organisierter Glaubensgemeinschaften ergeben. Deshalb werde ich mich in einem zweiten Schritt bestimmten Anreizsystemen der öffentlichen Überzeugungsbildung in der modernen Massendemokratie zuwenden. In Koalition mit politischen Parteien können von den Verbänden der organisierten religiösen Überzeugungsbildung und -beeinflussung auch weiterhin Gefahren für ein allgemeines Klima der Toleranz und Offenheit ausgehen.

Skepsis, Wissenschaft und Glaube

Wahrheitsansprüche und Toleranz in Wissenschaft und Religion

Die Auffassung, dass der Glaube an die objektive Wahrheit als solcher intolerant mache, während skeptische Ungläubigkeit zu größerer Toleranz führe, ist weit verbreitet. Es wird angenommen, beides liege gleichsam in der Logik der Sache. Diese Sicht scheint jedoch verfehlt zu sein.

Zunächst muss man unterscheiden, ob es sich bei den geglaubten Inhalten um der menschlichen Beeinflussung entzogene Tatsachen handelt oder nicht. Das Newton'sche Gravitationsgesetz etwa gilt oder gilt nicht, ohne dass menschliche Intervention etwas daran ändern könnte. Wir können im Unterschied etwa zu einem normativ rechtlichen Gesetz nicht beschließen, dass ein solches Tatsachengesetz nicht mehr gelten soll. Auch gemeinsames Handeln zum Zwecke der Beeinflussung dieser Tatsache macht keinen praktischen Sinn. Für jene, die von der objektiven Geltung des Gesetzes überzeugt sind, ergeben sich insoweit keine Anreize, andere zu der gleichen Überzeugung zu bringen.

Ähnliches gilt mit Bezug auf den Gottesglauben. Sieht man einmal von gewissen eher abwegigen – wenn auch nicht unverbreiteten – modernen Deutungen von Existenzaussagen ab, so trifft die Überzeugung, dass Gott als eigenständige Entität existiert bzw. bestimmte Eigenschaften hat, unabhängig von der menschlichen Glaubenspraxis zu bzw. nicht zu. Ihre Wahrheit lässt sich nicht durch eine individuelle oder kollektive Praxis beeinflussen. Sie bietet daher ebenfalls als solche keinen Anlass zu praktischem Handeln.

Der Anhänger wissenschaftlicher wird überdies ebenso wie der Anhänger religiöser Auffassungen dazu neigen, seine Sicht der Welt gegenüber konkurrierenden Ansichten zu verteidigen, andere Sichtweisen zu kritisieren und den Versuch zu unternehmen, andere von dem zu überzeugen, was er selbst glaubt.

Auch in der Wissenschaft sind Bekenntnisse und das Eintreten für das, was man glaubt, gefordert. Der Begriff des Professors leitet sich nicht von ungefähr vom lateinischen Wort für „sich bekennen" ab. Von Wissenschaftlern wird erwartet, dass sie für die Richtigkeit ihrer Überzeugungen eintreten und dass sie abweichende Auffassungen kritisieren. Die Maxime „alles geht" ist weder Ausdruck recht verstandener wissenschaftlicher Toleranz noch eines hohen wissenschaftlichen Ethos. Der Wissenschaftler muss vielmehr wissenschaftsöffentlich gegen jene Auffassungen auftreten, die er für falsch hält. Nur so lässt sich jene Bereitschaft zur Auseinandersetzung erhalten, die, unter der Bedingung freien Zuganges zum Markt der Meinungen, allererst die Dynamik der Wissenschaft ermöglicht.

Da überdies der Status von Wissenschaftlern wesentlich davon abhängt, ob sie jene Theorien, an die sie selbst glauben, in der Konkurrenz mit Andersdenkenden erfolgreich durchsetzen können, haben sie allen Grund für ihre jeweiligen Ansichten einzutreten. Auch in der Wissenschaft gibt es deshalb aus Gründen, die in der menschlichen Natur ebenso wie in der Natur der Tradierung und Aufrechterhaltung von Überzeugungssystemen liegen, eine Tendenz, abweichende Meinungen und Auffassungen zu bekämpfen. Schulenbildungen, Veröffentlichungs- und Verbandspolitik tun ein übriges.

Prinzipielle Unterschiede zu theologischen Disputen sind hier nur schwer auszumachen. Auch in der Religion hat es mit Bezug auf die Tatsachenfragen einen in bescheidenem Maße wissenschaftsähnlichen Prozess gegeben. Sofern es somit um den Glauben an Tatsachen geht, die als durch menschliches Handeln unbeeinflussbar angesehen werden, scheint die Annahme, der religiöse Charakter der betreffenden Überzeugungen führe *als solcher* zu einer verstärkten Neigung zu Dogmatismus und Intoleranz, wenig plausibel.

Objektive Werterkenntnis, Wertskepsis und Toleranz

Neben solchen Überzeugungen, die sich auf menschlicher Intervention entzogene Tatsachen beziehen, gibt es Überzeugungen über die rechte Beeinflussung und Gestaltung der sozialen und natürlichen Welt. Es geht darum, die menschliche Praxis an Normen rechten Handelns auszurichten. Auch diesbezüglich werden häufig Ansprüche auf objektive Richtigkeit erhoben. Das gilt für viele Systeme philosophischer Ethik ebenso wie für das Alltagsdenken und insbesondere auch religiöse normative Forderungen. Wenn nun behauptet wird, dass der Glaube an die objektive Wahrheit bzw. den Erkenntnischarakter von Begründungen normativer Forderungen als solcher zwingend zu einer größeren Neigung zur Intoleranz führen müsse, so ist wiederum vor übereilten Schlussfolgerungen zu warnen.

Wer mit den meisten Religionsanhängern glaubt, dass sich normative Forderungen für die rechte Gestaltung des persönlichen und sozialen Lebens auf objektive Wert- bzw. Normerkenntnisse stützen lassen, kann ohne weiteres zugleich davon ausgehen, dass auch die Erkenntnis solcher „normativer Tatsachen" fehlbar ist. Überdies ist es völlig kohärent mit dem – häufig religiös fundierten – Glauben an eine objektive Werterkenntnis, davon überzeugt zu sein, dass sich Toleranznormen objektiv rechtfertigen lassen. Er kann Toleranznormen sogar mit einiger Plausibilität einen fundamentalen, anderen Anforderungen übergeordneten Status zuweisen. Dem stünde der bloße Objektivitätsanspruch im Prinzip nicht entgegen, mögen derartige Toleranznormen aus anderen Gründen auch nicht gerade typisch für religiöse Überzeugungssysteme sein.

Umgekehrt ist der Wertskeptiker keineswegs logisch zwingend auf Toleranznormen festgelegt. Das Argument etwa, der Skeptiker könne nichts gegen einen Hitler oder Stalin einwenden, weil er solche und andere Gangster nicht mit Objektivitätsanspruch kritisieren könne, ist verfehlt. Der Wertskeptiker akzeptiert nur hypothetische Imperative kluger Interessenwahrung oder so genannte „technologische Normen". Für ihn können und werden daher stets auch technische Normen, wie man andere gegebenenfalls auch gegen deren Willen zu etwas bringt, prinzipiell rechtfertigungsfähig sein.

Die Anwendung der betreffenden Verhaltensanweisungen ist für den Skeptiker allerdings immer nur relativ zum Bestehen oder Nicht-Bestehen von Zielen begründet. Wenn etwa jemand de facto die Ziele von Hitler oder Stalin nicht teilt, so hat er jedoch gerade aus Sicht des Skeptikers guten Grund, Normen zu befolgen, die ihm geeignete Maßnahmen gegen einen Hitler oder Stalin vorschlagen. Diese Normen geben ihm geeignete Mittel zur klugen Bekämpfung dessen an, was nicht mit seinen faktischen Zielen, Werten oder Interessen übereinstimmt.

Es bedarf somit keineswegs eines Glaubens an die objektive Begründetheit von Normen, bevor man sich gerechtfertigt fühlen kann, gegen solche Individuen, die andere normative Vorstellungen haben, vorzugehen. Gerade derjenige, der nicht an die objektive Begründetheit letzter Werte und Normen glaubt, hat guten Grund, seine eigenen Werte und Normen gegen die abweichenden Auffassungen anderer durchzusetzen. Er kann sich ja gerade nicht durch normative Erkenntnisse letzter Prinzipien beschränkt sehen, sondern sieht sich letztlich nur vor die Aufgabe gestellt, seine eigenen egoistischen oder altruistischen Ziele, Werte und Interessen mit geeigneten praktischen Mitteln durchzusetzen. Solange jemand nicht de facto der verfehlten Auffassung aufsitzt, der Wertskeptizismus verlange, jede beliebige normative Auffassung zu tolerieren, kann er daher höchst „intolerant" gegenüber Werten und Normen agieren, die er für verwerflich hält.

Nach alledem darf man folgern, dass Neigungen zur Intoleranz nicht in der reinen Logik eines Glaubens an die objektive Begründbarkeit von Praxisnormen verankert sein können. Ebenso wenig liegt die Neigung zur Toleranz in der Logik des Skeptizismus als solcher.

Es lässt sich allerdings nicht abstreiten, dass die zumal von den Religionsgemeinschaften immer wieder vertretene Auffassung, ohne die von ihnen gelieferte „objektive" Begründung von Werten und Normen und die sie vorgeblich stützenden Tatsachenbehauptungen breche die Wertbasis der Gesellschaft weg und niemand habe mehr einen guten Grund, für „gute" Werte und Normen einzutreten, psychologische Wirkungen entfalten kann und auch immer wieder entfaltet hat. Der Glaube an die objektive Begründbarkeit wird von interessierter religiöser Seite selbst zu einem Mittel erklärt, das dem Zweck dient, die Wertbasis der Gesellschaft zu erhalten. Ohne dieses Mittel, so wird suggeriert, wird alles das gefährdet, was auch der Skeptiker erhalten wissen will.

Akzeptiert man die Prämisse, dass ohne den Glauben an objektive Werte kein guter Grund bestehen könne, auch für die „besten" Ziele und Ideale einzutreten, dann ergibt sich tatsächlich ein – ironischerweise – technologisches Argument für eine intolerante Haltung gegenüber dem Skeptizismus: Da uns der Bestand einer „guten" Gesellschaft nicht in den Schoß fällt, der Skeptiker aber nichts dafür tun wird, gebietet anscheinend das Interesse am Erhalt der „guten" Gesellschaft, den Skeptizismus zu bekämpfen. Man gewinnt eine Rationalisierung dafür, Gläubigkeit als Tugend und skeptische Distanz als Untugend zu bewerten. Da die schlimmsten Verbrechen der Menschheitsgeschichte nicht von der distanzierten Skepsis, sondern vom Glauben an eine gute Sache oder Mission befeuert wurden, kommt diese von den Religionsgemeinschaften besonders gepflegte Ansicht einer Verkehrung der Erfahrung in ihr Gegenteil gleich. Die in der religiösen Erziehung gewöhnlich angestrebte Ausbildung entsprechender Verhaltensdispositionen ist sicher nicht unbedenklich.

Ganz auf dieser Linie liegt es, dass Religionsgemeinschaften den Skeptizismus selbst dann verdammen, wenn der Skeptiker in seinen inhaltlichen normativen Vorstellungen mit den Forderungen der betreffenden Religionsgemeinschaften völlig übereinstimmt. Es geht den Religionsgemeinschaften primär nicht darum, die betreffenden Werte durchzusetzen, sondern um den Nachweis ihrer eigenen Unentbehrlichkeit. Was das anbelangt, verstehen insbesondere ihre organisierten Vertreter keinen Spaß. Denn hier geht es um die Begründung der Notwendigkeit oder gesellschaftlichen Nützlichkeit organisierter Religion überhaupt. Für die religiösen Unternehmer, die Funktionäre und Verbandsvertreter ist dies der eigentlich relevante Sachverhalt. Sie neigen daher dazu, blindes Engagement und blinde Gläubigkeit als Tugenden zu betrachten. Deren gesellschaftliche Diskreditierung als gefährlichste politische Untugenden bekämpfen die Anhänger der organisierten Religion. Hierin treffen sie sich unglücklicherweise mit den Interessen anderer weltanschaulicher Verbände, die ebenfalls auf Engagement und Folgebereitschaft der Mitglieder angewiesen sind.

Die Organisation des Glaubens

Tradierung und Propagierung von Weltanschauungen

Glaubensinhalte sind kulturelle Artefakte, die in menschlichen Gesellschaften ebenso wie andere derartige Artefakte tradiert werden können. Sie sind Bestandteile der kulturellen Evolution. Als solche können sie zu Erfolg und Misserfolg der sie tragenden und sie von Generation zu Generation weitergebenden Gruppen beitragen. Hierin ähneln sie Phänomenen wie der Sprache, Sitte etc. Mit Bezug auf die Religionsausübung in komplexen Gesellschaften muss man allerdings feststellen, dass sich im Unterschied zu vielen anderen kulturellen Traditionen überall spezialisierte Trägerinstitutionen der Traditionsweitergabe mit den entsprechenden Funktionärskasten gebildet haben.

Die Existenz religiöser Glaubenssysteme und die Existenz spezialisierter Instanzen zu deren Verbreitung, Weitergabe und Interpretation scheinen sich wechselseitig zu begünstigen. Wie der Vergleich mit anderen Phänomenen unseres Lebens zeigt, ist allerdings auch dies keineswegs ein Spezifikum religiöser Gemeinschaften. Insbesondere der Vergleich von Glaubensgemeinschaften mit Parteien ist hier aufschlussreich.

Ähnlich den Glaubensgemeinschaften weisen die Parteien Priesterkasten und Organisatoren gemeinschaftlicher Aktion auf. Sie bieten ein Vereinsleben, Karrieren für Funktionäre und weitere dem kircheninternen Leben ähnliche Gemeinschaftsaspekte. Von daher nimmt es nicht Wunder, dass sich Parteien – vor allem in der Frühzeit der Weltanschauungsparteien – vielfach als direkte Konkurrenten zu Religionsgemeinschaften begriffen (und umgekehrt). Heute ist jedoch allenthalben die Verflechtung zwischen Kirchen und Parteien an die Stelle der Konfrontation (so eine solche überhaupt bestand) getreten.

Dies ist angesichts der Gegebenheiten der modernen demokratischen Massenkommunikationsgesellschaft nicht als Zufall anzusehen. Die Beteiligten haben die Vorteile der Kooperation erkannt. Da eine direkte rechtliche Kontrolle und Unterdrückung abweichender Auffassungen unter den Bedingungen des demokratischen Rechtsstaates nicht möglich ist, kann man grundsätzlichen Herausforderungen bestimmter weltanschaulicher Positionen nicht mehr mit einem direkten Verbot begegnen. Man muss zu „sanfteren" Mitteln greifen. Auch die Vertreter der Kirchen haben das zur Kenntnis nehmen müssen. Da die Kirchenvertreter jedenfalls in bestimmten Bereichen ziemlich leicht auf die öffentliche Meinung, von der wiederum die Parteien zentral abhängen,

Einfluss nehmen können, sind sie den Parteien willkommene Verbündete. In solchen Koalitionen können sie Politik mitgestalten. Dabei verstehen sie es nach wie vor, die ihnen von der Gesellschaft fraglos zugeschriebene moralische Sonderkompetenz zu nutzen. Dass ihre Vertreter und Lobbyisten als scheinbar überparteiliche „Experten für das Gute" auftreten können, ist ihr größtes Kapital. Die Nutzung dieses Kapitals ist in der offenen Gesellschaft grundsätzlich legitim. Dass die Glaubensgemeinschaften davon einen Gebrauch machen könnten, der einem Klima der Toleranz und Offenheit nicht unbedingt förderlich ist, scheint allerdings ebenfalls absehbar und kritikwürdig.

Moralische Aggression und Glaube

Die Wissenschafts-, Informations- und Meinungsfreiheit sind bei uns als hochrangige Verfassungsgüter institutionell-rechtlich garantiert. Dennoch gibt es genügend Bereiche, in denen sich die meisten von uns hüten, von dieser Freiheit auch Gebrauch zu machen. Die Kosten für den öffentlichen Gebrauch der Freiheit sind häufig so hoch, dass es unklug wird, entsprechende Auffassungen zu äußern. Man denke nur an jene (rechts-)ethischen und rechtspolitischen Fundamentalfragen, die sich durch die Erfolge der Medizintechnik und der Bio-Wissenschaften im Allgemeinen stellen und in Zukunft verstärkt stellen werden. Wer hier etwa mit fundamental nicht-christlichen Auffassungen hervortritt, muss sich auf einiges gefasst machen. (Ähnliches gilt im übrigen für grundsätzliche Fragen der Sozial- und Wirtschaftspolitik, in denen die Glaubensgemeinschaften ebenfalls auf eine lange anti-liberale Tradition zurückblicken können.)

In unserer Gesellschaft hat zwar jeder grundsätzlich das formal-rechtlich verbürgte Recht, auch mit nonkonformen Auffassungen hervorzutreten. Er muss jedoch befürchten, dass ihm auf informelle Weise Kosten auferlegt werden. Andere kritisieren ihn nicht nur, sondern brechen u. U. mit ihm den Kontakt ab oder Ähnliches. Nun ist eine derartige Haltung keineswegs immer abwegig. Es ist das gute Recht der Adressaten abweichender Meinungen, sich in dieser Weise zu verhalten. Wer sich etwa noch heute im Sinne der Ziele eines Hitler oder Stalin äußert, der diskreditiert sich selbst. Zuhörer, die nur ein Minimum an moralischer Sensibilität und moralischem Selbstrespekt mitbringen, werden kaum umhin können, einen entsprechenden öffentlichen Druck gegen derartige Äußerungen zu akzeptieren und an der Erzeugung dieses Drucks teilzunehmen.

Dennoch muss man sich bewusst machen, dass man sich mit diesen Reaktionen auf einem sehr schmalen Grat befindet. Denn der so genannten demokratischen Öffentlichkeit der Billig- und Gerecht-Denkenden ist vieles heilig. Angriffe auf die gesellschaftlich heiligen Kühe wecken schnell unheiligen Zorn, der gern von interessierter Seite orchestriert wird. Es entstehen Anreize, diesen Zorn auch um den Preis der Selbstverleugnung zu vermeiden. Das Ergebnis sind die uns allen wohl vertrauten Distanzierungswettläufe, in denen sich Teilnehmer am öffentlichen Diskurs in Unterwerfungsgesten gegenüber dem, was als vorherrschende öffentliche Meinung auftritt, wechselseitig überbieten.

Nun gehört es offenkundig zur menschlichen Natur, spontan mit Unmut auf missliebige Äußerungen anderer zu reagieren. Wenn dies in der demokratischen Öffentlichkeit geschieht und es dabei von selbst zu einer weitgehenden Gleichartigkeit oder Konformität eigenständiger Reaktionen kommt, so ist dagegen nichts einzuwenden. Gefährlich wird die Angelegenheit dann, wenn bestimmte Gruppen durch organisierten Druck äußerliche Konformität herbeiführen, obschon diese Gleichförmigkeit der Überzeugungen aus sich heraus eigentlich gar nicht entstehen oder bestehen würde.

In einer Welt, die schon wegen des bloßen Wachstums des staatlichen Sektors zunehmend von Politik bestimmt wird und in der sich zugleich Politik zunehmend direkt an vorherrschenden Meinungsbildern orientiert, können organisierte Interessengruppen einiges durch Beeinflussung der Meinungssphäre gewinnen. Dort, wo Politiker stets mit dem feuchten Finger prüfen, woher der Wind der öffentlichen Meinung gerade weht, ist es für organisierte Gruppen attraktiv, auch jene, die durch öffentliche Äußerungen an der Meinungsbildung teilnehmen, dazu zu bringen, im vorhinein den Wind zu prüfen. Kirchenvertreter mit ihrer Aura von Selbstlosigkeit und reiner Moralorientierung haben hier einen unschätzbaren komparativen Vorteil als Stichwortgeber.

Die erwiesene Fähigkeit, öffentlichen Wind machen zu können, der den Äußerern missliebiger Meinungen ins Gesicht zu wehen droht, ist das politisch wirksame Drohkapital so genannter gesellschaftlich relevanter Gruppen. Angesichts solcher Drohpotenziale wird es möglich, dass Individuen nicht nur bestimmte Auffassungen nicht äußern, sondern sie möglicherweise in der Öffentlichkeit verfälschen. Sie nehmen u. U. sogar an der Verunglimpfung von Nonkonformisten teil, denen sie insgeheim zustimmen. Bei gut organisiertem Meinungsdruck und geringer Meinungsvielfalt fühlen sie sich unter dem Konformitätsdruck, den Äußerer nonkonformistischer Auffassungen entsprechend zu behandeln. Dies ist nicht nur das zweifelhafte Privileg der totalitären Diktaturen, sondern durchaus auch in der Demokratie anzutreffen.

Wenn alle Individuen mit einer bestimmten Auffassung, die sie teilen, an die Öffentlichkeit träten, würde sie diese konzertierte Aktion gegen eine Ausgrenzung und etwaige moralische Diskreditierung womöglich gut schützen. Da die Individuen in ihren privaten Auffassungen jedoch nicht organisiert sind und daher nicht konzertiert zu handeln vermögen, stehen sie vor einem Dilemma. Jeder sagt sich: „Hannemann, geh Du voran!" Für jeden ist es individuell-rational, sich lieber bedeckt zu halten. Er muss, sollte sich nicht eine hinreichend große kritische Masse gleichartiger Äußerungen ergeben, große individuelle Kosten fürchten. Derjenige, der sich vorwagt und dafür Prügel bezieht, erinnert alle Beobachter daran, besser vorsichtig zu sein.

Jede Gruppe, die in der öffentlichen Sphäre aufgrund ihrer eigenen Organisiertheit und der Statuierung von Exempeln glaubwürdig machen kann, dass sie anderen bei Äußerung missliebiger Auffassungen hohe Kosten aufzuerlegen vermag, hat davon einen grundsätzlichen Vorteil im öffentlichen Meinungskampf und damit auch in der Beeinflussung der Politik. Die Funktionäre aller gesellschaftlich relevanten Gruppen streben deshalb tendenziell danach, ein derartiges glaubwürdiges Drohpotenzial zu etablieren. Das ist in ihrem Interesse und in der Regel auch im (jedenfalls im kurzfristigen) Partikularinteresse ihrer Mitglieder. Im Falle der Kirchen ist allerdings die Fähigkeit, Meinungsdruck zu erzeugen, so ziemlich der einzige Grund für ihre fortdauernde gesellschaftliche Relevanz. Die Kirchenfunktionäre haben deshalb einen besonders starken Grund, darauf zu achten, dass ihre öffentlichen Drohpotenziale erhalten bleiben. Mit sinkendem anderweitigem Einfluss sollte daher ihre Neigung eher zunehmen, sich als hinzutretender Verbündeter an die Spitze von Bewegungen zu setzen, die gegen jeweils Andersdenkende vorzugehen trachten.

Im Unterschied etwa zu den Bauernverbänden oder Gewerkschaften gelingt es den Kirchen zwar heute nur mehr schwer, eine feste Klientel zu halbwegs koordiniertem Abstimmungsverhalten in geheimen Wahlen zu bewegen. Auf der anderen Seite befinden sie sich mit Bezug auf grundsätzliche moralische Fragen jedoch in der günstigen Lage eines Quasi-Monopolisten, dem keine organisierte konkurrierende Gruppierung gegenübersteht. Genau in solchen Grundsatzbereichen können und werden sie auch in Zukunft abweichende Auffassungen einfach für intolerabel erklären, sich selbst gerade nicht argumentativ mit ihnen auseinander setzen und auf die Verhinderung einer argumentativen Auseinandersetzung hinwirken.

Insbesondere in den in den nächsten Jahrzehnten auf uns zukommenden fundamentalen moralischen Fragen (insbesondere etwa der Reproduktionsmedizin, der Sterbehilfe etc.) müssen wir damit rechnen, dass es den Kirchen gelingen könnte, die öffentliche Äußerung bestimmter Auffassungen so zu stigmatisieren, dass die mit der bloßen Äußerung verbundenen durchaus gravierenden Kosten nur von jenen auf sich genommen werden, die sehr intensive abweichende Überzeugungen und Gefühle besitzen. Das mehr oder minder unbedachte „Parteiergreifen" könnte dadurch leicht der vorherrschende Modus der öffentlichen Auseinandersetzung werden. Im Ergebnis müssten wir dann fürchten, dass die nüchternen und möglicherweise auch ernüchternden Stimmen der milde interessierten, eher unparteiischen Moralbeurteiler ungehört bleiben werden. Für jene, die gerade kein blindes Engagement aufbringen, lohnt es sich, falls sie hohe Nonkonformitäts-Kosten zu erwarten haben, einfach nicht, mit ihren Auffassungen hervorzutreten.

Wenn man der von derartigen Drohungen bewirkten Tendenz zur Anpassung öffentlicher Äußerungen an Standards moralischer (oder auch politischer) Korrektheit entgegenwirken will, so muss man vor allem den von kirchlicher Seite erhobenen Anspruch auf besondere moralische Kompetenz angreifen. Dieser Angriff ist, da diese besondere Kompetenz bei nüchterner Betrachtung nun wirklich nicht zu entdecken ist, argumentativ leicht zu führen. Mit größeren Kosten ist es allerdings verbunden, mit derartigen Argumenten an die Öffentlichkeit zu treten und sie als stetes „ceterum censeo" im öffentlichen Bewusstsein zu halten. Es sollte uns alle nachdenklich stimmen, dass es den Kirchen ungeachtet ihres ansonsten eher schwindenden direkten öffentlichen Einflusses ganz gut gelungen ist, die öffentliche Kirchen- und Religionskritik, sofern sie nicht von kirchenkritischen Religionsanhängern geäußert wird, als querulantische Nörgelei zu diskreditieren. Das sollte uns jedoch weder zum vorauseilenden Knie- noch Kreuzfall motivieren, denn sonst wird der organisierte Glaube zu neuen, den Bedingungen der modernen Massenkommunikationsgesellschaft und Parteiendemokratie angepassten Formen der Intoleranz finden. Die Insel der Seligen des rechtsstaatlichen Westens wird sich nur dann verteidigen lassen, wenn wir unsere Traditionen der Toleranz nach innen und nach außen gegen die endemische Intoleranz alter und neuer Blindgläubigkeit mit einer gewissen Intoleranz verteidigen. In diesem Kampf ist der kirchlich organisierte christliche Glaube ein unsicherer Koalitionspartner, der jederzeit von seiner jetzigen Milde in alte Schärfe zurückfallen kann.

Jan Narveson
Über „moralische Beweise" für die Existenz Gottes

Der Gedanke, dass das Vorhandensein moralischer Überzeugungen, moralischen Verhaltens, moralischer Bedenken und moralischer Wesenszüge beim Menschen auf irgendeine Weise den Glauben an die Existenz Gottes rechtfertigen könnte, hat im Laufe der Geschichte offenbar viele Menschen beseelt – darunter hochmögende Denker wie Immanuel Kant. In dieser kurzen Ausführung möchte ich klarstellen, dass dieser Standpunkt trotzdem fehlgeleitet ist. Das Streben Kants und aller anderen, dies zu belegen, war und ist nicht nur zum Scheitern verdammt, sondern untergräbt mehr oder weniger unterschwellig die wahre Moral. Religion ist nicht nur keine Freundin der Moral, sie ist, was diese Dinge angeht, auch keine Freundin von Klarheit und Wahrheit.

Kant

Weil er so großen Einfluss hat und sein Werk insgesamt so beeindruckend ist, tun wir gut daran, mit dem berühmtem Beweis Immanuel Kants zu beginnen, den er vor allem in seiner *Kritik der praktischen Vernunft* dargelegt hat.[1]

Kant zufolge ist die Existenz Gottes „zur Möglichkeit des höchsten Guts … notwendig gehörend". Eben jenes höchste Gut aber ist nach Kant als „Objekt unseres Willens mit der moralischen Gesetzgebung der reinen Vernunft notwendig verbunden". Dieses einigermaßen schwer verständliche Argument ist dessen ungeachtet von ungeheurem Einfluss gewesen. Oder vielleicht sollte man statt „dessen ungeachtet" lieber sagen „eben darum", denn es steht zu bezweifeln, dass irgendeine verständliche Formulierung davon einer genaueren Überprüfung standgehalten hätte. Eine gefällige Prise wohlklingender Verschwommenheit ist offenbar entscheidend für die weit reichende Akzeptanz von Sichtweisen wie dieser. Wir müssen also versuchen, uns unseren Weg durchs Kant'sche Dickicht zu bahnen. In dieser kurzen Abhandlung werden wir uns dabei allerdings mit dem Breitbeil zufrieden geben müssen, für unsere Zwecke ist das aber, glaube ich, voll und ganz ausreichend.

Wir sollen, schreibt Kant, das „höchste Gut … zu befördern suchen", und wenn wir das sollen, muss es auch möglich sein, dass dieses existiert. Solches ist, kurz gesagt, einem Prinzip verpflichtet, das insbesondere durch Kant Berühmtheit erlangt hat, dass nämlich „sollen" „können" impliziert. Aber inwiefern ist das wahr?

Wahr ist ohne Frage, dass, wollte ich einen Zustand S zu erreichen suchen, meine Anstrengungen recht sinnlos wären, sollte S unmöglich sein. Doch einen Augenblick! Streben wir nicht oft nach Idealen, von denen wir *wissen*, dass sie sich nie voll und ganz werden realisieren lassen? Und wenn wir das tun, wovon gehen wir dabei aus? Oder sind wir einfach nur unvernünftig?

Die einleuchtende Antwort lautet: Wir gehen davon aus (1) dass wir wissen, *welcher Weg uns vorwärts bringt*, (2) dass es möglich ist, dem Zustand *näher zu kommen, als wir es gegenwärtig sind*, und (3) dass sich das Streben nach dem Ziel *lohnt*, auch wenn wir nur einen unvollkommenen Zustand erreichen können.

Man beachte, dass keiner dieser Punkte zwingend zutrifft, das gilt insbesondere für Punkt 3. Damit uns das klar wird, müssen wir zwei Fälle unterscheiden. Im einen wäre einzig das Erreichen des Idealzustands ohne alle Abstriche etwas wert: Sämtliche Bemühungen wären reine Zeitverschwendung, so sie nicht dazu führen, dass das Ideal vollkommen in die Realität umgesetzt wird. Wenn Sie dieser Ansicht sind und obendrein glauben, dass das Ideal unmöglich zu erreichen ist, würden Sie fraglos vernünftigerweise gar nichts tun – oder sich ein bisschen genauer mit dem Ideal befassen, um herauszufinden, ob es nicht vielleicht doch irgendwie erreichbar ist.

Aber es gibt auch eine ganz andere Art, ein Ideal zu betrachten, das sich nicht in seiner Gänze erreichen lässt. Man kann es wie die Idee eines perfekten Vakuums betrachten, als Abbild von etwas, das zugegebenermaßen unmöglich erreicht werden, dem man sich aber dennoch annähern kann. In diesem eingeschränkten Falle ist die Gleichung „Sollen beinhaltet Können" erfüllt, und für den Sonderfall eines quantifizierbaren Ideals lässt sich die Frage, ob sich das Erreichen des unvollkommenen Zustands lohnt oder nicht, detailliert aufschlüsseln: 100 Prozent ist ohne Frage unmöglich, aber 25 Prozent sind besser als 24 Prozent und so weiter. Mit ein paar Kurven lässt sich die Beziehung zwischen der Nähe zum Ideal und dem Aufwand, der dafür noch als lohnend gelten kann, illustrieren, aber der springende Punkt ist: Solange diese Relationen gelten, kann das Ideal unser Streben lenken – auf nützliche, praktisch anwendbare Art. Warum nicht? Aber schlicht niemand kann aus der Nützlichkeit dieser Art des Handelns den Schluss ziehen, dass der unmögliche Idealzustand trotzdem *wirklich existieren muss*!

Wie steht es mit dem Fall, den Kant darstellt? Dazu müssen wir als Erstes folgende peinliche Frage stellen: Wenn Kant über „*das*" höchste Gut spricht, müssen wir ihn fragen: *Wessen* vollkommene Glückseligkeit steht hier zur Diskussion und *wann*? Nehmen wir an, dass ich im vollkommenen Zustand vollkommen glücklich *und* vollkommen tugendsam sei. (Wir wollen einmal die

Möglichkeit außer Acht lassen, dass das Zusammentreffen von vollkommener Tugend und vollkommener Glückseligkeit überhaupt keine so gute Idee ist.) Also akzeptieren wir, dass das Ideal, das höchste Gut, für das fragliche Individuum im zeitlosen, unablässigen Einklang vollkommener Tugend und vollkommener Glückseligkeit besteht. Aber leider erinnere ich mich daran, dass ich am letzten Dienstag ein bisschen weniger als vollkommen glücklich war (mit meinem Sittlichkeitsniveau an diesem Tag wollen wir uns nicht genauer befassen!). Nun, das Ideal wäre, dass mein ganzes Leben, eben auch jener Dienstag letzter Woche, sowohl vollkommen glücklich als auch vollkommen tugendhaft verliefe, vielleicht sogar das eine durch das andere hervorgebracht würde. Dieser Zustand aber befindet sich nun einmal leider außer Reichweite. Nicht nur außerhalb meiner Reichweite, sondern auch außerhalb der irgendwelcher Götter, von denen ich wüsste oder die ich als logische Möglichkeiten in Erwägung ziehen würde. Denn niemand kann die Vergangenheit ungeschehen machen; sie ist abgeschlossen, vergangen und vorüber. In alle Ewigkeit wird die Tatsache Bestand haben, dass zumindest Jan Narveson es nicht geschafft hat. Der vergangene Dienstag ist wirklich passiert. Das Beste, was Gott oder sonst wer dazu tun kann, wäre dafür zu sorgen, dass es mir nicht allzu viel ausmacht – sicher ein gewisser Trost, das finde ich auch, aber bei weitem nicht dasselbe wie Vollkommenheit rundum! Und ich hege den Verdacht, dass ich mit dieser beklagenswerten Möglichkeit keineswegs allein dastehe und in dieser Hinsicht nicht einmal ungewöhnlich bin.

Vielleicht würde Kant darauf pochen, dass das höchste Gut notwendigerweise komplett in der Zukunft liegt – es daher keine Rolle spielt, was in der Vergangenheit passiert ist. Die meisten von uns würden dem entgegnen, dass das (a) verrückt, (b) in jedem Fall aber eine Ausrede ist. Es spielt eine Rolle, was in der Vergangenheit passiert ist, und jeder, der herumläuft und darauf beharrt, dass Dinge von idealer Vollkommenheit zu sein haben, obwohl sie es nachweislich nicht sind und es in Anbetracht dessen, wie die Dinge laufen, auch nicht sein können, verlangt Unmögliches. Dies als „Postulat der reinen praktischen Vernunft" aufrechtzuerhalten, wäre schlicht und ergreifend töricht.

Vernunftglaube?

Kant, das sollte zu seinen Gunsten auch gesagt sein, nimmt allerdings auch ausdrücklich davon Abstand, „dass die Annehmung des Daseins Gottes *als eines Grundes aller Verbindlichkeit überhaupt*, notwendig sei". Die praktische Vernunft per se kann uns nicht dazu bringen, an die reale Existenz von irgendetwas zu glauben. Trotzdem lautet seine Forderung: Um den Zweck moralischen Handelns fassbar zu machen, müssen wir daran glauben, dass das Zusammentreffen höchster Vollkommenheit der Moral mit perfekter Glückseligkeit möglich ist, und daran, dass ein Gott vorhanden sein muss, der dafür sorgen kann, dass es dazu kommt. Verlangt wird von uns „Glaube", wenn auch ein „reiner Vernunftglaube" daran, dass Gott alles irgendwie richten wird. Oder dies immerhin könnte.

Es ist nicht leicht zu beurteilen, was man davon halten soll. Unbestritten ist, dass die Existenz Gottes sich nicht aus der Existenz der reinen praktischen Vernunft *herleitet* (was wir, um es noch einmal zu sagen, hier nicht infrage stellen). Aber es wird dennoch behauptet, dass unsere Vernunft uns nötigt, zu „glauben" – glauben woran also? Es ist ein bisschen schwer einzusehen, wieso es vernünftig sein soll, an p zu glauben, wenn wir wissen, dass p falsch ist. Ist es nicht vielmehr vernünftig, an p zu glauben, solange wir zumindest nicht ganz sicher sind, dass p falsch ist, und dass es schön wäre, wenn p wirklich zuträfe? Wir können uns vielleicht den Fall vorstellen, dass jemand sich selbst von einer Krebserkrankung heilt, indem er fest daran glaubt, dass er keinen Tumor hat. Ich weiß nicht, ob so etwas jemals wirklich passiert ist, falls aber ja, dann Hut ab vor den Glücklichen, die solches fertig gebracht haben. Aber kein noch so großer Glaube vermag *Gott zu einer Existenz zu verhelfen*, und kurz gesagt, ist es überaus wenig plausibel, wieso ein Glaube hilfreich soll, wenn sich die Frage stellt, ob es wirklich ein Wesen von der fraglichen Sorte gibt oder nicht.

Sidgwick

Henry Sidgwick, jener scharfsinnige Engländer, der unter den Eingeweihten der Philosophie berühmt ist für seinen nüchternen Blick auf philosophische Forderungen und die Dämpfung von philosophischem Enthusiasmus, stimmt mit Kant (und jedem von uns, nehme ich an) dahingehend überein, dass eine merkliche Diskrepanz besteht zwischen dem, was die Moral verlangen würde, und dem, was tatsächlich geschieht. Obendrein ist dies – leider – gelegentlich eine Kluft zwischen dem, was die Moral von uns verlangt, und dem, was wir tun möchten, ja, dem, was wir für uns selbst als das Beste erachten. In einer solchen Situation, die er manchmal als „Dualität der praktischen Vernunft" bezeichnet, gesteht Sidgwick, dass er hin und her gerissen ist, denn der Standpunkt, dass Eigeninteresse irgendwie vorgeht, scheint rechtmäßig, aber der, dass Moral vorgeht, ebenso. Doch da beide hin und wieder in entgegengesetzte Richtung ziehen, sieht es so aus, als könnten nicht beide richtig sein. Nun, was immer wir über dieses Thema sagen mögen, die Frage lautet, ob sich daraus für uns ein Grund ergibt, einer Vorstellung Glauben zu schenken, die besagt, dass sich beide nach dem Willen einer uns wohl gesonnenen Gottheit letzten Endes vereinen werden.[2]

Derjenige, der diese Linie verficht, wird sich natürlich bei der Problematik des Bösen zwangsläufig in gefährliche Gewässer begeben: Wenn die Gottheit alles zum Besten haben will, warum um alles in der Welt lässt sie die Dinge dann so laufen, wie sie bislang gelaufen sind? Doch was immer wir dazu sagen mögen, Sidgwick kommt zu dem Schluss: „… mit dieser Überzeugung ist weder unzertrennlich verbunden noch durch rein reflektive Intuition erreichbar die Erkenntnis, dass es wirklich ein höchstes Wesen gibt, das mich hinreichend dafür belohnt oder bestraft, wenn ich diesen Pflichtregeln gehorche oder sie verletze" (Seite 286). Im Weiteren führt er aus, das man dasselbe in ganz und gar nicht theologischen Worten ebenfalls ausdrücken kann: Wir alle mögen vielleicht wünschen, dass sich Glückseligkeit mit Tugend in Beziehung setzen lassen möge. Aber leider: „das Vorhandensein dieses Wunsches allein genügt nicht, um die Wahrscheinlichkeit seiner Erfüllung zu gewährleisten…" (Sidgwick, Seite 286).

Und in einer bedeutsamen Fußnote fügt Sidgwick im Hinblick auf Kants Argument hinzu: „Ich kann mich so wenig dazu entschließen, etwas für praktische Zwecke anzunehmen, was ich nicht für eine theoretische Wahrheit zu halten vermag, dass ich mir den Gemütszustand, den diese Worte schildern, höchstens nur als eine augenblickliche, halb unwillkürliche Unvernünftigkeit denken kann, die in einem heftigen Anfall philosophischer Verzweiflung begangen wird." (Seite 286) Starke Worte! Aber, so will mir scheinen, sie treffen den Nagel auf den Kopf.

Fehlgeleitet?

Wir können dieses Thema ein bisschen weiter treiben. Wie steht es mit der Frage, ob ein Gott (a) für die Moral unerlässlich beziehungsweise (b) dieser tatsächlich zuträglich ist?

(a) Die erste Frage hat oberste Priorität, wenn das „moralische Argument" zur Festigung des Glaubens an die Existenz Gottes von Nutzen sein soll. Denn wenn sich nicht belegen lässt, dass die Existenz Gottes für die Moral vonnöten ist, muss sich jeder, der aus moralischen Gründen an Gott glaubt, beschuldigen lassen, Wunschgedanken nachzuhängen – augenscheinlich hat das letzte Wort dazu Sidgwick gehabt. Und die Behauptung, dass Religion für die Moral notwendig sei, ist, finde ich, komplett überholt, wie andere in diesem Buch zweifellos erklären werden. Wir können uns daher sehr kurz fassen, wenn es um die Überprüfung der Gründe für die Zurückweisung der fraglichen These geht. Es gibt dabei zwei Hauptpunkte: einen „logischen" und einen moralisch begründeten. Am ersten ist nicht zu rütteln, und der zweite ist so wichtig, dass auch er als verbindlich zu gelten verdient.

Was den ersten Punkt betrifft, so setzt alles Bestreben zu zeigen, dass Gott von entscheidender Bedeutung für unser sittliches Verhalten ist, voraus, dass Moralität in irgendeiner Weise mit Gott zusammenhängt. Wenn Sie jedoch nur ein ganz kleines bisschen an der Oberfläche kratzen, werden Sie feststellen, dass die Vorstellung von Gott, so diese ihren Zweck auch nur im Entferntesten erfüllen soll, Moralität bereits voraussetzt. „Götter", die ohne Unterschied alles und jedes verlangen können, sind unglaubwürdige Kandidaten für die Installation und Legitimation von Moralität. Sie müssen vielmehr moralischen Begriffen genügen: von vollkommener Güte, vollkommener Gerechtigkeit sein und was dergleichen mehr ist. Aber natürlich sind solche Begriffe wie „gut", „gerecht" und so weiter eben genau jene Begriffe, die in ihrer Bedeutung durch die theologische Vorstellungswelt *erklärt* werden sollten. Wenn also ein Gott von irgendeiner Relevanz sein und Eigenschaften haben soll wie Güte und Gerechtigkeit, dann kann es nicht so sein, dass diese Begriffe bedeutungslos sind, so sie oder bis sie nicht von ihm als höherem Wesen verfügt worden sind. Also ist die ganze Sache ein Zirkelschluss und Moral als theologisches Anliegen ein hoffnungsloser Fall.

Und zweitens ist zu sagen, dass Religionen in beglückender Vielfalt vorhanden sind – ein paar tausend lassen sich mindestens unterscheiden. Moral aber gilt für jeden, nicht nur für die Anhänger irgendeiner ganz bestimmten Überzeugung. Wir alle – nicht nur die gläubigen Jünger der einen oder anderen Religion – haben uns des Mordens zu enthalten, unsere Versprechen einzulösen und so weiter. Moral gilt sogar für Atheisten und Agnostiker. Den Anhängern einer bestimmten Glaubensrichtung also, die für sich in Anspruch nehmen, dass *ihr* Gott derjenige ist, der das moralische Sagen hat, werden die Jünger eines anderen Glaubens – oder auch Leute ohne Glauben – entgegentreten und entweder darauf pochen, dass der erste Jünger seine Götter falsch verstanden hat oder aber dass sie für ihren Teil keine Götter tolerieren werden und dennoch wissen, was richtig und falsch ist. Das Theologische ist geradezu eine Einladung zum moralischen Chaos, auf jeden Fall zum moralischen Konflikt – und hat es außerdem fertig gebracht, jede Menge davon loszutreten, wie die unzähligen Religionskriege der vergangenen Jahrhunderte und bis in die jüngste Zeit hinein beweisen. Die religiöse Schiene ist eindeutig alles andere als ein gutes Fundament für die Moralität, sie ist eine Katastrophe. Die Prinzipien moralischen Verhaltens müssen völlig unmissionarisch daherkommen, sie fordern jeden von uns auf, sämtliche Religionen und Irreligionen zu tolerieren, so lange deren unterschiedliche Lehrsätze die der anderen tolerieren. Eine solche Aufforderung lässt sich nicht schlüssig auf die Behauptung stützen, dass eine dieser vielen Religionen tatsächlich die wahre ist.

(b) Damit ist das religiöse Konzeptionsmanöver, wie wir es nennen wollen, ein Fehlschlag in jeder Hinsicht, und damit wird der „moralische Gottesbeweis" offen gestanden unhaltbar. Wenn Religion für die Moral schlicht unnötig ist, lässt sich schwer einsehen, wie die Existenz von Moral dem religiösen Glauben förderlich sein soll. Vielleicht wendet jemand ein, dass Religionen immerhin eine Art von moralischem Ideal aufrecht halten, eine Vorlage für moralische Vollkommenheit liefern und dass dies wichtig oder zumindest hilfreich sei.

Doch wieder einmal wird es schwierig sein, diesen Standpunkt zu formulieren, ohne vor dem gleichen Problem zu stehen wie Sidgwick: Etwas zu wünschen, macht es noch nicht wahr, und die Tatsache, dass eine bestimmte mythische Gestalt wunderbare moralische Qualitäten zeigt, birgt nicht den geringsten Anhaltspunkt dafür, dass diese mythische Figur etwas anderes ist als mythisch.

Doch es ist interessant, darüber nachzudenken, ob die Hypothese vom Vorhandensein einer Gottheit den Dingen in irgendeiner Weise zuträglich ist. Wären wir besser dran, wenn wir uns allesamt bestimmten religiösen Überzeugungen verschrieben? Oder ist es, ganz im Gegenteil, besser für uns, jeglicher Versuchung zu entsagen, Religion mit Moral zu verknüpfen?

Wir haben bereits gesehen, dass der Versuch, Moral auf Religion zu gründen, ein Fehlschlag ist – oder womöglich schlimmer noch, eine Katastrophe. Und wenn dem so ist, dann lautet einer der Einwände gegen die Vorstellung, dass die Welt moralisch besser würde, wenn jedermann einer gemeinsamen Religion anhinge, dass dies zweifelsohne eine Welt der verunsicherten Menschen wäre. Das ist aber noch nicht alles. Sehen wir uns einmal unter den vielen verschiedenen Religionen um, die wir kennen, so können wir ziemlich sicher sein, dass die religiöse Hegemonie in Wirklichkeit zu Intoleranz führen würde und zur Entstehung von zutiefst idiosynkratischen Vorbehalten in Bezug auf Fragen der Moral. Das freilich würde alle Individualität ersticken und mit ziemlicher Sicherheit auch viele Arten der Forschung und stünde überdies dem intellektuellen Fortschritt im Weg. Man muss nur einmal die Buchregale eines religiösen Eiferers durchsehen, um zu der Vermutung zu gelangen, dass eine Einheits-Religiosität eine Sackgasse für die Menschheit und ihre intellektuellen Sehnsüchte darstellen würde. Sie würde überdies höchstwahrscheinlich eine ernst zu nehmende Verarmung der Künste bedeuten. Wir mögen uns einig sein, dass im Bereich der christlichen Kultur eine Vielzahl von wunderbaren Kunstwerken entstanden ist, aber wir müssen auch zugeben, dass es eine ganze Menge schöner nicht christlicher Kunst gibt, die zum größten Teil vermutlich nie entstanden wäre, hätten ihre Schöpfer der christlichen oder womöglich irgendeiner anderen religiösen Überzeugung angehangen. Zum allermindesten von diesem Standpunkt aus müssen wir religiöse Vielfalt wollen.

Religiöse Vielfalt aber verträgt sich nicht mit dem Moralargument für die Existenz Gottes. Religiöse Vielfalt besteht in der Toleranz, im Dulden eines Nebeneinanders von extrem unterschiedlichen und miteinander vielfach unvereinbaren Überzeugungen. Hält man Moral für einen Beleg für den Wahrheitsgehalt eines dieser Ansätze, muss sie umgekehrt auch als Beleg *gegen* den Wahrheitsgehalt aller anderen gelten. Es wäre doch seltsam, wollte man behaupten, dass die Religion R1 die Wahrheit repräsentiert, wenn R1 uns lehren wollte, wir sollten die Verbreitung der Glaubensrichtungen R2, R3, R4 und so weiter fördern, obwohl sie sich alle von R1 unterscheiden und damit leider falsch sind!

Manche Leute, die an dieser seltsamen Mischung offensichtlich inkohärenter Überzeugungen festhalten wollen, glauben, sie könnten dem Problem beikommen, indem sie behaupten, Religionen seien eben nicht direkt richtig oder falsch – das kommt ein bisschen an die metaethische Haltung des Emotivisten heran. Das aber lässt in diesem Zusammenhang eine gewisse Verzweiflung oder Schlimmeres aufkeimen, denn unter lauter Annahmen, die weder wahr noch unwahr sind, wird sich wohl kaum ein vernünftiges Argument für die Existenz Gottes finden lassen.

Moralische Motivation

Die populärste Version des moralisch begründeten Arguments für die Existenz Gottes schließlich lautet, dass es der Aussicht auf Strafe (diese vor allem) und Lohn in einer kommenden Welt bedürfe, um Menschen dazu zu bringen, das Rechte zu tun. Dieses Argument ist ebenso erstaunlich wie geschmacklos.

Erstaunlich ist es, sobald es in Anspruch nimmt, wirklich nötig zu sein, denn die meisten Menschen, die wir kennen, geben sich moralisch gesprochen ganz passabel. Sofern man nicht über völlig idiosynkratische Vorstellungen von Moralität verfügt, kann das Verhalten unserer Nachbarn und Freunde im Großen und Ganzen eigentlich als ordentlich gelten. Die Wahrscheinlichkeit dafür, dass unser Nachbar von nebenan uns im Schlaf ermordet und ausraubt, ist faktisch Null, und das gilt für alle, die ich einigermaßen gut kenne. Wenige von uns halten alle Versprechen hundertprozentig, aber uns allen tut es aufrichtig Leid, wenn wir es nicht schaffen, und ohnehin halten die wenigsten, denen etwas versprochen wird, dies für eine zu 100 Prozent einzuhaltende Verpflichtung. Und das geht immer so weiter. Nun, ich habe den Verdacht, dass die Zahl derjenigen unter den Genannten, die wirklich davon überzeugt sind, dass sie in der kommenden Welt dafür zu bezahlen haben, wenn sie sich so verhalten, nahe Null geht. Man kann sich des Verdachts nicht erwehren, dass diejenigen, die die Geschichte über eine Bestrafung im Leben nach dem Tode in die Welt gesetzt haben, entweder ein paar ganz besonders üble Gewohnheitstäter im Blick gehabt oder irgendetwas anderes, höchst Verdächtiges im Schilde geführt haben müssen.

Beide Möglichkeiten verdienen ein paar Bemerkungen. Was die Gewohnheitstäter anbelangt, so kann es der Aufmerksamkeit kaum entgangen sein, dass die Androhung nachweltlicher Strafe *nicht funktioniert hat*. Serienvergewaltiger und vor allem politische Massenmörder vom Schlage eines Stalin oder Hitler gibt es in unbehaglicher Zahl. Natürlich könnte man einwenden, dass diese Leute keine Gläubigen gewesen seien, aber – das ist es ja gerade, oder? Den Opfern solcher Verbrecher gereicht es wohl kaum zum Trost zu wissen, dass diese, wären sie nur rechtzeitig zu irgendeiner passenden Religion bekehrt worden, von all ihren Schreckenstaten abgehalten worden wären. Sie wurden es leider nicht.

Wirklich „leider"? Und damit kommen wir zur Kehrseite dieser ganz besonderen Medaille. Menschen, die tun, was sie für ihre Pflicht erachten, weil sie auf ewigen Lohn hoffen oder ewige Strafe fürchten, haben es mit zwei Problemen zu tun. Das eine betrifft die Logik ihres Glaubens, das andere dessen psychologische Wirkungen und Nebenwirkungen.

Zu Ersterem: Ewige Strafe ist ohne Frage eine ungeheure Androhung, egal, was der Übeltäter getan hat. Kein denkender Mensch kann in Bezug auf irgendein Verbrechen, das wir uns vorstellen können, die Forderung ernst nehmen, dass endlose Bestrafung in dieser Größenordnung angebracht und verdient sei. Höchstwahrscheinlich gehört das vage Gespür für diese unerhörte Diskrepanz zu den Gründen dafür, dass Menschen dieses religiöse Gebäude überhaupt nicht wahrhaft ernst nehmen.

Das bringt uns zum zweiten Punkt. Die Aussicht auf ewigen Lohn für seltsames Verhalten ist leider in viel zu vielen Kreisen viel zu wirkungsvoll gewesen, in jüngster Zeit insbesondere unter islamistischen Terroristen, die sich, so wird behauptet, motiviert durch bestimmte Passagen des Korans, zum Lohn dafür, dass sie eine Reihe von Juden, Amerikanern oder anderen Leuten in ihrer Nähe mit in den Tod nehmen, nach ihrem Ableben auf ein sexuell erfülltes Leben im Jenseits freuen dürfen. Man berichtet, dass viele von diesen Leuten wirklich daran glauben, und es wäre interessant herauszufinden, wie leicht sie sich ohne eine solche Form der theologischen Bestechung hätten anwerben lassen. Doch wie man meiner Wortwahl hier entnehmen kann, ist die Geschichte hier mit einem ungeheuren und, wie ich glaube, unlösbaren Problem behaftet. Kern aller Moralität ist die Idee, dass es Handlungen gibt, die, aus einem erweiterten Blickwinkel betrachtet, so beschaffen sind, dass gute Gründe dafür sprechen, dass wir Menschen uns im eigenen Leben daran orientieren, und andere, die wir besser unterlassen. Wir müssen das tun oder lassen, ohne dabei an besondere Belohnungen oder Strafen zu denken.

Unter den Moralisten gibt es sogar eine recht verbreitete Sicht, der zufolge diejenigen, die mit dem Gedanken an solche besondere Belohnung oder Bestrafung handeln, in ihrer Moral eher unvollkommen sind. Tugend, so sagen sie, ist ein Lohn in sich selbst. Dieser recht einsichtige Standpunkt aber wird durch die Geschichte von Lohn und Strafe im Leben danach und von allgegenwärtigen, nimmermüden Wächtern, die uns in Schach halten, hoffnungslos untergraben. Eine solche Sichtweise von Moralität ist irregeleitet und geschmacklos.

Leider ist es eine nur allzu einleuchtende Mutmaßung, dass die theologischen Konstrukte zur Moral im Grunde nur dazu gedient haben, fragwürdige menschliche Institutionen zu nähren: die Privilegien von Klerikern und Bischöfen, die Macht von Diktatoren und Staatsbeamten. Man muss kein Anhänger von Marx sein, um an dessen Beschreibung der Religion als Opium für das Volk etwas Wahres zu finden, etwas, das Menschen ihren Platz zuweist und ihnen einen illusorischen Lohn dafür verheißt, dass sie hinnehmen, was ihnen überhaupt nicht zugemutet werden dürfte.

Das grenzt womöglich sogar haarscharf an ein Argument gegen eine moralische Begründung für die Existenz Gottes. Kann irgendein theologisches Gedankengebäude der Anschuldigung standhalten, dass sein moralischer Standpunkt zutiefst korrupt ist? Vielleicht nicht. Zumindest ficht die Theologie, was ihre Hoffnung anbelangt, ihre frühere moralische Stellung zurückzuerobern, auf schwerem Posten.

Und so müssen wir am Ende des Tages zu dem Schluss kommen, dass der „moralische Gottesbeweis" in jeder Hinsicht hoffnungslos ist. Moral setzt nicht nur keine Religion voraus, es ist noch nicht einmal ganz klar, ob sie sich überhaupt mit ihr vereinbaren lässt.

Dieter Birnbacher
Das Dilemma der christlichen Ethik

Das Vorurteil ist schwer zu erschüttern, nach dem zwischen religiösem Glauben und Ethik eine besondere und enge Verbindung besteht. Auch bei schrumpfender Anhängerschaft gelten die christlichen Kirchen hierzulande weiterhin als Hort höherer und anspruchsvollerer moralischer Werte und als Garanten der Unverführbarkeit durch totalitäre, insbesondere faschistische Ideologien. Gläubige Christen werden zwar zunehmend als Ewiggestrige belächelt, genießen aber weiterhin das Privileg, für ein bisschen bessere Menschen gehalten zu werden. Und noch vor nicht allzu langer Zeit konnte man sich kaum offen als Atheist ausweisen, ohne sich dem Verdacht der moralischen Libertinage auszusetzen.

Bei Licht besehen haben religiöse Glaubensüberzeugungen und Moral wenig miteinander zu tun, sehr viel weniger jedenfalls als gemeinhin angenommen. Zwar wird der gläubige Christ möglicherweise seine religiösen und seine moralischen Überzeugungen, Einstellungen und Verhaltensbereitschaften als eine unauflösliche Einheit sehen und dann vielleicht schon die rein gedankliche Trennung zwischen Religion und Moral als künstlich ablehnen. Aber das ändert nichts daran, dass der Sache nach die Sphären der Religion und der Moral voneinander getrennt sind: Religiöse Überzeugungen sind (zumindest im Rahmen theistischer Religionen) *deskriptiver* Art – Überzeugungen über die Existenz und die Natur Gottes, über die Stellung des Menschen in der Welt und zu Gott, über Gottes vergangenes und zukünftiges Handeln usw., während es die Ethik im Wesentlichen mit *axiologischen* und *normativen* Überzeugungen zu tun hat, das heißt, mit Überzeugungen darüber, was wertvoll, welche Art von Leben erstrebenswert ist und welche Ziele wir handelnd verwirklichen sollten. Die theologische Ethik muss in irgendeiner Weise von Überzeugungen der ersten, deskriptiven Art zu Überzeugungen der zweiten, normativen Art übergehen; ihr Dilemma besteht genau darin, dass Ausgangspunkt und Ziel nicht zueinander passen: Auf der einen Seite muss sie ihren Ausgang von bestimmten *partikulären,* mit alternativen Vorstellungen konkurrierenden religiösen Überzeugungen nehmen, auf der anderen Seite muss sie – sofern sie nicht nur als *Sonderethik* gelten will, die Verbindlichkeit nur für die Angehörigen der jeweiligen Konfession beansprucht – daraus Wert- und Normaussagen mit *universalem* Geltungsanspruch herleiten. Man kann aber nicht beides zugleich haben. Je theologischer die Begründung für eine Norm ausfällt, desto schlechter steht es um ihren Anspruch auf universale Verbindlichkeit, und je mehr

Verbindlichkeit eine Norm beansprucht, desto weniger darf sie theologisch begründet sein. Je mehr der theologische Ethiker Theologe bleibt, desto stärker muss er den Geltungsbereich seiner Überlegungen auf die Angehörigen partikulärer Gruppen einschränken. Je mehr er sich andererseits als Ethiker mit Allgemeingültigkeitsanspruch äußert, desto unklarer ist, was ihn – abgesehen von persönlichen Loyalitäten und institutionellen Einbindungen – von einem philosophischen Ethiker unterscheidet.

Warum funktioniert eine theologische Begründung moralischer Normen nicht? Moralische Normen müssen sich im Prinzip jedem Verständigen einsichtig machen lassen, wenn sie begründet beanspruchen wollen, diesem vorzuschreiben, wie er sich zu verhalten und wie er sich nicht zu verhalten hat. Sie dürfen daher auf keine Voraussetzungen zurückgreifen, von denen von vornherein klar ist, dass sie nur von einem Bruchteil der Verständigen – etwa den Angehörigen einer bestimmten Religion oder Konfession – akzeptiert, nachvollzogen oder verstanden werden. Moralische Normen, die für Christen gelten, müssen auch für Muslime und Atheisten gelten und für alle gleichermaßen einsehbar sein.

Diesen Anforderungen werden religiöse Überzeugungen – und insbesondere theistische Überzeugungen – nicht gerecht. Ihre Wahrheit ist *nicht* jedem einsichtig zu machen, und es gibt viele, die auf religiösem Gebiet schlicht „unmusikalisch" sind, ohne dass sie deshalb insgesamt kognitiv beeinträchtigt wären. Die Mehrzahl aller Religionssysteme fußt auf Glaubensannahmen, die nach den in Wissenschaft und Alltagsleben üblichen Rationalitätsstandards fragwürdig sind – entweder weil sie offen oder verdeckt widersprüchlich, mit der Erfahrung nicht in Einklang zu bringen oder durch sie in keiner Weise fundiert sind. Theistische Religionen sind dieser Kritik in besonderem Maße ausgesetzt, denn ihr ausgeprägt anthropomorphes Gottesbild hat zu offensichtlich projektiven Charakter, als dass ihnen auch nur eine wie immer kleine Anfangsplausibilität zuzubilligen wäre. Andererseits kann aber gerade eine theologische Moralbegründung auf das „Wunder des Theismus"[1] und seine anthropomorphisierende Redeweise von „Willen", „Wort" oder „Geboten" Gottes nicht verzichten: Ein moralischer Gesetzgeber ist nur als Person (allenfalls als Gruppe von Personen) denkbar. Wozu soll uns auch ein Gott verpflichten können, der keine wie immer geartete Person ist, sondern ein philosophisches Prinzip, eine Urkraft oder eine Weltformel?

Wenn aber die Idee einer körperlosen, überweltlichen und womöglich überzeitlichen göttlichen Person schon unter kognitiven Gesichtspunkten kaum zu akzeptieren ist, ist ausgeschlossen, dass eine moralische Norm dadurch akzeptabler wird, dass sie ihre Geltung aus dem vermeintlichen Willen eines solchen Gottes herleitet. Im Gegenteil: in demselben Maße, in dem sie ihre Überzeugungskraft statt aus der inneren Plausibilität der von ihr gesetzten und vorausgesetzten Werte aus derart dubiosen Quellen bezieht, wird ihr Geltungsanspruch eher geschwächt als verstärkt.

Das ist nicht das Einzige, was religiöse und insbesondere theistische Überzeugungen für die Begründung moralischer Normen ungeeignet erscheinen lässt. Ein weiterer Grund für ihre Untauglichkeit ist die für sie charakteristische *Heteronomie*. Religiöse Argumentationen berufen sich in der Regel auf *Autoritäten*, sei es die des Wortes Gottes, die der „Stimme" des Gewissens (sofern sie als Manifestation Gottes gedeutet wird), die quasigöttlicher Personen wie (im Christentum) der Person Jesu oder die religiöser Institutionen und Traditionen. Moralische Richtigkeit lässt sich aber – unabhängig davon, ob es sich dabei um religiöse oder weltliche Autoritäten handelt – grundsätzlich nicht aus Autoritäten begründen. Die Berufung auf einen göttlichen Gesetzgeber ersetzt die Angabe von Vernunft- und Erfahrungsgründen ebenso wenig wie die Berufung auf eine bestimmte kulturelle Tradition. Sie kann – als Objektivierung vorangegangener Problemlösungsversuche – der jeweils autonomen Normenfindung allenfalls als ethische *Heuristik* dienen.

Der Grund dafür liegt in der Unterscheidung zwischen begründeter und unbegründeter Autorität. Einer begründeten Autorität (wie dem Urteil eines ausgewiesenen Experten) zu folgen ist in dem Maße vernünftig, in dem sie sich tatsächlich – durch die Erfahrung – als gut begründet erwiesen hat und man sich über ihre Kompetenz keine Illusionen macht. Im Rahmen einer religiösen Moralbegründung kann es jedoch für die Glaubwürdigkeit des Willens Gottes keine unabhängigen, zumindest keine *moralischen* Begründungen geben. Denn wenn moralische Normen ihre Verbindlichkeit erst durch den Willen Gottes erhalten, lässt sich dieser nicht seinerseits mit moralischen Kriterien für seine Glaubwürdigkeit und Akzeptabilität beurteilen. Wenn der Maßstab der moralischen Autorität erst durch die freie Gesetzgebung Gottes geschaffen wird, kann er nicht seinerseits dazu dienen, die Autorität des Gesetzgebers zu begründen. Wenn die Geltung moralischer Maßstäbe ausschließlich darauf beruht, dass Gott sie so gewollt hat, muss die Autorität des göttlichen Willens vorgängig zu den Inhalten seines Willens anerkannt sein. Lässt sich die Anerkennung der göttlichen Autorität aber nicht aus den Folgen ihrer Anerkennung rechtfertigen, ist nicht zu sehen, wie sie sich anders rechtfertigen lassen soll: Insbesondere wenn Gott – wie in der monotheistischen Tradition – zugleich als Schöpfer dieser Welt gedacht wird, wird er durch deren Unvollkommenheit als Gesetzgeber insgesamt eher disqualifiziert.

Eine weitere Schwierigkeit kommt hinzu. Eine religiöse Moralbegründung, die sich wesentlich auf das „Wort" oder die „Gebote" Gottes beruft, findet diese in den jeweils heiligen Texten nur selten in eindeutiger Gestalt vor. Das von Gott Gewollte muss vielmehr erst durch Interpretation fixiert werden. Zumal die christlichen Quellen weisen eine derartige Vielfalt unterschiedlicher

Das Dilemma der christlichen Ethik

und wechselseitig unvereinbarer Gottesbilder auf (Gott als eifersüchtiger Tyrann, als gerechter Richter, als barmherziger Vater), dass jede Aussage darüber, welches Verhalten Gott von den Menschen erwartet, Ergebnis eines prekären Auslegungs- und Selektionsprozesses ist. Faktisch hängt das, was der Theologe als vermeintliches „Gotteswort" in die ethische Debatte einbringt, davon ab, was er höchstpersönlich für zeitgemäß hält. Da die Bibel nicht nur die Bergpredigt mit der Aufforderung zur Feindesliebe, sondern auch die Bücher Samuel mit der Aufforderung zum Völkermord enthält, ist es kein Wunder, dass sie sich auf pazifistischen Kundgebungen ebenso gut zitieren lässt wie in Feldgottesdiensten auf Vernichtungsfeldzügen: Gott will jeweils das, was an der Tagesordnung ist – mit dem feinen Unterschied, dass der theologische Ethiker, indem er vorgibt, das Gotteswort „nur auszulegen", sich leichter als der philosophische Ethiker davon dispensieren kann, die eigene Wertung zu verantworten. In diesem Sinne hat schon Kant vor der Gefahr der Willkür in der Herleitung von Richtig und Falsch aus voreingenommenen Gottesvorstellungen gewarnt: „Der Anthropomorphismus, der in der theoretischen Vorstellung von Gott und seinem Wesen den Menschen kaum zu vermeiden, übrigens aber doch (wenn er nur nicht auf Pflichtbegriffe einfließt) auch unschuldig genug ist, der ist in Ansehung unseres praktischen Verhältnisses zu seinem Willen und für unsere Moralität selbst höchst gefährlich; denn da *machen wir uns einen Gott*, wie wir ihn am leichtesten zu unserem Vorteil gewinnen zu können und der beschwerlichen ununterbrochenen Bemühung, auf das Innerste unserer moralischen Gesinnung zu wirken, überhoben zu werden glauben." (*Die Religion innerhalb der Grenzen der bloßen Vernunft*, IV, § 1)

Nur dass dies nicht nur für den *Vorteil* gilt, den Kant hier – im Vertrauen auf die Existenz einer einzig gültigen, objektiv wahren Moral – der „moralischen Gesinnung" entgegensetzt, sondern auch für die jeweils individuelle Moral. Wenn gilt, was Alfons Auer, einer der einflussreichsten gegenwärtigen Vertreter einer „autonomen Moral" innerhalb der katholischen Moraltheologie, sagt, dass nur „respektvolle Zeitgenossenschaft [...] den Theologen fähig und bereit [macht], die Wahrheit des Heils mit der Wahrheit der Welt fruchtbar ins Gemenge zu bringen und die christlichen Aussagen über den Menschen sinnvoll auf die jeweilige Gegenwart hin neu auszulegen"[2], dann ist damit der Willkür der Auslegung Tür und Tor geöffnet.

Bei den Schwierigkeiten, denen sich eine genuin religiöse Moralbegründung gegenübersieht, ist es nicht weiter überraschend, dass mehr und mehr theologische Ethiker an die Tradition des christlichen Naturrechts anknüpfen und sich um eine nicht mehr von Glaubensüberzeugungen abhängende „autonome" Moral bemühen. Von einer Herleitung moralischer Normen aus genuin religiösen Quellen ist bei den Vertretern dieser Richtung keine Rede mehr. Für die „autonome Moral" ist die Rolle der Theologie für die ethische Normfindung auf weniger als eine Nebenrolle geschrumpft: „Ein konkretes weltethisches Konzept [kann] mit theologischen Mitteln überhaupt nicht entwickelt werden […], die Tatsache, dass christliche Theologie und Pädagogik dies getan haben und immer noch tun, ist kein Argument dagegen."[3]

Normenbegründung ist damit zu einem rein rationalen Unternehmen geworden. Allenfalls sollen die gewonnenen Werte und Normen in einen religiösen Sinnhorizont eingebettet oder mit zusätzlichen religiösen Motiven der Normbefolgung versehen werden. Das Pathos, mit dem diese „Einbettung" beschworen wird, kann jedoch nicht darüber hinwegtäuschen, dass die religiösen Elemente zu bloßem Beiwerk, zu „Stimulantien" geworden sind: „Der christliche Sinnhorizont stellt nicht nur für das konkrete ethische Handeln neue Motivationen bereit, sondern bringt in den Prozess der Herausbildung ethischer Orientierungen und Normierungen unablässig den kritischen und stimulierenden Effekt der Botschaft Jesu ein."[4]

Damit werden theologische und säkulare Ethik nicht nur kommensurabel, sondern weitgehend auch ununterscheidbar: Es gibt nichts mehr, was die Arbeit des theologischen Ethikers von der eines säkularen Ethikers unterscheidet. In der Tat lässt sich vielen theologischen Ethikern mittlerweile ihre Herkunft kaum noch anmerken. Wie in den Zeiten des Marxismus-Leninismus werden die obligaten Loyalitätsbekundungen gegenüber der Ideologie bevorzugt in Präambeln und Anmerkungen versteckt. Katholische Moraltheologen und evangelische Sozialethiker nehmen zu ethischen Zeitfragen als reine Ethiker Stellung, und allenfalls die von ihnen bevorzugten normativen Positionen verraten ihren theologischen Hintergrund. In den USA bekommen theologische Ethiker seit einiger Zeit die Aufforderung zu hören: „Say something theological."[5]

Von anderen wird, um ein letztes Stückchen christlicher Identität zu retten, dennoch immer wieder auf der Eigenständigkeit und Unverwechselbarkeit der christlichen Ethik bestanden. Gibt es ein solches „Proprium"? Da eine „autonome Moral" auf religiöse Moralbegründungen verzichtet, könnte sich dies allenfalls in bestimmten bevorzugten Norminhalten, in spezifisch christlichen Werten finden lassen. Gerade dort aber sucht man es vergebens. Es gibt keinen von theologischen Ethikern im Namen der „autonomen Moral" vertretenen normativen Inhalt, der nicht auch von säkularen Ethikern vertreten würde. Dass einige der Schlüsselbegriffe unserer ethischen Tradition sich *historisch* in engem Zusammenhang mit spezifisch christlichen Vorstellungen entwickelt haben, macht diese Begriffe nicht zu spezifisch christlichen und Theologen nicht zu deren privilegierten Interpreten. Mag etwa auch der Begriff der Menschwürde erst im Zusammenhang mit der christlichen Vorstellung von der Gottebenbildlichkeit des Menschen (sowie der metaphysischen Anthropologie Kants) seine besondere Bedeutung erhalten haben, so haben doch deswegen Christen und Kantianer kein Privileg auf dessen aktualisierende Ausdeutung.

Viele der heute von christlichen Theologen stammenden Beiträge zur Ethik sind schon deshalb in keiner Weise spezifisch „christlich", weil sie sich darauf beschränken, Selbstverständlichkeiten – nach dem „Durchlauferhitzer-Prinzip" – zu emotionalisieren. Mit emphatischen Leerformeln wie „Verantwortung", „Humanität", „Menschenwürde" oder „Gerechtigkeit" werden rhetorische Erfolge eingeheimst, ohne dass ernstlich darangegangen würde, diese Begriffe inhaltlich zu differenzieren und zu konkretisieren. Dass Verantwortung, Humanität, Menschenwürde und Gerechtigkeit ethisch zentrale Begriffe sind, ist ja nicht weiter strittig. Strittig sind ihre konkreten Inhalte, und da fängt das Geschäft der Ethik erst eigentlich an.

Aber auch da, wo sich die christlich-theologische Ethik auf Konkretionen einlässt, lässt sich ein Proprium nicht ausmachen. Charakteristisch ist allenfalls eine gewisse Gegnerschaft gegen den Utilitarismus (obwohl andererseits einige theologische Ansätze, wie etwa Joseph Fletchers Situationsethik[6], dem Utilitarismus nahe kommen). Aber diese Vorbehalte gegen den Utilitarismus finden sich auch in den verschiedensten säkularen Richtungen der Ethik und verdanken sich weithin dem moralischen Common Sense. Verbreitet unter theologischen Ethikern sind die Ablehnung des utilitaristischen Prinzips der gleichen Interessenberücksichtigung und ein Plädoyer für die privilegierte Berücksichtigung der Interessen der jeweils Schlechtestgestellten – quasi in Anlehnung an Matthäus 25, 40: „Was ihr getan habt einem unter diesen meinen geringen Brüdern, das habt ihr mir getan." Aber dieses Moment findet sich auch im „Unterschiedsprinzip" der Gerechtigkeitstheorie von John Rawls.[7] (Hier gibt es auch die – in krassem Gegensatz zu diesem Prinzip stehende – „speziesistische" Vernachlässigung der Interessen leidensfähiger Tiere gegenüber menschlichen Interessen, an der insbesondere viele katholische Ethiker festhalten.)

Ein vorrangiges Anliegen für die meisten christlichen Ethiker ist – im Gegensatz zum Utilitarismus – der Schutz menschlichen Lebens auch in seiner embryonalen und residualen Form, als Embryo, Fötus oder als irreversibel vegetative Existenz. Der protestantische Ethiker Paul Ramsey gehörte zu den ersten und einflussreichsten Kritikern der „verbrauchenden" Forschung an menschlichen Embryonen im Zuge der Entwicklung der In-vitro-Fertilisation.[8] Auf der anderen Seite gehen gerade einige christliche Ethiker wie Daniel Callahan[9] mit der Erlaubnis, nach Erreichen einer „natürlichen" Lebensspanne auf den Einsatz „außergewöhnlicher" lebensrettender Maßnahmen zu verzichten, irritierend freizügig um. Aber auch hier werden dieselben Positionen durchweg und teilweise mit denselben Begründungen von säkularen Ethikern und religiös nicht gebundenen Laienethikern vertreten. Das deutsche Embryonenschutzgesetz, das die Forschung an menschlichen Embryonen und umstrittene Fortpflanzungstechniken wie die Leihmutterschaft verbietet, wäre wohl auch ohne die nahezu geschlossene Ablehnung der neuen Verfahren durch die theologischen Ethiker Gesetz geworden. Ähnliches dürfte für die Abtreibung gelten, die auch ohne die Parteinahme der katholischen Ethiker umstritten wäre, auch wenn der Einfluss der christlichen Kirchen auf die Politik in Deutschland nicht unterschätzt werden darf. (In der Berichterstattung über die Anhörung des Sonderausschusses „Schutz des ungeborenen Lebens" des Deutschen Bundestags am 14. November 1991[10] werden als „ethische Sachverständige" bezeichnenderweise ausschließlich Vertreter der christlich-theologischen Ethik genannt.) Das Potenzialitätsprinzip, auf das sich die meisten theologischen Stellungnahmen stützen, nach dem der befruchteten menschlichen Eizelle als potenzieller menschlicher Person tendenziell dieselben Rechte wie der aktuellen Person zukommen, wird auch von vielen nichtchristlichen Ethikern für plausibel gehalten – mit dem einzigen Unterschied, dass diese es bei der Ableitung der Folgen für die Praxis noch häufiger als die Theologen an Konsequenz fehlen lassen.

Vom Utilitarismus setzen sich die theologischen Ethiker meistens auch durch das Festhalten an bestimmten folgenunabhängigen (deontologischen) Prinzipien der moralischen Handlungsbeurteilung ab, etwa Prinzipien der ausgleichenden Gerechtigkeit („Sühne") und der moralischen Differenzierung zwischen folgengleichem Handeln und Unterlassen. Aber auch damit gewinnt die christlich-theologische Ethik kein eigenständiges Profil. Im Gegenteil: Mit diesen ethischen Präferenzen steht sie der Common-Sense-Moral näher als der in diesen Punkten radikalere Utilitarismus. Dass theologische Ethiker an diesen Prinzipien festhalten, lässt sich auch schlicht als Anpassung an landläufige vortheoretische Intuitionen deuten. Es ist jedenfalls auffällig, wie sehr sich die von theologischen Ethikern vertretenen und häufig als „christlich" definierten Positionen zwischen den nationalen „Ethikkulturen" unterscheiden. Während etwa in Deutschland die christlich-theologische Ethik die *passive* Sterbehilfe auf Verlangen durchweg für moralisch zulässig, die *aktive* jedoch, zumeist ohne nähere Begründung, aber in Übereinstimmung mit dem geltenden Recht, für moralisch unzulässig erklärt, wird diese von dem niederländischen Theologen Kuitert[11], in Übereinstimmung mit der niederländischen Praxis, gerechtfertigt.

Dass die Christlichkeit der christlichen Ethik *nichts* ausschließt – und deshalb auch nichts einschließt –, zeigen die in den letzten Jahren von theologischen Ethikern vorgelegten Ansätze zu einer christlichen *Umweltethik*. Das Dilemma der theologischen Ethik besteht auch hier wiederum darin, dass sie ihre Inhalte gänzlich oder weitgehend aus anderen als den in dieser Hinsicht nicht besonders ergiebigen christlichen Quellen und Traditionen bezieht, dennoch aber für das Resultat dieser Bemühungen eine spezifisch „christliche" Qualität reklamiert. So stellt Bernhard Irrgang in seiner *Christlichen Umweltethik*[12] bereits ganz zu Anfang klar, dass das spezifisch Christliche dieser Ethik weder in den Handlungsnormen noch in der Bewertung der Handlungsfolgen zu finden sei, sondern in einer spezifischen *Ethosform:* Das spezifisch Christliche soll sich weder in den normativen noch in den axiologischen Aspekten der postulierten Umweltethik finden, sondern in den für die praktische Umsetzung dieser Ethik geforderten Haltungen, Einstellungen und Gesinnungen. Ist damit das Christliche bereits aus dem Kern der Ethik verdrängt und in die Randbereiche verwiesen, gelingt es aber nicht einmal, diese Ethosform in irgendeiner Weise dingfest zu machen, geschweige denn als spezifisch christlich auszuweisen. (Hier zeigt sich wieder, dass der unter Theologen endemische „Kult der Undeutlichkeit"[13] nicht stilistisches Unvermögen ist, sondern zwangsläufige Folge eines in sich paradoxen Auftrags.) Zwar ist in diesem Kontext des Öfteren von einem christlichen „Schöpfungsethos" die Rede, aber dieses ist offen für eine Vielzahl gegensätzlicher – und keineswegs spezifisch „christlicher" – Ausdeutungen. Der Schöpfungsbegriff lässt sich mit der physiozentrischen Vorstellung einer alles umgreifenden „Rechtsgemeinschaft der Natur"[14] ebenso gut und ebenso schlecht verbinden wie mit dem biozentrischen Pathos einer Gemeinschaft alles Lebendigen[15] und traditionelleren humanistisch-anthropozentrischen Konzeptionen[16]. Für den einen sind Kernkraftwerke Manifestationen der „Naturvergessenheit"[17], für den anderen eine von vielen legitimen Möglichkeiten der in der „evolutiven Vernunft" der Schöpfung angelegten „Ausweitung der technischen Welt"[18]. Von einem irgendwie *spezifisch* christlichen Schöpfungsethos kann keine Rede sein. Vielmehr wird durch die Vielfalt der Positionen nur Auers Feststellung bestätigt, dass „der Schöpfungsglaube allerdings keine Vorgabe an Wissen darüber [vermittelt], wie das Leben des Einzelnen und die Geschichte im Ganzen konkret zu gestalten sind. Der Glaubende muss genauso wie der Nichtglaubende und mit ihm zusammen nach optimalen Mitteln und Wegen sinnvoller und fruchtbarer Daseinsgestaltung suchen."[19]

Man wird allerdings auch dieser selbstkritischen Diagnose nicht recht froh, sieht man, wie im selben Atemzug der Schöpfungsglaube zum Persilschein umfunktioniert wird, der dank seiner Inhaltsleere *jedem* möglichen Umweltverhalten die Gewissheit vermittelt, mit den Zwecken des Universums in Übereinstimmung zu sein: „Der Glaube an die Schöpfung versichert dem Menschen, dass er sich nicht täuscht, wenn er Vertrauen hat, und dass es ein Sinnzentrum aller Wirklichkeit gibt, von dem her alles Sein und Leben mit ihrer Existenz zugleich auch ihren Sinn und Wert empfangen."[20]

Durch die Wendung zu einer „autonomen" Ethik, die – wie die philosophische Ethik – ihre Quellen „in einer reflektierten Erfahrung und in der Vernunft"[21] findet, büßt die theologische Ethik ihre Eigenständigkeit mehr oder weniger ein. Wird sie dafür zumindest die Schwierigkeiten los, die sich bei der religiösen Moralbegründung zeigten – die Interferenzen von rationaler ethischer Argumentation und nicht rational zu begründender Glaubensbasis? Nicht einmal das. Auf dem zweiten Horn des Dilemmas sitzt es sich letztlich nicht wesentlich bequemer als auf dem ersten.

Mag er sich faktisch auch als philosophischer Ethiker betätigen, bleibt der theologische Ethiker doch zugleich Theologe und damit bestimmten Glaubenswahrheiten verpflichtet – allen voran der Überzeugung von der Existenz Gottes in einem wörtlichen, nicht nur „symbolischen" Sinn. Nonkognitivistische Selbstdeutungen religiöser Überzeugungen, nach denen religiöse Aussagen keinen deskriptiven Wahrheitsanspruch erheben, sondern lediglich „Geschichten" zur Verlebendigung und Vermittlung bestimmter moralischer Maximen darstellen[22], stehen dem Theologen nicht ohne weiteres zur Verfügung: Man ist nicht schon dadurch Christ, dass man christliche Legenden zur Verdeutlichung eigener moralischer Positionen bevorzugt, und von einem christlich-theologischen Ethiker wird man mindestens erwarten dürfen, dass er Christ ist.

Sobald der Vertreter einer „autonomen Moral" die von ihm favorisierten moralischen Normen unabhängig von Glaubensüberzeugungen begründet, besteht zwischen Moral und Glaubenswahrheit keine prästabilierte Harmonie mehr. Die moralischen Wahrheiten, die der theologische Ethiker *als Ethiker* für gerechtfertigt hält, können mit den Glaubenswahrheiten, die er *als Theologe* akzeptiert, in Konflikt geraten. Da das moralisch Richtige nicht mehr definitorisch mit dem von Gott, Jesus oder der Kirche Gewollten oder Gebotenen gleichgesetzt wird, ist es eine offene Frage, ob dieses Wollen den autonom begründeten moralischen Kriterien genügt.

Und diese Frage ist wahrhaftig offen: Ich für meinen Teil sehe mich jedenfalls nicht in der Lage, die Gottesbilder oder das Jesusbild der Bibel mit meinen moralischen Kriterien vereinbar zu machen. Ein patriarchalischer Gott, der die von ihm geschaffenen Menschen erst sündig werden lässt, um sie dann dafür zu richten (oder, alternativ, zu begnadigen), kann ebenso wenig als moralisch vorbildlich gelten wie ein Gottessohn, der im selben Atemzug die Feindesliebe predigt und denjenigen, die dieser so heroischen wie selbstzerstörerischen Norm nicht folgen wollen oder können, das „höllische Feuer" (Matthäus 5, 22) androht. Vor allem wird für eine solche Position das Theodizee-Problem unauflösbar. Wenn Gott der freie Schöpfer dieser Welt ist und die Welt also seinem Willen entspricht, wird durch die Normen einer autonom begründeten Ethik – sofern diese auch nur ein Minimum an kritischem Potenzial behält – ein Maßstab an die Welt angelegt, dem diese nicht oder nur unzureichend entspricht und dem deshalb auch der Wille Gottes nicht entsprechen kann. Der einzige Ausweg, der sich hier anbietet, ist die von John Stuart Mill[23] angedeutete Lösung, die Macht des weiterhin als vollkommen gut gedachten Gottes zu beschränken. Aber dann fragt sich, wieweit ein in seiner Macht beschränkter Gott imstande ist, die für das Religiöse charakteristischen Gefühle von schlechthiniger Abhängigkeit einzuflößen. Ein Ausweg aus dem Dilemma der theologischen Ethik ist auch mit diesem Vorschlag nicht in Sicht.

Edgar Dahl
Die zerbrochenen Tafeln
Das Problem der christlichen Moralbegründung

> *Und da der Herr ausgeredet hatte*
> *mit Mose auf dem Berge Sinai, gab*
> *er ihm zwo Tafeln des Zeugnisses;*
> *die waren steinern und geschrieben*
> *mit dem Finger Gottes.*
>
> 2. Mose 31, 18

Kaum ein Christ glaubt noch daran, dass Gott auf dem Berge Sinai, „mitten aus dem Feuer, aus Wolken und Dunkel, unter lautem Donner"[1], mit Moses gesprochen und ihm dort die „Tafeln des Gesetzes" gegeben habe. Dennoch halten viele Christen an der Überzeugung fest, dass Gott der alleinige Herr über Gut und Böse sei und wir uns in allem seinem Willen zu beugen haben. Für sie hängt daher auch die Frage, ob eine Handlung moralisch richtig oder falsch ist, einzig und allein davon ab, ob sie von Gott gebilligt oder missbilligt wird.

Es ist klar, dass Menschen, die nicht an Gott glauben, einige Schwierigkeiten mit dieser Sichtweise haben. So wird ein Atheist etwa sagen: „Bevor ich bereit bin anzuerkennen, dass, sagen wir, die Empfängnisverhütung falsch ist, weil sie von Gott für falsch befunden worden sei, muss man mich erst davon überzeugen, dass es Gott überhaupt gibt."

Das erste Problem, vor dem ein Christ steht, wenn er andere Menschen für seine moralischen Überzeugungen gewinnen will, besteht also darin, dass er sie zunächst einmal von der *Existenz Gottes* überzeugen muss. Und vor diesem Problem steht er nicht nur, wenn er sich mit Atheisten unterhält, sondern auch dann, wenn er es mit Jainisten, Taoisten, Hinduisten oder Buddhisten zu tun hat – kurz, wann immer er mit Menschen spricht, die seine religiösen Anschauungen nicht teilen. Sie alle zu überzeugen dürfte dem Christen umso schwerer fallen, als man alle bisherigen „Gottesbeweise" als misslungen betrachten muss.[2]

Aber selbst wenn es dem Christen gelingen sollte, seine Zuhörer von der Existenz Gottes zu überzeugen, wäre er noch längst nicht am gewünschten Ziel. Denn nun stünde er plötzlich vor dem altbekannten *Theodizee-Problem*: Wenn Gott tatsächlich allmächtig und allgütig ist, warum gibt es dann so viel Leid und Elend in dieser Welt? Dass dieses Problem unlösbar ist, hat der griechische Philosoph Epikur (341–270 v. u. Z.) bereits vor mehr als 2000 Jahren gezeigt. Er schrieb: Wenn Gott das Böse nicht beseitigen will, dann ist er nicht gut. Wenn er es nicht beseitigen kann, dann ist er nicht allmächtig. Mit anderen Worten: Die Allmacht und Allgüte Gottes sind mit den Übeln dieser Welt logisch einfach nicht vereinbar.[3]

Wenn man das Theodizee-Problem auch nicht lösen kann, so kann man es doch umgehen. Eine Möglichkeit, dies zu tun, besteht natürlich darin zu bestreiten, dass Gott allmächtig sei. In diesem Fall wird man seinen Glaubensgefährten allerdings erklären müssen, wie es komme, dass Gott zwar mächtig genug gewesen sei, diese Welt aus dem Nichts hervorzuzaubern, aber leider zu ohnmächtig, um einer verbrecherischen Kreatur wie Hitler in den Arm zu fallen. Die andere Möglichkeit, das Theodizee-Problem zu umgehen, ist noch unattraktiver, um nicht zu sagen, geradezu verhängnisvoll: Man müsste Gott absprechen, gut zu sein. Aber wenn Gott nicht gut ist, warum dann noch tun, was er von uns verlangt?[4]

Für eine christliche Moralbegründung noch viel problematischer ist das so genannte *Euthyphron-Dilemma*, das der griechische Philosoph Platon (430 bis 347 v. u. Z.) entwickelt hat: Ist die Nächstenliebe gut, weil Gott sie gutheißt, oder heißt Gott die Nächstenliebe gut, weil sie gut ist?[5] Wer sagt, dass die Nächstenliebe nur gut sei, weil Gott sie gutheiße, würde das Urteil darüber, was gut und böse ist, zu einer Sache göttlicher Willkür machen und beispielsweise zugestehen müssen, dass, wenn Gott die Nächstenliebe zufällig für falsch befunden hätte, Nächstenliebe tatsächlich falsch wäre. Wer jetzt sagt, dass Gott die Nächstenliebe nie für falsch befinden würde, weil er ja gut sei, verstrickt sich in eine Tautologie: Denn wenn „gut" nur so viel bedeutete wie „von Gott für gut befunden", würde die Behauptung „Gott ist gut" lediglich besagen, dass Gott „sich selbst für gut befunden hat" – und damit natürlich inhaltsleer werden.[6]

Wer dagegen sagt, dass Gott die Nächstenliebe gutheiße, weil sie tatsächlich gut ist, würde zugeben, dass das Urteil darüber, welche Handlungen gut oder böse sind, vollkommen unabhängig davon ist, ob Gott sie billigt oder nicht. Mit anderen Worten: Er würde eingestehen, dass das, was die Nächstenliebe gut macht, in etwas anderem bestehen muss als in der bloßen Billigung Gottes. So könnte er beispielsweise sagen, dass die Nächstenliebe gut sei, weil sie zu einem friedlichen Miteinander der Menschen beitrage und dass dies auch der eigentliche Grund dafür sei, dass Gott die Nächstenliebe gutheiße. Wer so argumentiert, könnte dann natürlich auch in einem nicht-tautologischen Sinne davon sprechen, dass Gott gut sei. Er würde dann mit der Behauptung „Gott ist gut" nicht mehr nur meinen, dass Gott sich selbst gutheiße, sondern dass Gott das Glück der Menschen zu befördern suche.

Diese Argumentation klingt gewiss viel plausibler. Aber, wie gesagt: Wer sie sich zu Eigen macht, sollte nicht vergessen, dass er damit bestreiten würde, was er zuvor behauptet hatte. Hatte er zuvor noch gesagt, dass die Frage, ob eine Handlung moralisch richtig ist, allein davon abhänge, ob Gott sie billige, würde er nun sagen, dass dies allein davon abhänge, ob sie zum Glück der Menschen beitrage. Indem er nicht mehr die „Billigung Gottes", sondern das „Glück der Menschen" zum Kriterium des moralisch Richtigen nähme, würde er von der Moral*theologie* zur Moral*philosophie* gewechselt haben und nun auch zugeben müssen, dass moralische Probleme ohne jede Berufung auf Gott gelöst werden können.

Ein Christ könnte nun natürlich sagen: „Gut, ich sehe ein, dass es nicht die Billigung Gottes ist, die eine Handlung gut macht, sondern die Tatsache, dass sie das Wohl der Menschen befördert. Das bedeutet aber noch lange nicht, dass Gottes Urteil nun überflüssig geworden wäre. Ganz im Gegenteil! Da Gott ja nicht nur allmächtig und allgütig, sondern zudem noch allwissend ist, weiß er einfach besser als wir, was unser Glück befördert. Wir sollten also Gottes Urteil berücksichtigen, weil uns seine Allwissenheit garantiert, dass das, was er billigt, tatsächlich das ist, was das Glück der Menschen befördert."

Das klingt zunächst einmal vernünftig. Unter der Voraussetzung, dass Gott tatsächlich existiert und wirklich die Eigenschaften besitzt, die ihm für gewöhnlich nachgesagt werden, würde das, was Gott billigt, stets mit dem zusammenfallen, was das Glück der Menschen befördert. Dennoch: Der Vorschlag, uns auf Gottes weisen Ratschluss zu verlassen, stellt uns sogleich vor ein neues Problem, nämlich das der *Offenbarung Gottes*: Woher wollen wir eigentlich wissen, was Gott will?

Die Antwort scheint zunächst einfach: „Natürlich aus der Bibel!" Offizieller Lehrmeinung zufolge ist die Heilige Schrift ja tatsächlich das „geoffenbarte Wort Gottes". So heißt es zum Beispiel im Katechismus der katholischen Kirche: „Das von Gott Geoffenbarte, das in der Heiligen Schrift enthalten ist, ist unter dem Anhauch des Heiligen Geistes aufgezeichnet worden; denn aufgrund apostolischen Glaubens gelten unserer heiligen Mutter, der Kirche, die Bücher des Alten wie des Neuen Testaments in ihrer Ganzheit mit allen ihren Teilen als heilig und kanonisch, weil sie, unter der Einwirkung des Heiligen Geistes geschrieben, Gott zum Urheber haben und als solche der Kirche übergeben sind."[7]

Die Bibel, wie es auch die evangelisch-lutherische Kirche bekennt, zum „einzigen Richter, Regel und Richtschnur" darüber zu machen, welche „Lehren [...] gut oder bös, recht oder unrecht seien"[8], erweist sich jedoch als schwieriger, als man zunächst denken mag. Zum einen gibt die Bibel über die meisten Probleme, die uns heute beschäftigen, keinerlei Auskunft. Man denke nur einmal an die Frage, wie wir mit der Kernenergie, der Gentechnologie, der Stammzellforschung und anderen Möglichkeiten des wissenschaftlichen Fortschritts umgehen sollten.[9] So angenehm, ja bequem es auch wäre, diesbezüglich

Gottes weisen Ratschluss einholen zu können, hat er sich darüber doch leider ausgeschwiegen.

Zum anderen aber – und das ist noch viel wichtiger – wird Gott in der Bibel nicht unbedingt als besonders vertrauenswürdig beschrieben. Wer das „Wort Gottes" nur aus der sonntäglichen Messe kennt, mag den „Schöpfer des Himmels und der Erden" als „barmherzigen Vater" kennen gelernt haben. Wer die vom „Heiligen Geist inspirierten Schriften" jedoch gründlicher liest, wird die bittere Erfahrung machen müssen, dass „der Gott der Liebe" noch ein zweites Gesicht hat. So zeigt ihn die Bibel beispielsweise auch als den „Würger der Erstgeborenen" (Hebräer 11, 28); als den Gott, der unschuldige Kinder töten lässt, nur um einen verstockten Pharao zu strafen (2. Mose 12, 29 f.); der den Richter Jephta als Held des Glaubens preist, weil er ihm seine Tochter opfert (Hebräer 11, 32); der Abrahams Gehorsam prüft, indem er ihn auffordert, seinen Sohn zu töten (1. Mose 22, 1 f.); der spricht: „Wohl dem, der deine Kinder packt und sie am Felsen zerschmettert" (Psalm 137, 9); und der immer wieder zu Blutbädern und Vernichtungskriegen aufruft: „So spricht der Herr der Heerscharen: Schlage Amalek und vollstrecke den Bann an ihm und allem, was es hat; schone seiner nicht, sondern töte Männer und Frauen, Kinder und Säuglinge" (1. Samuel 15, 27).[10] – Angesichts solcher Ungeheuerlichkeiten muss jeder Christ, der die Güte Gottes verteidigen will, wohl oder übel bestreiten, dass die Bibel tatsächlich das „Wort Gottes" ist.

Viele Christen werden vermutlich einen „Kompromiss" vorschlagen, indem sie zugestehen, dass die Bibel nicht „in ihrer Ganzheit mit allen ihren Teilen" das Wort Gottes ist, aber doch darauf beharren, dass zumindest einige Passagen „Gott zum Urheber" haben. Zweifellos werden das jene Passagen sein, in denen Gott als gut, gnädig und barmherzig geschildert wird. Indem sie die Bibeltexte aber nach moralischen Kriterien beurteilen, stellt sich sofort die Frage: Wozu der ganze Aufwand, wenn wir uns ohnehin auf unser eigenes moralisches Urteil verlassen? Oder anders gefragt: Welchen Sinn sollte es haben, herauszufinden, was Gott gutheißt, wenn wir Gott sowieso nur gutheißen lassen, was *wir* gutheißen? Nehmen wir ein Beispiel:

Im 3. Buch Mose, Kapitel 20, Vers 13, steht, dass Homosexuelle „des Todes sterben sollen". Abgesehen von einigen Fundamentalisten werden die meisten Christen vermutlich sagen, dass dies kein „echter" Befehl Gottes sei. Aber warum? Weil sie meinen, dass Gott nicht gut sein kann, wenn er Homosexuelle wirklich töten lassen will. Und warum? Weil es *ihrer* Auffassung nach nicht gut ist, Homosexuelle einfach zu töten. Diese Überlegung aber zeigt, dass es reine Zeitverschwendung ist, lange in der Bibel zu blättern, wenn wir uns letztlich doch nur auf unser eigenes Urteil stützen.

Wenn wir den Willen Gottes also nicht in der Heiligen Schrift bezeugt finden, wo finden wir ihn dann? Vielleicht in den Verlautbarungen der Kirche?

Die Kirche hat viele schöne Worte für sich gefunden. So bezeichnet sie sich beispielsweise als die „Braut Christi", die „Himmelsleiter zu Gott" oder – noch poetischer – als „das Schiff, das da sicher auf hoher See fährt, mit den Segeln am Mastbaum des Kreuzes, die sich blähen im Sturmwind des Heiligen Geistes".[11] Trotz dieser schönen Worte sollte jedoch klar sein: Wer sich, statt auf die Autorität der Bibel, auf die Autorität der Kirche beruft, gerät schnell vom Regen in die Traufe. Denn wer möchte angesichts der Kreuzzüge, der Hexenverbrennungen oder der Ketzerverfolgungen noch sagen: „Wo die Kirche, da ist der Geist Gottes, und wo der Geist Gottes, da ist die Kirche"?[12]

Hat das „Euthyphron-Dilemma" gezeigt, dass wir moralische Probleme ohne jede Berufung auf Gott lösen *können*, so zeigen die Überlegungen zur „Offenbarung Gottes", dass wir moralische Probleme auch ohne jede Berufung auf Gott lösen *sollten*. Denn eines dürfte klar geworden sein: Wenn sich der Wille Gottes darin offenbart, was die Bibel sagt, oder gar darin, was die Kirche tut, dann ist Gott offenbar kein Wesen, das wirklich das Glück der Menschen zu befördern sucht. Wer sich dieser – zugegebenermaßen blasphemischen – Schlussfolgerung entziehen will, dem bleibt wohl nichts anderes übrig, als zu leugnen, dass sich der Wille Gottes offenbart hätte. Daraus ließe sich dann aber nur der Schluss ziehen, dass wir moralische Probleme sogar ohne jede Berufung auf Gott lösen *müssen*.

Natürlich könnte es noch andere Quellen göttlicher Offenbarung geben. So könnte es z.B. sein, dass Gott sich einigen Menschen persönlich offenbart. Tatsächlich gibt es immer wieder Menschen, die behaupten, von Gott „erleuchtet" worden zu sein. Einige von ihnen wollen den Befehl erhalten haben, all ihre Reichtümer hinzugeben, andere dagegen, ihren Sohn zu opfern. Wie aber entscheiden wir, wer tatsächlich einen göttlichen Befehl erhalten hat? Wenn wir die Glaubwürdigkeit solcher „Offenbarungserlebnisse" nach moralischen Kriterien beurteilen, gelangen wir zu demselben Ergebnis, zu dem wir schon bei den Bibelstellen gekommen sind: Es ist reine Zeitverschwendung, sich mit persönlichen Offenbarungen abzugeben, wenn wir letztlich doch nur solche Offenbarungen anerkennen, von denen wir sagen können, dass sie unserem moralischen Urteil entsprechen.

Viele Christen verstehen ihr „Christsein" heute nur noch in einem moralischen Sinn. Das heißt, sie glauben gar nicht mehr „an Gott, den Vater, den Allmächtigen, den Schöpfer des Himmels und der Erde", noch an die „Vergebung der Sünden, Auferstehung der Toten und das ewige Leben", wie es das Apostolische Glaubensbekenntnis eigentlich verlangt, sondern nur noch daran, dass Jesus ein einzigartiger und in jeder Hinsicht vorbildlicher Mensch war. Sie meinen, ein Christ zu sein bedeute, so zu leben, wie Jesus lebte.

Wie sich leicht denken lässt, nimmt kaum einer dieser Christen Jesus wirklich beim Wort. So sind die meisten von ihnen beispielsweise nicht bereit, all ihre Reichtümer hinzugeben oder, nachdem sie auf die eine Wange geschlagen worden sind, auch noch die andere hinzuhalten. Doch das ist nicht der Punkt. Der Punkt ist, ob wir nicht eine „christliche Ethik" vertreten sollten, deren ganzer Inhalt darin besteht, wenigstens zu versuchen, so zu leben, wie Jesus lebte?

Abgesehen davon, dass es sich bei einer solchen Ethik um gar keine theologische Ethik mehr handeln würde und wir sie besser „Jesuanische Ethik" statt „christliche Ethik" nennen sollten, ist sie einer Vielzahl von Problemen ausgesetzt. Zunächst einmal scheint man ganz zu vergessen, dass wir darüber, wie Jesus wirklich lebte, so gut wie gar nichts wissen. Die Evangelien, die über Jesu Leben berichten, sind ja alles andere als autorisierte Biographien. Sie sind, wie es die historisch-kritische Theologie ausdrückt, nur „Anekdotensammlungen", reine „Erbauungs- und Unterhaltungsgeschichten", verfasst von Autoren, die „nicht Geschichte schreiben, sondern Evangelium predigen"[13] wollten. Da die Evangelisten also nicht in historischer, sondern vor allem in missionarischer Absicht schrieben, können wir nur zu dem Schluss gelangen, zu dem schon der Neutestamentler Hans Conzelmann gelangte: „Wenn wir ein Lebensbild Jesu nachzeichnen wollen, dann bleibt uns nur wenig Stoff. Ob wir das bedauern, ist bedeutungslos. Wir haben das Ergebnis der philologischen Textanalyse ohne Rücksicht auf Gefühle und Wünsche festzustellen."[14]

Viel entscheidender aber ist, dass die Jesuanische Ethik auf einem Irrtum beruht. Denn zu dem Wenigen, das wir über Jesus sicher wissen, gehört, dass er vom baldigen, ja unmittelbar bevorstehenden Weltuntergang überzeugt war und fest damit rechnete, dass das „Jüngste Gericht" und das „Reich Gottes" schon in Kürze kommen werden.[15] So verkündete er seinen Jüngern beispielsweise: „Wahrlich, ich sage euch: Unter denen, die hier stehen, sind einige, die den Tod nicht kosten werden, bis sie das Reich Gottes in Kraft kommen sehen."[16]

Jesu Erwartung, dass das Reich Gottes nahe sei, erklärt nicht nur manche ungewöhnlich harte Forderung, wie zum Beispiel, dass man die Toten ihre Toten begraben lassen solle, dass man alles, was man habe, unverzüglich verkaufen möge oder sich nicht mehr scheiden lassen dürfe, sondern auch, warum er sich zu so wichtigen sozialen Fragen wie die der Gleichberechtigung der Frau, der Sklaverei, der Todesstrafe oder den Krieg überhaupt nicht geäußert hat. Angesichts des bevorstehenden Strafgerichts und des kommenden Gottesreiches gab es einfach Wichtigeres zu tun, als Tote zu begraben, Schätze anzuhäufen oder gar Ehen zu scheiden. Wozu noch lange erörtern, wie man sich in dieser Welt einzurichten habe, wenn diese Welt ohnehin dem Untergang geweiht ist?[17]

Was Wunder also, dass uns die Jesuanische Ethik bei den moralischen Problemen unserer Generation schlichtweg im Stich lässt: Sie war für eine Generation vor 2000 Jahren bestimmt, für eine Generation, von der Jesus glaubte, dass es die letzte sein würde. Es wäre daher auch vollkommen verfehlt, wollte man sich von ihm irgendeinen Rat darüber erwarten, wie wir Probleme der Gegenwart – Probleme wie die Präimplantationsdiagnostik, die Xenotransplantation oder das Klonen – lösen können.

Nach alledem sollten, denke ich, auch Christen einsehen, dass wir die Regeln, die uns ein friedliches Zusammenleben ermöglichen, selbstständig finden müssen und dass wir die Verantwortung dafür nicht länger auf Gott abwälzen können.[18]

Dass wir die Regeln für ein friedliches Zusammenleben selber finden müssen, ist freilich leichter gesagt als getan. Mehr noch: Selbst wenn wir die entsprechenden Regeln finden, stellt sich sogleich die Frage, warum die Menschen sie eigentlich befolgen sollten? Denn ohne einen Gott, der die Gehorsamen belohnt und die Ungehorsamen bestraft, scheint es schließlich keinen vernünftigen Grund mehr zu geben, sich noch an irgendwelche Regeln zu halten. Oder, wie Dostojewskij es in seinem Roman *Die Dämonen* ausdrückte: „Wenn es keinen Gott gibt, dann ist alles erlaubt!"

Tatsächlich ist es ein unleugbarer Vorzug der christlichen Ethik gewesen, dass sie uns nicht einfach nur „Tafeln des Gesetzes" gegeben hat, die uns sagten, was wir tun und lassen sollten, sondern uns zudem auch einen guten Grund dafür lieferte, diese Gesetze zu respektieren: Wer die Gesetze achtet, hieß es, kommt in den Himmel, wer sie missachtet, kommt in die Hölle. Es war daher in jedermanns Interesse, die von Gott gegebenen Gesetze zu befolgen. Wenn wir der christlichen Ethik nun den Rücken kehren, scheinen wir also vor einem Problem zu stehen: Es scheint, als müssten wir mit Gott auch seine Gebote aufgeben.

Doch der Schein trügt! Um Gebote wie „Du sollst nicht töten!", „Du sollst nicht stehlen!" oder „Du sollst nicht lügen!" zu begründen, bedarf es keines Gottes, der am Jüngsten Tag über alle Menschen zu Gericht sitzt. Wie sich mithilfe einer einfachen Überlegung zeigen lässt, ist es durchaus im Interesse jedes Einzelnen, wenn in unserer Gesellschaft bestimmte Gebote befolgt werden. Nehmen wir etwa das Gebot „Du sollst nicht töten!": Jeder mag gelegentlich das Interesse haben, einen anderen zu töten. Weitaus größer als das Interesse, gelegentlich zu töten, ist jedoch unser Interesse, nicht selbst getötet zu werden. Da der Nachteil, nicht töten zu dürfen, von dem Vorteil, nicht getötet zu werden, mehr als aufgewogen wird, hat also jeder von uns einen guten Grund, sich für ein allgemeines Tötungsverbot auszusprechen.

Dass ein generelles Tötungsverbot in unser aller Interesse ist, ist freilich noch keine Gewähr dafür, dass es auch tatsächlich von jedem Einzelnen befolgt wird. Schließlich steht immer zu befürchten, dass es einige Menschen geben wird, die sich zwar an dem Nutzen, nicht aber an den Kosten des Tötungsverbots beteiligen wollen. Um sicherzustellen, dass es wirklich von allen befolgt wird, ist es daher in jedermanns Interesse, das Tötungsverbot sowohl mit moralischen als auch mit rechtlichen Sanktionen zu versehen. Denn erst die Sanktionen von Moral und Recht, die von Lob und Tadel bis zu Schuld und Strafe reichen, können für den Regelfall gewährleisten, dass das Tötungsverbot tatsächlich von jedem Einzelnen befolgt wird.

Was hier vom Gebot „Du sollst nicht töten!" gezeigt wurde, ließe sich auch von einer Reihe weiterer moralischer und rechtlicher Forderungen zeigen: Niemanden zu verletzen, die Wahrheit zu sagen, fremdes Eigentum zu respektieren, gegebene Versprechen zu halten, in Not Geratenen zur Hilfe zu eilen – all dies sind Regeln, deren allgemeine Befolgung in jedermanns Interesse ist und zu deren Rechtfertigung es daher weder der Verheißung eines Himmels noch der Androhung einer Hölle bedarf.[19]

In dieser Sicht sind Moral und Recht also keine Schöpfung Gottes, sondern eine Schöpfung des Menschen. Sie haben die ganz weltliche und zugleich doch so wichtige Aufgabe, menschliche Interessenkonflikte zu lösen. Wie schon angedeutet, tragen Moral und Recht hierzu im Wesentlichen auf dreierlei Weise bei – und zwar durch die Formulierung, Internalisierung und Sanktionierung von Regeln, deren allgemeine Befolgung in jedermanns Interesse ist.

Diese hier nur knapp skizzierte Auffassung von Moral und Recht ist weithin als „Kontraktualismus" bekannt.[20] Obwohl sich seine Ursprünge bis zu den Griechen zurückverfolgen lassen, sind seine historisch bedeutendsten Vertreter doch zweifellos die englischen Philosophen Thomas Hobbes (1588–1679)[21] und David Hume (1711–1776).[22] Der Kontraktualismus hat eine Vielzahl von Vorzügen: Er kann uns – ohne jeden Rückgriff auf Metaphysik – erklären, warum es Moral und Recht überhaupt gibt, warum sie jene Regeln enthalten, die sie tatsächlich enthalten, und warum es vernünftig ist, diese Regeln zu befolgen – es sind, wie schon mehrfach betont, Regeln, die zu respektieren in unser aller Interesse ist und ohne die, um es mit Thomas Hobbes berühmten Worten zu sagen, unser Leben „einsam, armselig, ekelhaft, tierisch und kurz" wäre.[23]

Adolf Grünbaum
Das Elend der theistischen Moral[1, 2]

In einer Zeit beträchtlicher Uneinigkeit und moralischen Aufruhrs in der Gesellschaft hält mancherorts die Tendenz an, ethische Patentlösungen in Umlauf zu bringen. Häufig heißt es, der Gottesglaube gestatte die Lösung unserer moralischen Drangsale, wohingegen der säkulare Humanismus sie lediglich verschlimmere, moralischen Niedergang und zivilisatorischen Verfall im Schlepptau. Diese Behauptungen haben es in den Vereinigten Staaten nachgerade zu einem politischen Evangelium gebracht.

Mit feierlichem Nachdruck bürdete William A. Rusher, der frühere Herausgeber der *National Review*, dem säkularen Humanismus die Verantwortung auf für eine Erscheinung, die er als die Amoralität des Großstadtmenschen bezeichnet.

Wie wir sehen werden, grassieren in unserer Kultur in der Tat selbstgefällige und politisch beschwörende Proklamationen der moralischen Überlegenheit des Theismus gegenüber dem säkularen Humanismus, und zwar in folgender Weise:

i. Der Theismus ist normativ unentbehrlich für die Akzeptanz moralischer Forderungen.
ii. Der religiöse Glaube an den Theismus ist motivational notwendig, im Sinne einer psychologischen Tatsache, um die Befolgung moralischer Standards in der ganzen Gesellschaft sicherzustellen.
iii. „Der säkulare Humanismus ist hirntot." (Irving Kristol)
iv. „Sich Gottes zu entledigen, bedeutet die Auflösung von allem. Jeder Text wird fadenscheinig, jede Interpretation zur Fehlinterpretation, jeder Schwur zum Betrug" (so Richard John Neuhaus). In derselben Tonart hat Dostojewski uns früher gesagt: „Wenn Gott nicht existiert, ist alles erlaubt." Für eben diese Thesen tritt auch die neue jüdische Zeitschrift *Ultimate Issues* ein.[3]

Anlässlich der Republican National Convention in Houston im August 1992 erklärten Pat Buchanan und Pat Robertson einen Religionskrieg gegen den Säkularismus in unserer Gesellschaft. Und George Bush, postiert vor dem Schriftzug „GOTT", versuchte demagogisch, die Wählerschaft für sich einzunehmen, indem er beklagte, dass das Wort „GOTT" auf der Wahlplattform der Demokratischen Partei fehle! Sogar der philosophisch gebildete William

Bennett, ehemaliger Erziehungssekretär und Antidrogen-Zar, intonierte kämpferisch das Lied von den angeblich religiösen Grundlagen der Demokratie.

Alarmiert von diesen plumpen, wenn nicht böswilligen Angriffen auf den säkularen Humanismus, werde ich die begrifflichen Beziehungen zwischen den theologischen und moralischen Komponenten der relevanten religiösen Glaubensbotschaften untersuchen und in meine Folgerungen für den säkularen Humanismus einbeziehen.

In einer freien Gesellschaft haben die Lieferanten religiöser Patentrezepte natürlich jedes Recht, ihren Gläubigen zu predigen und alle anderen auf ihre moralischen Verfügungen aufmerksam zu machen. So ist der Papst berechtigt, den Gebrauch so genannter „künstlicher" Verhütungsmittel zu verurteilen, im Gegensatz zur Methode der Bestimmung fruchtbarer und unfruchtbarer Tage im weiblichen Zyklus. Doch immer fordern die säkularen Humanisten die Berechtigung, das päpstliche Verbot als barbarisch zu betrachten, nicht nur in sexueller, sondern auch in demographischer Hinsicht, und sei es nur darum, weil es zur Bevölkerungsexplosion und gleichzeitig zur ökologischen Verwüstung beiträgt, vor allem in den Drittweltländern Südamerikas und Afrikas.

In der ehemaligen Enzyklika *Veritatis Splendor* bestätigt Johannes Paul II. leider von neuem seine Opposition gegen künstliche Geburtenkontrolle und Scheidung. Aber er ist taub für die missliche Lage von katholischen Familien, bei denen die Überwachung der so genannten unfruchtbaren Zeiten *aus biologischen Gründen versagt hat.*[4]

Der Nobelpreisträger M. F. Perutz wies in Bezug auf die Enzyklika *Casti Connubii* des Papstes Pius XII. aus dem Jahre 1930 und der *Humanae Vitae* (1965) des Papstes Paul VI. nach, dass „aufeinander folgende Päpste verfügt haben, dass verheiratete Paare, die ein Bett teilen, strikte Enthaltsamkeit praktizieren müssen, es sei denn, sie wünschen sich ein Kind; dies mit der widerstrebend eingeräumten Ausnahme des kurzen unfruchtbaren Zeitraumes der Frau vor und nach der Menstruation"[5] Und Perutz folgert daraus: „Solche unmenschlichen Forderungen können nur in den Köpfen von ledigen alten Männern entstehen, die ihren eigenen Neid auf verheiratete Paare mit der Stimme Gottes verwechseln."

Erfrischenderweise besuchte der Erzbischof von Canterbury, George Carey, vor dem Erde-Gipfeltreffen in Rio de Janeiro Papst Johannes Paul II. mit dem dringenden Anliegen, dass der Kirchenbann über die Geburtenkontrolle schlecht für den Planeten sei und aufgegeben werden sollte. Ebenso machte Carey „das dominante Dogma der katholischen Kirche" verantwortlich für die Streichung der Bevölkerungskontrolle aus der Agenda des 160 Nationen umfassenden Gipfeltreffens.[6] Jedenfalls spricht Gott bezeichnenderweise sogar inmitten des orthodoxen Christentums kaum mit einer einzigen Stimme über die Moralität künstlicher Geburtenkontrolle.

Gleichwohl greifen auch heutigentags die Verfechter theistischer Moral erneut unbekümmert zum Mittel politischer Einschüchterung, um jene zum Schweigen zu bringen, die Sidney Hooks Vorstellung teilen: „Was auch immer an der westlichen Kultur nicht in Ordnung ist, es gibt dagegen keine religiösen Heilmittel, weil alle schon ausprobiert worden sind."[7] Sowohl Christen als auch Juden versuchen es in unserer Gesellschaft mit derartigen Druckmitteln.

Das Kernstück religiöser Glaubensbekenntnisse, die als angeblich fundamental für private wie für öffentliche Moral gelten sollen, ist der Theismus: Der Glaube an die Existenz eines allgütigen, allmächtigen und allwissenden Gottes, dem das Universum zu allen Zeiten seine Existenz verdankt und der verschieden wie auch unabhängig von Seiner Schöpfung ist. Wir hören, dass diese theistische Doktrin als Quelle bedeutungsvoller ethischer Vorschriften normativ unentbehrlich ist, auch wenn die Präsenz moralischen Übels, das nicht Menschen verursachen, die Zuschreibungen göttlicher Allmacht und Allgüte massiv in Frage stellt.

Entsprechend argumentierte Immanuel Kant im 18. Jahrhundert, dass die Realisierbarkeit der Moral, *wie von ihm ausgelegt*, den Gott des Theismus und menschliche Unsterblichkeit als deren Bürge verlange. Ohne die geringste Bemühung, unterstützende Statistik zu liefern, versichert man uns darüber hinaus oft, als handle es sich um ein empirisches Faktum, dass wenigstens für die große Mehrheit der Menschen der religiöse Glaube *motivational notwendig sei*, um die Befolgung moralischer Normen, soweit sie tatsächlich besteht, sicherzustellen.

Kurz gesagt, die theistische Patentlösung besteht darin, ihre spezifische Religion für normativ und bezeichnenderweise auch motivational unentbehrlich für eine Art moralischer Lebensführung und bürgerlichen Wohlstand zu erklären. Meine Bedenken, die ich hier anbringe, beziehen sich natürlich nicht auf die Grundsätze eines vollständig atheistischen und dennoch eingestandenermaßen religiösen Humanismus, wie sie der klassische Buddhismus und vielleicht einige andere fernöstliche Religionen verkörpern. Es genügt wohl, wenn ich sage, dass diese Grundsätze gleicher Färbung wie der säkulare Humanismus sind und daher hier kein Kernproblem aufwerfen.

Ich möchte auf die verschiedenen Modifikationen oder angeblichen Rekonstruktionen des oben umschriebenen klassischen Theismus aufmerksam machen. Gemäß einer Auslegung der Genesis enthält dieses Buch keine Zuschreibung göttlicher Allmacht und Allgüte. Und deren ausdrückliche Verneinung stammt von modernen religiösen Denkern wie zum Beispiel Hermann Cohen (von der Marburger Schule), der nach der Jahrhundertwende einen dominierenden Einfluss auf die deutsch-jüdische Philosophie hatte, und von den amerikanischen protestantischen Theologen Edgar Brightman und Charles Hartshorne. In einigen dieser Auslegungen ist Gott mächtig, aber nicht der „Allmächtige", und er ist gut, aber nicht moralisch perfekt. In diesem Verständnis wird Gottes Verantwortung für die Welt beträchtlich eingeschränkt.

Jedoch liefern uns diese Theisten ebenso wenig eine Bestandsaufnahme dessen, was Gott kann oder nicht kann, wie ein Verzeichnis der Tugenden, welche er besitzt bzw. nicht besitzt. Kann Gott zum Beispiel todkranke Menschen heilen, deren Angehörige Bittgebete zur Genesung an Ihn richten? Wenn nicht, sind solche Gebete dann nicht eine Falle und ein Wahn? Und warum haben die „anti-omni"-Theisten nicht eine ernüchternde Warnung an die Gläubigen, die Bittgebete sprechen, gerichtet? Es sieht so aus, als bewirkten deren Modifikationen des klassischen Theismus ein eskapistisches, immunisierendes Manöver. Es dient als ein *asylum ignorantiae* angesichts der Herausforderung einer Theodizee, welche die Existenz von moralisch Bösem, das nicht von menschlichen Handlungen herrührt, mit den Zuschreibungen göttlicher Allmacht und Allgüte versöhnt.

Schlimmer noch: Einige der vorgeschlagenen Rekonstruktionen des Theismus verdrehen ihre Doktrin ins bloße Geschwätz. Was soll man etwa zu Paul Tillich sagen, der erklärt, die Behauptung der Existenz Gottes sei eher sinnlos als falsch, und was zu Martin Bubers widersprüchlicher Behauptung, Gott existiere nicht *per se*, sondern nur im Ich-Du-Kontext der Menschen? Buber scheint aus Gott ein eigentliches Phantasieprodukt der menschlichen Einbildung à la Feuerbach zu machen. In der Tat, angesichts von Karl Barths „gänzlich anderem" Gott und Moses Maimonides' Nein: „man kann Gott *keinerlei* menschlich wahrnehmbare Eigenschaften prädizieren" (die *via negativa*), wird all dieses unausrottbar schiefe Gottgerede im besten Falle zum weitschweifigen Schwindel, wenn nicht gar zu dummem Geschwätz.

Was zum Beispiel wird hier aus Gott, dem Schöpfer des Universums, im Eröffnungssatz des Buches Genesis? Und warum sollten wir eine derartige Rekonstruktion des Alten und des Neuen Testaments nicht als Fall von sprachlich irreführender sozialer Manipulation oder von Bevormundung der „Massen" der Gläubigen betrachten, wenn nicht als Grenzfall einer Denk-Pathologie? Diejenigen, die, bedrängt von Zweifeln über den biblischen Gott, sich auf der Suche nach Sicherheit an Maimonides' *Führer der Unschlüssigen* wenden, finden ihre Hoffnungen zerschlagen durch falsche Reklame. Wie Freud in einem anderen Kontext in *Die Zukunft einer Illusion* treffend formulierte:

> *Philosophen überdehnen die Bedeutung von Worten, bis diese kaum etwas von ihrem ursprünglichen Sinn übrig behalten, sie heißen irgendeine verschwommene Abstraktion, die sie sich geschaffen haben, „Gott" und sind nun auch Deisten, Gottesgläubige vor aller Welt, können sich selbst rühmen, einen höheren, reineren Gottesbegriff erkannt zu haben, obwohl ihr*

Gott nur mehr ein wesenloser Schatten ist und nicht mehr die machtvolle Persönlichkeit der religiösen Lehre.[8]

Paul Tillich zum Beispiel wird als Lutheraner betrachtet, auch wenn „Gott" für ihn nur ein Kürzel für eine Sammlung von „endgültigen" menschlichen Angelegenheiten darstellt.

Warum dann nicht all diese biblischen Diskussionen über einen einzigen oder dreifaltigen persönlichen Gott „jenseits aller Namen", der Schöpfer des Universums und des Menschen ist, der seine Schöpfung hegt und pflegt und in den Gang der Geschichte eingreift, fallen lassen? Und warum nicht einen Kodex sozialer Gerechtigkeit bewahren, wie der große Jesaia des prophetischen Judentums ihn aufstellte? Eine solche „Säuberungsaktion" würde natürlich dahin gehen, den säkularen Humanismus zu akzeptieren. Genau diese Herausforderung veranlasst einige konfessionelle Theisten, sich davon explizit zu distanzieren, sogar vom *„religiösen Humanismus"*. In diesem Sinne schrieben die katholischen Laien-Herausgeber der *New Oxford Review*:

> *Der Vatikan wettert gegen Abtreibung, Tyrannen, außerehelichen Geschlechtsverkehr, Konsumterror, theologische Dissidenten, ungehorsame Priester und Nonnen und dergleichen. Aber wo ist das Fleisch beim Knochen? Wir bekommen Brosamen – und Platitüden. Wir hören kaum etwas über die Botschaft der Kirche zu Abtreibung, Euthanasie, Homosexualität, vorehelichem Sex, Pornographie, zur Unauflöslichkeit der Ehe – „zu kontrovers". Geburtenkontrolle und Hölle sind Tabuthemen, Populärpsychologie und Wohlfühl-Theologie sind „in". Sünde ist „out", man wundert sich nur, warum Christus sich die Mühe machte, sich kreuzigen zu lassen. Wir von der* New Oxford Review, *einem Monatsmagazin von Laien-Katholiken, sagen: Genug! Wir lehnen es ab, den Wein des Katholizismus ins Wasser des religiösen Humanismus zu gießen.*[9]

Leider ist der säkulare Humanismus erneut zur Zielscheibe, wenn nicht sogar zum Gegenstand totaler Verleumdung durch selbstdeklarierte klassische Theisten geworden. Ich werde darum im Folgenden die bloß *nominalen* Theisten, die nicht mit dem philosophischen Naturalismus und Atheismus in Fehde liegen, ignorieren.

In der Tonart der Fehde meinte Henry Grunwald, ein früherer Chefredakteur von *Time* und ehemaliger US-Botschafter in Österreich:

> *Säkularer Humanismus (ein respektabler Ausdruck, auch wenn er ein Schimpfwort des rechten Flügels geworden ist) bestand stur darauf, dass*

Moral nicht auf dem Übernatürlichen basieren muss. Aber schrittweise wurde klar, dass Ethik ohne die Sanktion einer höheren Autorität einfach nicht zwingend war.[10]

Und um die angebliche Moralanarchie, entstehend aus dem säkularen Humanismus, zu akzentuieren, zitiert Grunwald zustimmend Chestertons Diktum:

Wenn Menschen aufhören, an Gott zu glauben, glauben sie nicht an nichts, sie glauben an alles.

Einen ähnlichen Ton moralischer Selbstbeglückwünschung für den Theismus schlägt, wie wir sehen werden, Irving Kristol an, der meint, dass der „säkulare Rationalismus ... nicht in der Lage [war], einen zwingenden, sich selbst rechtfertigenden Moralkodex [zu] produzieren",[11] während der Theismus dies angeblich getan haben soll. Ich werde diese Behauptung der moralischen Fruchtbarkeit des Theismus kategorisch verneinen.

Diese abschätzige Haltung dem Atheismus gegenüber ist sogar in der ethisch abfälligen zweiten Bedeutung des Begriffs „Atheist" in *Webster's Dictionary* aufgeführt: „Eine gottlose Person; jemand, der unmoralisch lebt, als würde er nicht an Gott glauben."

Ferner wird heute argumentiert – etwa in einem Artikel über den „amerikanischen Heiligen Krieg"[12] –, dass die Trennung von Kirche und Staat in den USA zu weit gegangen sei: „Die Identität einer Nation wird durch Moral aufrechterhalten und Moral durch den Glauben",[13] dabei gilt „Glaube" als Glaube im Sinne der theistischen Hauptreligionen. Diese gefällige Position wird durch Chief Justice Rehnquist vom U. S. Supreme Court verkörpert, der meint, dass die Mauer zwischen Kirche und Staat, die auf „schlechter Geschichte" basiere, „offen und explizit aufgegeben werden"[14] soll. Diese Meinung wird auch von Stephen L. Carter, Professor des Rechts in Yale, unterstützt, der geltend macht, dass diese Trennung dazu bestimmt sei, „die Religion vor dem Staat zu schützen, nicht den Staat vor der Religion".[15] Verbunden damit sehen manche fromme Eltern das Böse gleichzeitig verkörpert durch „Sex, Drogen und säkularen Humanismus".[16]

Zur Abkürzung und im Dienst stilistischer Einheitlichkeit werden die Ausdrücke „religiös" und „Religion" im Folgenden nur auf die theistischen Formen der Religion angewandt, also auf den Theismus. In der Tat ist dieser Gebrauch gemäß *Webster's Dictionary* der primäre. Gewöhnlich zählt man zu den theistischen Religionen das Judentum, das eindeutig monotheistisch ist, das trinitarische Christentum und den Islam. Christentum und Islam sind Folgereligionen des Judentums.

Gleichwohl gebraucht man den Begriff „Religion" uneindeutig. So ist beispielsweise John Deweys Konzept der „Religion" viel weiter gefasst als die Doktrin des Theismus. Man bezieht sich auf die historische Erscheinung einer institutionalisierten Form sozialer Gemeinschaft mit Teilnahme an bestimmten rituellen Praktiken und unterscheidet diese von den Lehrmeinungen, die für jene das Grundprinzip abgeben mögen. Dennoch begrüßte niemand anders als der Prophet Jesaia den rechtschaffenen Lebenswandel als etwas, das der korrekten Einhaltung überlieferter Rituale weit überlegen sei, und hielt ein flammendes Plädoyer für soziale Gerechtigkeit.

Der Gottesglaube zeichnet sich aus durch die Ansprüche auf die Existenz Gottes, Seiner Natur einschließlich Seiner Kausalbeziehungen zur Welt wie auch auf ethische Lehren, die der Kodifizierung einer göttlichen Morallehre für die Welt in Gestalt theologischer Grundsätze dienen. Beurteilt man indessen die Beschwerden, die Gottgläubige gegen den säkularen Humanismus vorbringen, und den moralischen Wert, den sie dem Theismus beimessen, so ergibt sich die Forderung, zwischen den theologischen und den moralischen Komponenten jener Glaubensinhalte zu unterscheiden, um die begrifflichen Beziehungen zwischen ihnen zu klären.

Eine entscheidende Lektion aus dieser Analyse wird sein, dass, gerade entgegen der weit verbreiteten Behauptung einer moralischen Asymmetrie zwischen Theismus und Atheismus, weder Theismus noch Atheismus als solche die logische Deduktion irgendeines moralischen Werturteils oder einer ethischen Verhaltensregel gestatten. Moralkodizes stehen in logisch fremden Verbindungen mit jeder dieser rivalisierenden philosophischen Theorien. Und wenn ein derartiger Kodex in eine derselben innerhalb eines umfassenderen Systems integriert werden soll, so ist die ethische Komponente von außen zu importieren.

Im Fall des Theismus wird sich herausstellen, dass weder die Zuschreibung göttlicher Allgüte noch die Anrufung göttlicher Gebote ihrer Theologie die Chance eröffnet, eine triftige Rechtfertigung für einen spezifischen anwendbaren Moralkodex anzubieten. Der Theismus ist, nicht weniger als der Atheismus, moralisch steril. Konkrete ethische Kodizes sind im Hinblick auf beide autonom und von außen importiert.

Gerade so, wie man dem Theismus ein Moralsystem anheften kann, lässt sich der Atheismus in einen säkularen Humanismus einbetten, in dem konkrete Prinzipien humanen Rechts und Unrechts auf anderen Grundlagen basieren. Während der Atheismus jeglicher spezifischer moralischer Vorschriften entbehrt, gilt dies keineswegs notwendig für den säkularen Humanismus. Umgekehrt kann eine entsprechend ausgearbeitete Form des säkularen Humanismus bestimmte Formen des Betragens ausschließen und andere vorschreiben, nicht anders als ein religiöser Kodex, in welchem dem Theismus konkrete ethische

Verfügungen extern beigesellt wurden (z. B. „Du sollst nicht begehren deines Nachbarn Weib").

Daher sollte es nicht erstaunen, dass der Theismus als Prämisse eines systematischen Moralkodex nicht logisch notwendig, geschweige denn hinreichend ist. Und dieses Faktum logischer Entbehrlichkeit diskreditiert ganz offenkundig Dostojewskis gegenteilige Behauptung, die er Smerdjakov in den *Brüdern Karamasow* in den Mund legt: „Wenn Gott nicht existiert, ist alles erlaubt." Smerdjakovs Epigramm hat sogar eine Bumerang-Wirkung: Wenn Atheismus und Theismus gleichermaßen ethisch leer sind, dann belegt keine der beiden Doktrinen menschliches Verhalten mit konkreten moralischen Verboten. Selbst wenn Gott existiert, ist auch dann alles erlaubt.

Eine zentrale Folgerung, die sich aus der Anwendung von Sokrates' Einsicht im *Euthyphron* ergibt, ist diese: Im Hinblick auf das theoretische Fundament jeder einzelnen Norm und aller spezifischen konkreten Verhaltensnormen sind alle ethischen Verfügungen, gleichgültig, ob sie unter theistischer oder weltlicher Schirmherrschaft stehen, außertheologisch, weltlich, soziokulturell inspiriert, und zwar in bestimmten historischen Kontexten. Folglich gilt dieser Grundsatz, wie man sehen wird, auch dann, wenn die Aufstellung eines ethischen Kodex oder seine faktische soziale Durchsetzung angeblich Gottesfurcht oder Gottesliebe voraussetzt oder Gebrauch macht von religiöser Sprache und Bildlichkeit.

Meine Argumente sollen sowohl die scharfen Angriffe parieren, die Irving Kristol und Richard John Neuhaus 1991 auf den säkularen Humanismus gerichtet haben, als auch jene früheren Datums von Alexander Solschenizyn.

Einige Theisten des 20. Jahrhunderts formulierten den Begriff göttlicher Allgüte im Interesse, diesen zu versöhnen mit dem, was die meisten zivilisierten Menschen als großes moralisches oder naturgegebenes Übel ansehen würden. Die theologische Apologetik – oder die so genannte „Theodizee" – ist dazu ausersehen, die Gerechtigkeit und Allgüte eines allmächtigen und allwissenden Gottes in einer Welt grassierenden Übels geltend zu machen. Die Äußerungen einiger prominenter orthodoxer Rabbiner belegen, dass der Begriff göttlicher Allgüte in schockierendem Maße permissiv ist, bis hin zum Nachweis der Gerechtigkeit des Holocaust. Freilich gibt es, wie wir sehen werden, andere Theisten, die derartige fundamentalistische Theodizeen zurückweisen würden. Aber ich will im Detail aufzeigen, dass gerade diese Divergenz die moralische Hohlheit des Theismus und den ubiquitären interkonfessionellen und intrasektiererischen ethischen Streit zwischen Theisten offen legt.

Das Problem des Übels und die moralische Permissivität des Theismus

Dass moralisches Übel anerkanntermaßen existiert, hat all jene unablässig beschäftigt, die an die Herrschaft eines gerechten oder gar allgütigen Gottes über die Welt glauben. Folglich ist es kein Wunder, dass der einflussreiche jüdische Theologe Martin Buber den nationalsozialistischen Holocaust als besonders scharfe Herausforderung der Doktrin von der göttlichen Gerechtigkeit betrachtete. Die Schrecken von Auschwitz beklagend, erkennt Buber die moralische Herausforderung an:

> *Wieder und wieder fragt man: Wie ist jüdisches Leben nach Auschwitz noch möglich? Ich möchte diese Frage genauer eingrenzen: Wie ist ein Leben mit Gott noch möglich, in einer Zeit, in der ein Auschwitz existiert? Die Entfremdung ist zu grausam geworden, die Verborgenheit zu tief. ... Können wir es wagen, den Überlebenden von Auschwitz, den Hiobs der Gaskammer Folgendes zu empfehlen: „Danket dem Herrn, denn Er ist gut; denn Seine Gnade währet ewig"?*[17]

Dazu erklärt Paul Edwards:

> *Nach Buber zeigen Phänomene wie Auschwitz nicht die Inexistenz Gottes, sondern eher, dass es Zeiten gibt, in denen Gott sich verbirgt. Es ist nicht nur so, dass der moderne Mensch wegen seiner Absorbierung durch die Technik und den materiellen Fortschritt unfähig geworden ist, Gottes Stimme zu hören. Gott selbst schweigt in unserer Zeit, und das ist der wahre Grund, warum seine Stimme nicht vernommen wird.*[18]

Im Ringen darum, die scharfe Herausforderung monströsen moralischen Übels mit der Idee göttlicher Gerechtigkeit und Allgüte in Einklang zu bringen, bietet Buber zwei verschiedene Versionen der „Gottesfinsternis" an, deren eine theozentrisch ist, während die andere als anthropozentrisch-phänomenologisch zu bezeichnen wäre: Jesaia (45,15) zitierend, sagt uns Buber, dass der hebräischen Bibel gemäß „der lebendige Gott nicht nur ein sich offenbarender, sondern auch ein sich verhüllender ist".[19] Er fragt sogar rhetorisch,

> *ob es nicht wörtlich wahr sein könnte, dass Gott früher zu uns sprach und heute schweigt, und ob man das nicht so verstehen sollte, wie es in der hebräischen Bibel verstanden wird, nämlich dass der lebendige Gott sich uns nicht nur offenbart, sondern sich auch vor uns verbirgt. Wir müssen verstehen, was es bedeutet, in einer solchen Zeit des Verbergens zu leben, in einer Zeit des göttlichen Schweigens.*[20]

Buber schreibt diesem Gott, der sich verbirgt, den Besitz „unbegrenzter Macht und unbegrenzten Wissens"[21] zu. Auch lässt er uns wissen, dass die „Gerechtigkeit" des „Gottes Israels" die „Bestätigung" dessen sei, „was gerecht ist, und die Überwindung dessen, was ungerecht ist".[22] Aber die Selbstverbergung eines *solchen* Gottes ist einfach nur *frivol*.

Wie Edwards weiter entlang Bubers theozentrischer Version der Doktrin von der Gottesfinsternis erklärt,

> *verfehlen die Menschen Gott in unseren Zeiten nicht etwa oder nicht allein deswegen, weil sie unfähig geworden sind, Ich-Du-Beziehungen einzugehen, sondern vor allem, weil Gott der Welt den Rücken gekehrt hat. Dieses „göttliche Schweigen", in (Bubers Schüler) Fackenheims Worten, „hält an, ganz gleich, wie demutsvoll wir lauschen".*[23]

In der Tat, die theozentrische Version der Theorie der Gottesfinsternis, die von der Selbstverbergung Gottes in unserem Zeitalter ausgeht, ist, „wie Buber ganz richtig sieht, ... in zahlreichen Bibelstellen klar enthalten". Aber für diese Doktrin des *deus absconditus* treten auch Christen wie Martin Luther ein.

Wie aber steht es um die *Verdienste* von Bubers Hypothese, dass es, obwohl Gott immer sehr lebendig ist, Zeiten gebe, in denen Er sich verberge, in schweigend abgewandter Stille? Edwards' niederschmetternde Antwort trifft den Kern:

> *Die offensichtliche Entgegnung darauf ist, dass die Tatsache, dass Gott sich vor uns verbirgt, im Widerspruch zu seiner absoluten Güte steht oder überhaupt zu irgendeiner Art von Güte seinerseits. Wenn ein Kind in schlimmen Schwierigkeiten steckt, sein Vater davon weiß und ihm zu Hilfe kommen könnte, aber sich weigert es zu tun, resp. sich zu entziehen anschickt, dann sind das sicherlich nicht Eigenschaften, die einen guten Vater ausmachen. Wir würden ihn im Gegenteil als Monster betrachten. Es ist schwierig zu sehen, welche andere Reaktion gerechtfertigt wäre, gegenüber einer Gottheit, die sich so verhält. Wenn ein Jude in Auschwitz verzweifelt Gottes Hilfe braucht, wenn Gott darum weiß (und er muss es wissen, denn er ist allwissend), wenn Gott weiter in der Lage ist, dem Juden zu helfen (da er allmächtig ist, kann er es tun) und er sich trotz allem weigert und sich stattdessen ‚verbirgt', dann handelt es sich hier nicht einfach um eine Gottheit, die dem Anspruch absoluter Güte nicht ganz gerecht wird, sondern um eine monströse Gottheit, verglichen mit der, wie Bertrand Russell es einst formulierte, Nero ein Heiliger ist.*[24]

Der US-amerikanische Journalist William Safire lässt sich in seinem Artikel *Gott segne uns* von solchen Überlegungen nicht beirren. So vertritt er bezüglich der zweiten Eröffnungsansprache Abraham Lincolns die Meinung:

> *Gott hat keine moralischen Verpflichtungen gegenüber dem Menschen. Seine Absichten entziehen sich unserer Wahrnehmung. Wie der biblische Hiob erfahren musste, muss Gott nicht Gerechtigkeit auf Erden üben – noch muss Er die Leiden unschuldiger Kinder in Somalia, Bosnien oder Kurdistan erklären.*[25]

Emil Fackenheim erläuterte Bubers Standpunkt und lieferte eine Verteidigung der theozentrischen Version von Bubers Doktrin der Verborgenheit Gottes.[26] (Fackenheims Arbeit erschien zunächst in *Commentary*, 1964, und in seinem Buch *In Quest for Past and Future*, Indiana University Press, 1968.) Paul Edwards setzt sich mit Fackenheim in der zuvor erwähnten Lindley Lecture von 1969 auseinander.[27] Wie Edwards hier zeigt, steigert Fackenheim sogar die eskapistische und evasive Rolle der Doktrin von der Verborgenheit Gottes zu einer *erkenntnistheoretischen Tugend*: Gemäß Fackenheim zeugen die Übel dieser Welt keineswegs gegen die Güte Gottes, während das Gute auf der Welt sie evident macht, und zwar, weil der Glaube des wahrhaft Gläubigen sich psychologisch durch die Schrecken dieser Welt nicht erschüttern lässt.

Allerdings lassen sich die Wahnvorstellungen von Paranoikern und Fanatikern ebenso wenig durch gegenteilige Evidenz zurechtrücken! So rutscht Fackenheim von erkenntnistheoretischen Überlegungen kläglich hinüber zu den Denkmanövern, die aus dem Bereich des psychotischen Verhaltens vertraut sind: Bei Kopf gewinne ich, bei Adler verlierst du.

Der Schlusseffekt von Fackenheims Buberianischer Kriegslist im Dienst der Immunisierung der jüdischen Theologie ist dies: Nach Fackenheim folgt aus dem Übermaß des Übels in der Welt lediglich, dass „Gottes Wege unerforschlich sind. ... Gott war bei weitem unergründlicher als man bis anhin geglaubt hatte, und Seine Offenbarungen sind sogar noch vieldeutiger und unberechenbarer."[28] Kurz: Fackenheim bekämpft den Einwand vom Problem des Übels in seiner Tragweite mit dem doppelten Kunstgriff, (i) die verantwortungslose Abwesenheit Gottes zu billigen, (ii) den Grund für diese Verantwortungslosigkeit ins Unergründliche zu legen.

Buber sah sich gezwungen zu folgern, dass sich Gott in Zeiten wie jener des Holocausts vorübergehend in die Verborgenheit begibt. Warum sich aber ein gütiger Gott zugunsten von Hitler und seinesgleichen zurückziehen soll, das ließ Buber ganz offenkundig ohne Erklärung. Jedenfalls stellt Edwards beredt und schlüssig fest, dass ein derartiger Rückzug durchaus als Absentismus verstanden werden könne, für den Gott zur moralischen Verantwortung zu ziehen sei.

Wollte man Buber allerdings Glauben schenken und die Geschichte jener Gesellschaften in Augenschein nehmen, die sich in der einen oder anderen Form dem Theismus verschrieben haben, dann wird es schwierig, eine Zeit zu finden, in der sich Gott nicht wenigstens partiell in der Verborgenheit aufhielt.

Buber offeriert *nicht* eine Rechtfertigung oder eine Theodizee des Holocaust *als solche*. Aber seine theozentrische Doktrin von der Verborgenheit Gottes läuft im Ergebnis auf ein fadenscheiniges, lahmes und ausweichendes Manöver hinaus im Dienst der *Immunisierung* göttlicher Güte und Gerechtigkeit angesichts der fortwährenden Existenz des Übels, das jener Hohn spricht; und da geht es nicht nur um den Holocaust, sondern auch um viel natürliches, nicht vom Menschen erzeugtes Übel.

Schlimmer noch einige neue Rechtfertigungen des Holocaust von religiösjüdischer Seite, die man nur noch als obszön bezeichnen kann. In einem Artikel aus dem Jahr 1987[29] versichert Lord Immanuel Jakobovitz, oberster orthodoxer Rabbi Großbritanniens und des Commonwealths, der Nazi-Holocaust sei die göttliche Strafe für den Glaubensverrat der deutschen Juden, die das assimilationswillige Reformjudentum begründet hatten.

So konnten die SS-Leute, die jene „Endlösung" bewerkstelligt hatten, bei ihren Zusammenkünften – unter Berufung auf niemand Geringeren als den obersten orthodoxen Rabbi des Vereinten Königreichs – versichern, sie seien nichts anderes gewesen als das Werkzeug des mosaischen Gottes. Glaubt man Rabbi Jakobovitz, dann waltet der göttliche Zorn derart unterschiedslos, dass er die Nazis veranlasste, strenggläubige orthodoxe Juden aus ganz Zentraleuropa genauso zu verbrennen wie die angeblich abtrünnigen deutschen Reformjuden.

Darüber hinaus geht die Rachsucht dieses Gottes so weit, anstelle eines geringeren, reversiblen Unglücks die Verbrennung bei lebendigem Leibe als Strafe zu oktroyieren, und diese innerhalb eines mosaisch-theistischen Systems. Weit davon entfernt, gerecht zu sein, ist ein Gott, der unterschiedslos und pauschal die Todesstrafe verlangt und der die Ermordung von Säuglingen vor den Augen ihrer Mütter durch SS-Schergen im Todeslager gestattet, ein sadistisches, satanisches Ungeheuer, das die Abscheu des Kosmos verdient, nicht aber Verehrung und Liebe.

Rabbi Jakobovitz steht keineswegs allein mit seiner Ansicht, der Holocaust sei göttlich gerechtfertigt. Wie der bekannte israelische Gelehrte Amos Funkenstein berichtet, sieht der ultraorthodoxe Rabbi Joel Teitelbaum – der in Jerusalem lebt, den weltlichen Staat der Juden und die israelische Regierung aber als Sünde betrachtet – den Holocaust als Strafe Gottes für die zionistische Gründung eines Judenstaates vor der verheißenen Ankunft des angeblich neuen Messias. Der israelitische Philosophieprofessor Avishai Margalit zeigte auf:

> *Die Ultraorthodoxen erlitten keine Glaubens- oder Theologiekrise, als sie mit dem absolut Bösen des Holocaust konfrontiert wurden. Ihre ... Reaktion auf den Holocaust ... war denn auch nicht gegen Gott gerichtet, weil er es zuließ, dass die Juden ermordet wurden, sondern gegen die Zionisten. ... Dem bedeutenden orthodoxen Rabbi Moshe Scheinfeld zufolge ... waren die zionistischen Führer ... die „Kriminellen des Holocaust, die ihren Teil zur Zerstörung beitrugen".*[30]

Offensichtlich betrachten auch die Ultraorthodoxen (die so genannten *haredim*) Gottes Gerechtigkeit als wahllos und summarisch. Denn viele der europäischen Juden, die in den Krematorien umkamen, waren nicht einmal Zionisten, nicht einmal Bürger des Staates Israel. Und es scheint allen drei Rabbis entgangen zu sein, dass das Prinzip der totalen *kollektiven* Schuld und Gerechtigkeit gerade von islamischen Terroristen eingeklagt wird, die israelische Bürger nicht weniger angreifen als andere.

Nicht genug mit den Rabbis Jakobovitz und Teitelbaum – der vor kurzem verstorbene ultraorthodoxe Rabbi Menachem Mendel Schneerson aus Brooklyn, den seine Schüler sogar als den neuen Messias feierten, entwickelte eine sehr eigene Ansicht in Sachen Rechtfertigung des Holocaust. In seinem 1980 erschienenen Buch *Faith and Science (Emunah v'Madah)* meint dieser verehrte Weise der Orthodoxie, Gott habe den brandigen Arm des jüdischen Volkes abgehauen. Davon ausgehend folgert dieser Mann Gottes, der Holocaust sei etwas Gutes gewesen, denn ohne ihn wäre das ganze jüdische Volk umgekommen. Warum dies hätte geschehen müssen, bleibt jedoch vollkommen unklar.[31]

Donald J. Dietrich, Vorsitzender des Theologischen Departements des Jesuitenkollegs in Boston, zeigt in seinem 1994 erschienenen Buch *God and Humanity at Auschwitz. Jewish-Christian Relations and Sanctioned Murder* sehr erhellend jene religiösen Faktoren auf, die ein Klima entstehen ließen, das den Holocaust erlaubte, indem es theologisch inkulturiert wurde.

Sidney Hook erläutert, warum er den Theismus inklusive das Judentum, die Religion seiner Vorfahren, zugunsten des Atheismus verwirft. In einer Entgegnung wertet der orthodoxe Chicagoer Rabbi Ayykov Homnick *(Free Inquiry,* Herbst 1987) Hooks Ablehnung seiner Herkunft als eine „weit größere Tragödie als die aller körperbehinderten Kinder auf der Welt". In der Tat lässt Rabbi Homnick, was den Scharfblick auf die wirkende Hand Gottes – für ihn offenkundig im Holocaust – angeht, Buber wie auch die Rabbiner Jakobovitz, Teitelbaum und Scheinfeld weit hinter sich:

> *Ja, ohne jeden Zweifel, dass G-t die Geschichte lenkt, ist selbst unserem beschränkten Blick offen. Der Sinn für Gerechtigkeit ... ist spürbar. ...*

Gerade der Holocaust ist ein Beweis der Gerechtigkeit G-s; er kommt als Höhepunkt in einem Jahrhundert, in dem die große Mehrheit der Juden, nach Tausenden von Jahren der Treue im Exil, sich entschied, das Joch der Thora abzuwerfen.

Rabbi Homnicks Lobgesang auf die göttliche Vergeltung veranlasste Sidney Hook zu erwidern:

Alle Apologeten, ob Christen oder Juden, der göttlichen Offenbarung in der Bibel enden schließlich bei der Rechtfertigung ... von Handlungen, die wir im gewöhnlichen moralischen Diskurs als schlecht oder böse ansehen würden. Dies ist letztlich Beweis genug, dass wir im Gespräch mit ihnen Worte wie gut und böse, richtig und falsch nicht im gleichen Sinn gebrauchen.[32]

Schließlich hebt Hook hervor, dass diese Apologeten „nicht wirklich mit uns ein gemeinsames Universum des moralischen Diskurses teilen können, weil sie beanspruchen, dass jedes Ereignis, das Jehovah veranlasst oder gutheißt [– auch der Holocaust –], moralisch gut ist".

Tatsächlich propagiert die Bibel, obwohl man sie das „Gute Buch" nennt, einige erschreckende Lehren, vom Genozid im Deuteronomium zur Sklaverei und zur untergeordneten Stellung der Frau im Neuen Testament.

In meinem 1992 erschienenen Artikel *In Defense of Secular Humanism*[33] habe ich einige der von mir benannten Kritikpunkte an den neuen rabbinischen Holocaust-Theodizeen ausgeführt. Eine indignierte Entgegnung von Seymour Cain, Veteran der Geschichte der Weltreligionen, Herausgeber einer Anthologie theologischer Stellungnahmen zum Holocaust und jüdischer Theist, schüttete unbeabsichtigterweise Wasser auf meine Mühle, was die moralische Sterilität und die geradezu schamlose ethische Zweideutigkeit des Theismus angeht.[34] Cain bestätigt sehr wohl die Existenz jener rabbinischen Bewillkommnungen des Holocaust als göttliche Strafe für den jüdischen Sündenfall. Aber er ist voller Empörung, weil diese Apologien nicht statistisch repräsentativ sind für die jüdische theologische Meinung zum Holocaust. Er schreibt:

*Man muss sich nur Eliezer Berkovits' Faith After the Holocaust in Erinnerung rufen, das die Schuld am Holocaust nicht den abtrünnigen Juden zuweist, sondern der westlichen Zivilisation und ihrer Religion, dem Christentum. ... Ich nehme an, dieser orthodoxe Theologe wurde entweder nicht erwähnt, weil Grünbaum sein Werk nicht kannte oder weil er nicht in seine gegnerische Argumentation hineinpasste.
... Man will uns glauben machen, dass Jakobovitz, Schneerson und*

> *Teitelbaum, die den Holocaust als göttliche Strafe für den Abfall des modernen Juden vom Glauben an die Thora und von der Befolgung ihrer Gesetze interpretieren, die repräsentativen Stimmen der gegenwärtigen jüdischen Theologie seien. Nichts könnte der Wahrheit ferner liegen. Viele jüdische Theologen haben, in fast denselben Worten wie Grünbaum, die genau gleiche Ablehnung der Idee eines Killer-Gottes von Auschwitz zum Ausdruck gebracht, ... z. B. Eugene Borowitz. Jede Erwähnung dieser Theologen würde den Absichten von Grünbaums gegnerischer Argumentation abträglich sein.*[35]

Jedoch ist Cain taub für eben die belastende Tatsache: Es ist skandalös, dass das *Judentum moralisch permissiv genug* ist, um einigen weltberühmten Rabbinern *überhaupt ungestraft* eine Holocaust-Theodizee theologisch möglich zu machen. Das bescheinigt den moralischen Bankrott der Idee einer theologischen Grundlegung jüdischer Ethik. Cain (und andere Apologeten des Judentums) *sollten über diese Situation äußerst verlegen sein*, statt sich in Klagen darüber zu ergehen, dass die rabbinischen Holocaust-Apologeten für mich „bequeme Zielscheiben" abgeben wie „Fisch im Glas".

Rabbi Jakobovitz und Rabbi Schneerson, die beide den Holocaust als Werk göttlicher Gerechtigkeit hinstellen, sind im orthodoxen Judentum *Figuren von Weltbedeutung*. Gerade eine statistische Darstellung der Tiefe der Kluft, die zwischen verschiedenen moralischen Verdikten jüdischer Theologen über ein so alles überragendes Ereignis wie den Holocaust sich auftut, bezeugt nach meinem Dafürhalten den ethischen Bankrott ihrer Theologie. Gerade deswegen schlägt Cains Einwand, dass ich diese statistische Streuung nicht berücksichtigt habe, wie ein Bumerang zurück.

William Safire bläst in das gleiche Horn, jedoch im Bezug auf den Islam. Zweifellos gibt es viele Moslems, die den Terrorismus verabscheuen und ihre Religion humanistisch interpretieren. Aber Safires Warnung, die Orthodoxen mit den Extremisten zu vermengen, erscheint angesichts gewisser harter Tatsachen als ungerechtfertigt: (1) Schiitische Kleriker haben lautstark die Sanktionierung des Islams für Todesurteile gefordert, die über Glaubensabtrünnige wegen der Beleidigung Allahs (Gottes) oder des Propheten verhängt werden sollen. So zieht der Vorwurf der Ungläubigkeit gegen jemanden (*takfir al hakim*) die religiöse Vollmacht zur Tötung des Ungetreuen nach sich; (2) berüchtigt ist die religiöse Verfügung (*fatwa*), die der Imam Khomeini im Iran erließ und die es jedem Moslem zur religiösen Pflicht machte, Salman Rushdie, der Blasphemie für schuldig befunden, zu töten. Darüber hinaus verwarf sein Nachfolger, Ayatollah Khamenai („der Führer") rundweg Appelle, das Todesurteil gegen Rushdie zurückzunehmen, und verdoppelte stattdessen das Kopfgeld von 1 Million Dollar. Im Übrigen bestätigte Irans Präsident Rafsanjani die *fatwa* als unwiderruflich; (3) *fatwas* können auch verfügt werden, um einen heiligen Krieg *(jihad)* zu befehlen oder um mutmaßlichen Bedrohungen des Islams entgegenzuwirken.

Fatwas waren und sind in einigen islamischen Ländern gebräuchlich, um den Säkularismus zu unterdrücken. Und sogar in Ägypten gibt das Kulturministerium einer weltlichen Regierung fundamentalistischen Drohungen mehr und mehr nach und erlaubt die Zensur von Büchern, deren Publikation das Ministerium vorgesehen hatte. Tatsächlich äußerte einer der ranghöchsten ägyptischen Theologen vor Gericht die Meinung, dass Säkularisten Abtrünnige seien, „von der Regierung mit dem Tod zu bestrafen", und wenn „die Regierung die Ausübung dieser ‚Pflicht' versäumen sollte, so sind Einzelne frei, ihr nachzukommen".[36]

Es ist einzuräumen, dass einige ägyptische Sunni-Kleriker die *fatwa* gegen Rushdie nicht unbedingt für gerechtfertigt erachteten. Aber eben diese Elastizität in der Konzeption theologisch sanktionierter moralischer Verfügungen zeigt aufs Neue die ethische Permissivität, an der ich in der jüdischen Holocaust-Theologie Anstoß nahm. Safire führt daher in die Irre, wenn er vom Islam das Bild vermittelt, er befinde sich derzeit im „inneren Gefechtsstand". Und Cain sollte zutiefst beunruhigt sein über die mörderischen *fatwas*, gerade weil – in Safires Worten – „der Islam eine der großen Weltreligionen" ist.

Neuerdings führte die Bestürzung im Iran über das Scheitern der gegen Rushdie gerichteten Verfügung dazu, dass die Regierung sie aufhob.

Die moralische Sterilität des Theismus

Die moralische Hohlheit der theistischen Superstruktur verlangt nach Klärung und Argumentation. Warum ist der theologische Staatsprunk moralisch wertlos? Sokrates war es, der uns sehen ließ, dass dann, wenn ein religiöses System spezifische moralische Vorschriften liefern soll, die Ethik von *auswärts* importiert werden muss oder dem Theismus *aufzupfropfen* ist, und zwar mit außertheologischen, *weltlichen Begründungen*, die der Priester Gott lediglich in den Mund legt, zum Preis Seiner Güte und Seines allumfassenden Wohlwollens.

Diese moralische Sterilität des Theismus wird sichtbar im Scheitern des göttlichen Allwohlwollens angesichts der Herausforderung, die Sokrates in Platons *Eutyphron* als Schlüsselfrage formuliert: Billigen die Götter menschliches Betragen als gut („fromm") aufgrund von Eigenschaften, die diesem innewohnen, oder nur darum, weil es den Göttern gefällt, es zu bewerten und zu gebieten? Im ersteren Fall sind göttliche Allgüte und Offenbarung bestenfalls überflüssig, im letzteren verfehlen die göttlichen Gebote den Aufweis von Gründen, die bestimmte Verhaltensweisen als verpflichtend auszeichnen könnten.

Denn wenn Gott urteilt und uns verpflichtet zu tun, was sowieso schon gut oder gerecht ist, dann hängen die ethischen Regeln in ihrer Gültigkeit nicht vom göttlichen Gebot ab und können unabhängig davon angenommen werden. Wenn aber das Betragen nur gut ist, weil Gott es als gut dekretiert, dann haben wir es mit dem moralisch unlösbaren Problem zu tun, wie man besonders in einer multireligiösen Welt entscheiden soll, welche der widerstreitenden vorgeblichen göttlichen Offenbarungen wir im Bezug auf ethische Gebote akzeptieren sollen.

Überdies schreibt der englische Philosoph A. C. Ewing sehr zutreffend:

Wenn man die Begriffe „richtig" und „gut" unter Bezugnahme auf die Gebote Gottes definiert, so folgt daraus, dass Gott nicht etwas gebieten kann, weil es richtig oder gut ist. Denn das würde dieser Definition gemäß lediglich bedeuten, dass er es gebietet, weil er es gebietet. Mit anderen Worten: Es gäbe überhaupt keinen Grund für seine Gebote; sie würden zu einer Sache reiner Willkür. Die Folge wäre, dass Gott es etwa auch zu unserer Pflicht erklären könnte, unsere Mitmenschen nach Kräften zu betrügen, zu foltern und zu töten; es wäre dann unsere Pflicht, entsprechend zu handeln.

Und warum sollen wir Gottes Geboten gehorchen? Weil wir dazu verpflichtet sind? Aber da „Wir sind verpflichtet, A zu tun" als bedeutungsgleich mit „Gott gebietet uns, A zu tun" angesehen wird, besagt diese Antwort nichts anderes, als dass Gott uns gebietet, Gottes Geboten zu gehorchen; und darin liegt keine Begründung. Weil wir Gott lieben? Doch das würde bedeuten, dass wir Gott gehorchen sollen, falls wir ihn lieben, sowie dass wir ihn lieben sollen. Es werden also wiederum moralische Normen vorausgesetzt, die sich nur um den Preis der Zirkularität dadurch begründen lassen, dass man erneut auf die Gebote Gottes verweist. Weil Gott gut ist? Das würde lediglich bedeuten, dass Gott seine eigenen Gebote ausführt.

Weil Gott uns bestrafen wird, wenn wir ihm nicht gehorchen? Das mag vom Standpunkt des Eigeninteresses aus ein sehr guter Grund sein; doch das Eigeninteresse kann keine ausreichende Grundlage für die Ethik abgeben. Ohne die Voraussetzung, dass Gott gut ist oder dass seine Gebote richtig sind, könnte Gott keinen größeren Anspruch auf unseren Gehorsam erheben als Hitler. Er hätte zwar mehr Macht als Hitler und könnte uns, wenn wir nicht gehorchen, das Leben zur Hölle machen. Doch darin liegt kein moralischer Grund. Durch bloße Macht und Anordnung von Strafen kann keine moralische Verpflichtung erzeugt werden.[37]

In seinem Aufsatz *Der infantile Charakter des religiösen Moralverständnisses* hat der englische Philosoph Patrick Nowell-Smith das theistische Moralverständnis wie folgt *psychologisch* erläutert:

> Um meine These zu begründen, dass das religiöse Moralverständnis infantil ist, möchte ich auf einige Ergebnisse der Forschungen des Psychologen Jean Piaget hinweisen. Dabei werde ich mich auf solche Punkte beschränken, die für die Kontroverse „Religiöse Gesetzesmoral oder weltliche Zweckmoral?" unmittelbar relevant sind.
> Piaget untersuchte eingehend das Spielverhalten von Kindern unterschiedlicher Altersstufen, indem er sie beim Spielen mit Murmeln beobachtete. Er fand heraus, dass die Kinder mit ihrem Spielverhalten drei Stadien durchlaufen. Ein sehr junges Kind geht mit den Murmeln ganz nach Lust und Laune um. Es spielt zwar, doch es spielt kein Spiel. Denn es lässt sich nicht von Regeln leiten und hat keine Vorstellung von richtig oder falsch. Gegen Ende dieses Stadiums spielt es zwar bis zu einem gewissen Grade im Einklang mit Regeln; denn es ahmt ältere Kinder nach, die ein regelgeleitetes Spiel spielen. Doch das Kind selbst ist sich der Einhaltung dieser Regeln nicht bewusst. Es hat von dem Begriff der Regel noch keine Vorstellung. Wir können diese Verhaltensweise gegenüber Regeln als eine prä-moralische bezeichnen.
> Das zweite Stadium betrifft Kinder im Alter von fünf bis neun Jahren. In diesem Alter, so Piaget, „werden die Regeln als heilig und unverletzbar angesehen. Sie sind vorgegeben von Erwachsenen und unaufhebbar. Jede vorgeschlagene Änderung wird von dem Kind als ein Vergehen betrachtet." Piaget bezeichnet diese Verhaltensweise gegenüber Regeln als „heteronom".
> Damit will er zum Ausdruck bringen, dass die Kinder die Regeln als von außen kommend, von anderen vorgeschrieben erfahren, was ja auch zutrifft. Wir können dieses Stadium auch als das „deontologische" bezeichnen, um auf die Tatsache hinzuweisen, dass die Regeln nicht angezweifelt werden: Dieses sind nun einmal die Regeln des Murmelspiels, und dabei bleibt es. In diesem Stadium besitzt das Kind bereits eine Vorstellung von dem Begriff der Regel, es weiß, was eine Regel ist. Doch es fragt noch nicht, wofür eine Regel gut ist, welchem Zweck sie dient.
> Dieser deontologische Charakter steht offenkundig in engem Bezug zu der Unveränderbarkeit der Regeln. Sie werden aufgefasst etwa wie die Rechtsnormen bei den Naturvölkern: überliefert seit unvordenklichen Zeiten und nicht weniger ein Teil der natürlichen Weltordnung als etwa der Sonnenauf- oder Sonnenuntergang. Dem Kind mag die Befolgung

der Regeln schwer fallen, ja es mag gelegentlich die Befolgung verweigern; die Autorität der Regeln aber stellt es nicht in Frage.
Im dritten Stadium schließlich beginnt das Kind zu verstehen, welchem Zweck die Regeln dienen, warum man überhaupt Regeln hat und warum diese Regel besser ist als jene. „Regeln", so Piaget, „werden jetzt als Normen betrachtet, die auf wechselseitiger Zustimmung basieren, die man respektieren muss, wenn man als loyaler Spieler gelten will, die man aber ändern darf, sofern die Mitspieler einer Änderung zustimmen." Piaget bezeichnet dieses Regelverständnis als „autonom", um zum Ausdruck zu bringen, dass die Kinder sich nunmehr selbst, alle zusammen, als die Urheber der Regeln betrachten. Damit soll nicht gesagt sein, dass sie der falschen Ansicht sind, sie selbst hätten die Regeln erfunden. Sie wissen sehr wohl, dass sie sie von älteren Kindern übernommen haben. Doch sie sind die Urheber in dem Sinn, dass sie die letzte Entscheidungsinstanz bilden. Sie können das, was sie übernommen haben, ändern. Der Schritt vom „So haben wir das Spiel gelernt" zum „So müssen wir das Spiel spielen" ist ihnen nicht mehr selbstverständlich. Wir können dieses Stadium als „teleologisch" bezeichnen. Diese Bezeichnung soll zum Ausdruck bringen, dass die Regeln nicht länger als unantastbar, als einfach deshalb einhaltenswert angesehen werden, weil sie als Regeln existieren, sondern dass sie nunmehr als zweckdienliche Erfindungen gelten, als Regeln für ein Spiel, das die Kinder spielen möchten. ...
Regeln muss es natürlich geben, und in einem gewissen Sinn sind sie auch unantastbar: Jeder Mitspieler muss sich an sie halten; er kann nicht nach Belieben mit ihnen verfahren. Doch in einem anderen Sinn sind sie keineswegs unantastbar: Sie sind (und werden verstanden als) bloße Erfindungen, die jenem Zweck entsprechend, dem sie nach der Vorstellung sämtlicher Spieler zu dienen haben, gebildet und verändert werden können. ...
Ich werde nun religiöses und weltliches Moralverständnis miteinander vergleichen – wobei ich davon ausgehe, dass Christen und Humanisten im Inhalt ihrer Moral übereinstimmen. Und zwar möchte ich zu zeigen versuchen, dass das religiöse Verständnis an den charakteristischen Merkmalen der Deontologie, der Heteronomie und des Realismus festhält, wie sie für das Kind in seiner Entwicklung angemessen, ja unverzichtbar, für den Erwachsenen jedoch unangemessen sind. ...
Wenn Freud etwa sagt, dass eine Person eine orale Fixierung aufweist, dann meint er damit nicht, dass sie immer noch am Daumen lutscht. Er meint vielmehr, dass einige ihrer typischen Einstellungen und Verhaltensmuster als Ersatz für das Daumenlutschen auf der

Erwachsenenebene anzusehen sind. Ganz entsprechend lautet meine These, dass einige typische Elemente des christlichen Moralverständnisses als Ersatz kindlicher Einstellungen fungieren. Bei der Durchführung dieses Vergleichs will ich zu zeigen versuchen, inwiefern diese kindlichen Einstellungen einem Stadium zuzuordnen sind, das auf dem Weg zur Reife des wahren Erwachsenseins eine unumgängliche Stufe bildet. Es ist leicht zu sehen, dass Deontologie und Heteronomie ausgesprochen typische Kennzeichen jeglichen religiösen Moralverständnisses sind. Zunächst zur Deontologie. Für einige Christen besteht die fundamentale Sünde, der Quell und Ursprung aller Sünden, im Ungehorsam gegenüber Gott. Es ist nicht die Natur der Handlung, die etwa einen Mord oder einen Meineid als unmoralisch erscheinen lässt, sondern es ist der Umstand, dass diese Handlungen gegen göttliche Gebote verstoßen. Und entsprechend sind gute Handlungen nicht als solche in ihrem Wesen gut, sondern nur als Akte des Gehorsams gegen Gott. „Ich gebe keine Almosen, nur um den Hunger meines Bruders zu stillen, sondern um den Willen und Befehl meines Gottes zu erfüllen. Ich ziehe meine Geldbörse nicht um dessen willen, der mich darum bittet, sondern um dessen willen, der es mir befiehlt." (Sir Thomas Browne) Demnach wird sogar Nächstenliebe nur deshalb für gut befunden, weil Gott uns geboten hat, Nächstenliebe zu üben. Unübersehbar ist hier die Entsprechung zur Einstellung kleiner Kinder gegenüber ihren Eltern und den anderen Autoritätspersonen, von denen sie lernen, was richtig ist und was man tun muss.

Wenn der kleine Fritz zu lernen beginnt, dass es falsch ist, die Schwester am Haar zu ziehen, dann nicht deshalb, weil er sieht, dass ihr dies weh tut, sondern weil Mama es ihm verbietet. ...

Wenn wir die Grundlagen der christlichen Ethik näher betrachten, finden wir auch hier einen moralischen Realismus vor. Zwar wird auf Wohltätigkeit und Nächstenliebe großes Gewicht gelegt, aber es wird nicht behauptet (wie es die Griechen behaupteten), dass diese Verhaltensweisen deswegen gut sind, weil sie dem Menschen als sozialem Lebewesen zukommen.

Wir sollen vielmehr unseren Nächsten lieben, weil uns dies als Pflicht auferlegt und weil der entsprechende Seelenzustand unserem vergänglichen irdischen Leben allein angemessen ist. Wir müssen aus dem Grunde Nächstenliebe üben, weil wir, wie es heißt, nur auf diesem Wege der Bestimmung der menschlichen Seele, die in der richtigen Beziehung zu Gott liegt, folgen können. Diese fundamentale Isolation der individuellen Seele in Abhängigkeit von Gott scheint deutlich das widerzuspiegeln, was offenbar auch die Haltung des Kleinkindes ausmacht, das, mit dem

> *Erwachen seines Bewusstseins, nur sich selbst auf der einen Seite und die kollektive Welt der Erwachsenen, weitgehend repräsentiert durch die eigenen Eltern, auf der anderen Seite sieht und für das die Vorstellung von anderen Menschen als Individuen, die einem selbst ähnlich sind, noch nicht existiert.*[38]

Die Pluralität konkurrierender Offenbarungen wird anschaulich gemacht durch diejenigen, in denen Jesus Gott ist, und jenen, in denen er es nicht ist, wie im Islam und im Judentum. Und wie können wir *theologisch* die grundlegenden ethischen Widersprüche auflösen, die sogar *innerhalb* des Klerus bei der gleichen religiösen Konfession bestehen, wie z. B. die Debatten um den Pazifismus in Kriegszeiten oder um die Todesstrafe bei Verbrechen? Gerade diese konfligierenden moralischen Offenbarungen und intrakonfessionellen Strittigkeiten erteilen eine Hauptlektion: Selbst wenn eine Person sich in moralischen Fragen zur Gänze theologischer Autorität unterwirft, ist sie gezwungen zu entscheiden, *welche* der konfligierenden Autoritäten ihr ethischer Führer sein soll. Die Leute können sich auf den Kopf stellen, ihre Eigenverantwortung bei der Entscheidung, nach welchen moralischen Normen sie leben wollen, werden sie nicht los. In eben diesem Sinn der Entscheidungsbildung ist der Mensch das Maß aller Dinge, zum Guten wie zum Bösen. Es hat keinen Sinn, wie Reinhold Niebuhr zu sprechen: „Gott gebe uns, das Rechte zu sehen."[39]

Nimmt man eine göttliche Allgüte an, dann folgt daraus wohl, dass jedes Betragen, das göttlicher Bestimmung folgt, moralisch gut ist. Aber wir kommen auf diese Weise nicht weiter, weil im Dunkeln bleibt, welche moralischen Direktiven für uns bindend oder welche Ziele ethisch wünschbar sind. Wie klärt beispielsweise göttliche Güte, ob wir des Geistlichen Falwell und Rabbi Kahanes Behauptung, ein nukleares Armageddon sei Teil eines göttlichen Plans der Liebe und Gerechtigkeit, weil nur die Rechtgläubigen auferstehen werden, zustimmen oder ob wir sie abscheulich finden sollen? In jedem Fall ficht die Existenz von Zuständen in der Welt, die Theisten genau wie andere Leute als moralische Übel bezeichnen, die vorgebliche Güte Gottes an. Und die Existenz von Übeln, die sich *nicht* dem menschlichen Willen verdanken, kann nicht wegerklärt werden durch Rekurs auf die so genannte „Rechtfertigung des freien Willens". Diese Apologie erbringt den Beweis des *Wertes* menschlicher Freiheit zum Bösen wie zum Guten.

Die Unfähigkeit der theologischen Superstruktur, einen Moralkodex zu liefern, taucht auf in Kants Ruf nach Gott (und der persönlichen Unsterblichkeit) als Begründung seines eigenen Systems einer deontischen Ethik. Sein Argument für eine derartige theologische Fundierung geht aus von einer Moraldoktrin, derzufolge es einen kategorischen Imperativ gibt, den *jedermann* ohne Widerspruch als für sich vertretbar übernehmen könnte.

Aber Kant bot eingestandenermaßen nur eine Formel an: Leider sagt sie uns nicht, welche moralischen Direktiven zu wählen sind, wenn mehrere miteinander konkurrieren. Daher liefert seine Formel, statt als Quelle für konkrete ethische Verfügungen nutzbar zu sein, nur eine *notwendige* Bedingung für ihre Akzeptanz. Schließlich verliert Kants theoretische Begründung seiner Ethik ihre Plausibilität, und sei es allein deshalb, weil die geforderte Verwirklichung des höchsten Gutes kaum zu sichern ist. Im Übrigen gründet sich sein Argument für einen göttlichen Garanten auf der zweifelhaften Annahme persönlicher Unsterblichkeit. Und seinem Argument wird der Boden entzogen im Kontext derart rivalisierender Konzeptionen der Ethik, wie sie von teleologischen oder Selbstverwirklichungsschulen vertreten werden. Freilich, selbst wenn die philosophische Lebensfähigkeit der Moral Evidenz wäre für die Existenz Gottes, wie Kant behauptet, dann wäre die Allgegenwart des Übels in der Welt stärkere Evidenz gegen den Theismus. Es scheint, dass Kants eigene spezielle Version einer theologischen Fundierung der Ethik fehlgeht, selbst wenn man die Berechtigung nicht-deontischer Systeme der Ethik außer Acht lässt.

Alexander Solschenizyns Begrüßungsadresse 1978 in Harvard zeigt keinerlei Bewusstsein von der moralischen Sterilität des Theismus:

> *Es gibt eine Katastrophe, die bereits in großem Ausmaß über uns hereingebrochen ist. Ich beziehe mich auf den Schrecken eines autonomen und unreligiösen, humanistischen Bewusstseins. Es hat den Menschen zum Maß aller Dinge auf Erden gemacht, den unvollkommenen Menschen, der nie frei von Stolz, Egoismus, Neid, Eitelkeit und Dutzender anderer Unzulänglichkeiten ist. ... Ist es wahr, dass der Mensch über allem steht? Gibt es keinen höheren Geist, der über ihm steht?*

Prima facie klingt diese Deklaration einnehmend bescheiden. Aber sie ist moralisch hohl und geht theologisch von einer *petitio principii* aus. *Wessen Offenbarung*, muss man fragen, verdrängt den Menschen als Maß aller Dinge? Die der zaristischen russisch-orthodoxen Kirche? Oder die Edikte des Ayatollah Khomeini, wie von den Mullahs zur Durchführung gebracht? Die der niederländisch-reformierten Kirche im Südafrika der Apartheid? Oder die Lehren des Papstes Johannes Paul II., der – mitten im hungernden Afrika – Unterstützung erfährt vom einheimischen Episkopat für das Verbot der „künstlichen" Geburtenkontrolle? Oder aber die des orthodoxen Rabbinats in Israel, das beispielsweise Autopsien verbietet? Und im letzteren Fall: Welchem der beiden auf der Ebene der Doktrinen konkurrierenden Oberrabbiner ist Glauben zu schenken, dem Ashkenasi oder dem Sephardi? Wenn die ethische Verwirrung des modernen Menschen überwunden werden soll durch konkrete moralische Verfügungen, so ersetzt Solschenizyns Jeremiade den weltlichen Menschen durch *ausgewählte Geistliche*, die zum moralischen Prüfstein für alles werden, indem sie offenbarte Wahrheit für ihre spezifischen ethischen Direktiven beanspruchen.

Es scheint: Sobald eine Theologie dazu gebraucht wird, moralische Vorschriften zu gewinnen, findet man eben diese nur aufgrund von Erwägungen, die zu Ergebnissen führen, bei denen weltliche Ziele und Gedanken ebenso entscheidend sind wie in den Reflexionen weltlicher Ethiker, die den Theismus ablehnen. Und die Verwirrung im Bereich der moralischen Probleme vermindert sich nicht durch die theologische Superstruktur, die uns ja ihrerseits in einem ethischen Dilemma belässt.

Kein Wunder, dass die jüdisch-christliche Theologie herangezogen wurde, um so unterschiedliche ethische Doktrinen zu sanktionieren wie das Gottesgnadentum der Könige, das unveräußerbare Recht auf Leben, Freiheit und das Streben nach Glück in der amerikanischen Unabhängigkeitserklärung, die Versklavung der Dunkelhäutigen, das „Deutschland über alles", den Sozialdarwinismus Spencers wie auch den Sozialismus. In der Tat gilt, wie Sidney Hook in seiner eigenen Kritik Solschenizyns ausführt:[40] Weder das Christentum noch das Judentum verurteilten im Prinzip Sklaverei oder Feudalismus. Sie wurden in ihren modernen Formen humanisiert infolge des Aufstiegs des säkularen Humanismus. Wie der römisch-katholische Richter John T. Noonan Jr. neuerdings konkret aufzeigt[41], lehrte die katholische Kirche von den Zeiten des heiligen Paulus bis in die Mitte des 19. Jahrhunderts, dass Sklaverei moralisch akzeptabel sei. Erst 1890 verurteilte Papst Leo XIII. endlich die Sklaverei, jedoch „erst, nachdem die Gesetze jedes zivilisierten Landes diese Praxis untersagt hatten".[42] Schließlich schloss Johannes Paul II. in seiner Enzyclica *Veritatis Splendor* die Sklaverei in die Reihe der wirklichen Übel ein.

Noonan erklärt darüber hinaus, dass in den vergangenen 1200 Jahren „Päpste, Bischöfe und Theologen die religiöse Freiheit der Häretiker regelmäßig und einstimmig ablehnten". In der Tat, „die Pflicht eines guten Herrschers war es, nicht nur die Häresie als solche, sondern auch die Häretiker auszurotten",[43] und die Kirche tat alles in ihrer Macht Stehende, um das zu unterstützen. Sogar nachdem die Kirche – nach der gewaltsamen Durchsetzung der Orthodoxie – begann, religiöse Toleranz zu dulden, fuhren die päpstlichen Ratgeber fort, das Idealbild der Durchsetzung der Orthodoxie durch den Staat aufrechtzuerhalten.[44]

Einige religiöse Sekten in Indien wollen den Verzicht auf die chirurgische Entfernung von Krebsgeschwüren im Menschen erwirken, und die religiöse Sekte im Westen, die sich als „Christian Scientists" bezeichnet, kommt mit ganz anderen Prämissen zu ähnlichen Schlussfolgerungen. Die Römisch-Katholischen dagegen stehen der medizinisch gestützten Lebenserhaltung durchaus positiv gegenüber, verurteilen aber den Eingriff in die Natur in Form von Geburtenkontrolle – eine Position, die führende Protestanten und jüdische Geistliche nicht teilen.

Es ist eine Tatsache, dass sich sowohl Mahatma Gandhi wie auch Hitler als Diener Gottes verstanden. Und der Verweis auf die göttliche Vorsehung war eine geläufige Wendung in Hitlers Reden, was von neuem veranschaulicht, dass die Religion auch die letzte Zuflucht eines Schurken sein kann. In der Tat: Was der eine Gläubige als den Willen Gottes ansieht, ist für den anderen der Wille des Teufels, wie der Austausch zwischen Ayatollah Khomeini und Präsident Carter, einem „wiedergeborenen Christen", zeigte.

Leider scheinen führende Meinungsmacher in den Vereinigten Staaten nicht nur blind zu sein für die moralische Sterilität des Theismus, sondern auch für die ethischen Schrecken, die in Theokratien möglich waren und sind.

Solschenizyns Angriff auf die moralische Unzulänglichkeit einer irreligiösen humanistischen Haltung deckt sich mit der Pointe seiner rhetorischen Frage: „Ist es wahr, dass der Mensch über allem steht? Gibt es keinen höheren Geist über ihm?" Natürlich verlangt die Annahme, dass der Mensch *nicht* über allem stehen könnte, keinen Glauben an eine göttliche Existenz. Wie wir wissen, hat die NASA den Weltraum nach Signalen außerirdischer und sogar außersolarer Lebewesen abgesucht, deren Intelligenz in der Tat übermenschlich sein könnte.

Den Geistlichen hilft es nicht, an die Begrenztheit unseres Geistes zu gemahnen – wie es häufig geschieht, wenn man sie mit den erwähnten niederschmetternden Argumenten konfrontiert – oder an die Unerforschlichkeit Gottes, von der es heißt, sie übersteige den menschlichen Verstand. Denn schließlich ist der Geistliche, was die Transzendierbarkeit jener Begrenzung angeht, nicht besser daran als alle anderen. Noch, dies ist erneut zu betonen, besitzen religiöse Apologeten größere Expertise als Nicht-Gläubige, um die Grenzen menschlichen Erkennens auszuloten. Nebenbei: Man würde erwarten, dass die beschworene Unergründlichkeit Gottes große Bescheidenheit nach sich zieht, was die Erforschung seines vermeintlichen Willens und seiner angeblichen ethischen Gebote angeht. Solche Bescheidenheit ist im orthodoxen religiösen Dogmatismus jedoch kaum zu finden.

Jene, die – gegen rivalisierende Begründungen – eine göttliche Begründung für ihren *anderwärts* favorisierten Moralkodex in Anspruch nehmen wollen, zahlen für die ethische Leere des Theismus damit, dass sie gezwungen sind, von einer *petitio principii* auszugehen:

Sie beanspruchen munter eine *offenbarte* göttliche Sanktionierung ihres eigenen Moralkodex. Es war Moses, nicht Gott, der die 10 Gebote erließ. Der berühmte Gesetzeskodex des Babylonierkönigs Hammurabi war ihm angeblich vom Sonnengott Shamash während des Gebets eingegeben worden, eine Legende, die jener von Moses und der Offenbarung des Dekalogs auf dem Berge Sinai ähnelt. Tatsächlich wackelt die theologische Fundierung der Ethik so sehr, dass ein heftiges Verlangen, ihrer dennoch habhaft zu werden, verständlicherweise nach einer *psychologischen* Erklärung ruft als Teil der Psychologie fideistischer Akzeptanz des Theismus.[45]

In einem Plädoyer – für dessen öffentliche Beachtung man viel Aufwand getrieben hatte – zugunsten der theoretischen Relevanz religiöser Ethik für die US-amerikanische öffentliche Verfahrensweise unterminiert der Rechtsprofessor Stephen L. Carter von Yale unabsichtlich die Basis für dieses Plädoyer. In seinem Buch *The Culture of Disbelief*[46] schreibt er: „Was falsch war bei der Republican Convention von 1992, war nicht das Bestreben, den Namen Gottes mit weltlichen Zielen der Politik zu verknüpfen. Falsch war die Wahl weltlicher Ziele, mit denen der Name Gottes verknüpft wurde." Anna Quindlen zitiert diese Passage nach einer Lobpreisung des Buches als „außerordentlich klug und provokativ".[47]

Aber natürlich macht Stephen L. Carter die Verbindung zu Gott gerade aufgrund der Annahme logisch irrelevant, dass *wir unabhängig von irgendwelchen vorgeblichen göttlichen Geboten bereits wissen müssen, welche* weltlichen politischen Ziele ethisch sauber sind und daher als *angemessen* ausgewählt werden können, um mit ihnen den Namen Gottes zu verknüpfen! Wäre es anders, dann wäre die Verknüpfung *beliebiger* politischer Ziele mit dem Namen Gottes – wie in der Geschichte und in der Republican Convention von 1992, zum Schaden Carters – untadelig.

Irving Kristol beklagt die Verweltlichung des nordamerikanischen Judentums unter dem Einfluss des säkularen Humanismus, den er tendenziös als einem „neuen, aufkommenden religiösen Impuls" entspringend beschreibt. Er sieht das so:

Weil der säkulare Humanismus von Anfang an die moderne wissenschaftliche Sichtweise auf das Universum verkörpert hat, fühlte er sich immer – und fühlt sich auch heute noch – von jeglicher Art von religiöser Perspektive „befreit". Aber der säkulare Humanismus ist mehr als Wissenschaft, weil er verschiedene Schlüsse zur menschlichen Situation und zu den menschlichen Möglichkeiten zieht, die nicht im wohlverstandenen Sinne wissenschaftlich sind. Es sind metaphysische und schlussendlich theologische Schlüsse.[48]

Kristol trübt das Wasser: Säkulare Humanisten sind sich bewusst, dass die wissenschaftliche Basis nicht genügt, um alle Teile eines Moralkodex zu begründen. Aber Kristol verunklart den Befund, indem er die Motivation für einen säkularen Humanismus als „religiös" qualifiziert und dessen Verständnis der conditio humana als „theologisch". Indem er das tut, nimmt er nicht zur Kenntnis, dass der ungekürzte *Webster's Dictionary* folgende Primärdefinition des Wortes „Religion" gibt: „Der Dienst an Gott und die Anbetung Gottes oder eines Gottes, ausgedrückt in Formen kultischer Verehrung, im Gehorsam gegenüber göttlichen Geboten, insbesondere wie sie in akzeptierten heiligen Schriften vorliegen ..."

Obwohl der Ausdruck „spirituell" eine übernatürliche Färbung habe, besteht Kristol darauf, dass der säkulare Humanismus einem „neuen philosophisch-spirituellen Impuls" entspringe:

Was waren (und sind) genau die Lehren dieses neuen philosophisch-spirituellen Impulses? Sie können in einem Satz zusammengefasst werden: „Der Mensch konstruiert sich selbst." Das bedeutet, dass das Universum jeglichen transzendentalen Sinnes beraubt ist, es keine inhärente Teleologie hat und es in der Macht des Menschen steht, natürliche Phänomene zu verstehen und sie zu kontrollieren und zu manipulieren, um den Zustand der Menschheit zu verbessern. Schöpfungskraft, einst ein göttliches Vorrecht, wird zu einem wesentlich menschlichen Vorrecht. ...
Die unsterbliche menschliche Seele wurde zum Opfer des Fortschrittes und wurde durch das temporäre „Ich" ersetzt – das der Mensch in Wissenschaften wie Psychologie und Neurologie erforscht, ebenso wie im modernen Roman, der modernen Poesie und der modernen Psychologie, welche alle ohne die Hilfe dessen auskommen, was in traditionellen Begriffen als religiöse Dimension betrachtet wurde.[49]

Zunächst sollten wir gerade dem applaudieren, was Kristol beklagt, wenn er schreibt: „Schöpfungskraft, einst ein göttliches Vorrecht, wird zu einem wesentlich menschlichen Vorrecht." Die Anrufung eines göttlichen Schöpfers im Dienst *kausaler* Erklärungen in Kosmologie oder Biologie krankt an einem fundamentalen Defekt im Vergleich zu wissenschaftlichen Erklärungen von Wirkungen, die menschliche Akteure oder diverse Ereignisse hervorgebracht haben: Wie wir aus 2000 Jahren Theologie wissen, nimmt die Hypothese der göttlichen Schöpfung nicht einmal in den Blick, geschweige denn spezifiziert sie einen angemessenen *intermediären* Kausal*prozess*, der den Willen des unterstellten göttlichen Handelnden (im Sinne eines Kausalbezugs) mit den Wirkungen *verknüpfte*, die ihm zugeschrieben werden. Noch besteht irgendeine Aussicht, dass die chronische Unergründlichkeit der vermeintlichen Kausalverknüpfung im Rahmen neuer theologischer Entwicklungen aufzuheben wäre.

In scharfem Kontrast dazu folgte der Entdeckung, dass „ein-Aspirin-am-Tag" vor einem Herzinfarkt schützt, sehr rasch die Forderung nach der Spezifikation des Vorgangs, der die Koronarinfarkt-Prophylaxe *vermittelt*. Ähnliches gilt für den therapeutischen Effekt bei Placebo-Vergabe, vermittelt durch Endorphinausschüttung im Gehirn und durch Interferon- und Steroidsekretion. In der Physik gibt es entweder eine konkrete Spezifikation oder wenigstens die Forderung nach einer *vermittelnden Kausaldynamik*, die angenommene Ursachen mit ihren Wirkungen verknüpft. Bei den Gesetzen der zeitlichen Koexistenz simultaner Aktion-in-Distanz liegt die Spezifikation der gleichzeitigen Variationen quantifizierter physikalischer Eigenschaften mittels funktionaler Abhängigkeiten vor.[50]

Tatsächlich macht der prominente US-amerikanische jesuitische Theologe Michael Buckley ein wichtiges Zugeständnis hinsichtlich des hypothetischen Vorgangs göttlicher Urheberschaft: „Wir wissen wirklich nicht, wie Gott ‚es fertig bringt'. Der Katholizismus fand diese eingestandene Ignoranz nicht besonders skandalös."[51] Aber wenn das so ist, dann bedeutet ein Nicht-Glauben an die göttliche Schöpfungskraft, über den Kristol wehklagt, keinerlei Erklärungsverlust.

Kristol beklagt auch den aktuellen Nicht-Glauben unter gebildeten Leuten, was die persönliche Unsterblichkeit der Seele angeht. Aber bei genauerer Betrachtung ist dieser Glaube so dunkel, dass Glaube in diesem Zusammenhang für niemanden, der nachdenkt, zum Trost gereichen kann. Wie Maimonides darstellt, kommt der Versuch, das Wesen ewiger Gnade im Jenseits zu fassen, während wir leben, der sinnlosen Anstrengung eines Blinden gleich, eine visuelle Farberfahrung zu machen. In jedem Fall kollabiert die Hypothese der persönlichen Unsterblichkeit angesichts der überwältigenden Last an Evidenz für die Abhängigkeit der Existenz des Bewusstseins von adäquaten Hirnfunktionen und darüber hinaus für die Abhängigkeit der *Integrität* unserer Persönlichkeiten von solchen Funktionen. Dies bezeugen beispielsweise die Wirkungen von Hirntumoren, der Alzheimererkrankung und verschiedener Drogen wie Alkohol oder stimmungsbeeinflussender Medikamente.[52]

Aber Kristols Hauptthese ist, dass zwei grundlegende Fehler die Glaubwürdigkeit des säkularen Humanismus unterminieren. Der erste, so erfahren wir, liege in seiner Unfähigkeit, einen Moralkodex zu etablieren; der zweite, noch fundamentalere Fehler bestehe darin, dass der säkulare Humanismus selbst „hirntot" sei. Hinsichtlich des ersten Fehlers heißt es:

> *Erstens kann uns der philosophische Rationalismus des säkularen Humanismus bestenfalls die nötigen Bedingungen für einen Moralkodex liefern, nicht aber einen solchen Kodex selbst. Moralkodizes entwickeln sich aus den moralischen Erfahrungen einer Gemeinschaft, und sie können nur bis zu dem Grad Autorität über unser Verhalten beanspruchen, als die Individuen dazu erzogen werden können, die moralischen Traditionen ihrer Ahnen zu respektieren oder gar zu verehren. Moral gehört weder zu einem wissenschaftlichen Modus des Denkens noch zu*

einem philosophischen oder gar zu einem theologischen Modus, sondern zu einem praktisch-juristischen Modus. Man akzeptiert einen moralischen Kodex auf der Basis von Glauben – nicht auf der Basis von blindem Glauben, sondern eines Glaubens daran, dass unsere Vorfahren, über die Generationen hinweg, keine Narren waren und dass wir viel von ihnen und ihren Erfahrungen lernen können. Reine Vernunft kann eine Kritik moralischer Vorstellungen anbieten, aber sie kann sie nicht schaffen.[53]

Andernorts behauptete Kristol noch deutlicher: „Der säkulare Rationalismus war nicht in der Lage, einen überzeugenden, in sich selbst gerechtfertigten Moralkodex herzustellen."[54] Kristol baut einen Strohmann auf, wenn er beklagt, der philosophische Rationalismus könne keinen Moralkodex liefern. Dieser Vorwurf ist aus mindestens zwei Gründen ein Ablenkungsmanöver: (i) Der Theismus als solcher erwies sich als nicht weniger moralisch steril denn der Atheismus oder der „philosophische Rationalismus" für sich genommen; ja, wenn Kristol nachdrücklich betont, dass „Moral nicht zu einer wissenschaftlichen Denkweise gehört", räumt er selbst ein, dass Moral *ebenso wenig* zu einer theologischen, sondern zu einer „praktisch-juridischen Denkweise" gehöre. (ii) Der säkulare Humanismus kann auf der Basis von Werturteilen seiner Anhänger seinem Atheismus moralische Direktiven anheften, wie ja auch der Theismus solche Direktiven unter der vorgeblichen Schutzschicht unergründlicher göttlicher Offenbarung anheftet. Aber anders als offenbarungsgläubige Theisten bestehen die Humanisten darauf, dass ihre moralischen Überzeugungen der Kritik zugänglich sein müssen. Kristol räumte ein, dass „reine Vernunft eine Kritik moralischer Überzeugungen" bewerkstelligen könne, aber das Ziel dieser Äußerung ist nicht ein Teilzugeständnis; vielmehr vervollständigt er den Satz mit *einseitigem* Bezug: „Aber sie kann sie nicht erzeugen." Ebenso wenig kann der Theismus „einen überzeugenden in sich gerechtfertigten Moralkodex herstellen", was er aber nicht zur Kenntnis nimmt.

Kristol zieht gerade den falschen Schluss aus seiner richtigen Beobachtung, dass die Erosion des Glaubens an den Theismus den Moralkodex schwächte, „der aus der jüdisch-christlichen Tradition ererbt war". Denn in seiner Sicht spricht es *gegen den säkularen Humanismus*, dass wir uns in der Folge „mit Nietzsches Herausforderung herumschlagen müssen: Wenn Gott wirklich tot ist, welche Autorität lehrt uns dann, welches Verhalten jeweils verboten oder erlaubt ist?" Gemäß meinen obigen Ausführungen sollte es jedenfalls restlos klar sein, dass wir bei der Frage nach der „Autorität" für unsere moralischen Jas und Neins *mit Sicherheit nicht besser daran sind, wenn Gott lebt, als wenn er tot ist.* Tatsächlich entsteht die Gefahr moralischer Anarchie oder des Nihilismus durch die Erosion des Gottesglaubens, gerade weil dem vorherrschenden Moralkodex fälschlich die himmlische Herkunft zugeschrieben worden war, und zwar erkenntnistheoretisch (durch Offenbarung), juridisch (in Gestalt göttlicher Gebote) und motivational (als Liebe zu oder Furcht vor Gott)!

Offensichtlich fällt Kristols Echo der Provokation Nietzsches auf ihn selbst zurück: Der Biss dieser Provokation verwundet die religiöse, aber nicht die weltliche Konstruktion der Moral.

Kristols Schema ist verfehlt, weil es die Lehre ignoriert, die Sokrates' Einsicht im *Eutyphron* zur Verfügung stellt: Wenn göttlich geheiligte Verfügungen *verdienen*, angenommen zu werden, dann müssen *wir* diejenigen sein, die sie – in jeder Epoche von neuem – würdig befinden. Und die einzigen Mittel, die uns diesbezüglich zur Verfügung stehen, sind unser Verstand und unser Gefühlsurteil. Wir können nach nichts anderem Ausschau halten. Aber Kristol kommt zum Schluss, dass, da unsere Gesellschaft nicht länger unkritisch oder sogar blind klerikalen Edikten folgt, zeitgenössische Eltern „machtlos vor solchen Fragen stehen" wie: „Welche Moralerziehung sollen wir unseren Kindern angedeihen lassen?"

Kristols Anwendung seines Traditionalismus auf die zeitgenössische Moral wird deutlich, wenn er die inhumane Homophobie des biblischen Judentums als göttliche Weisheit der Ahnen herausstellt. Im Bezug auf die Aufhebung des Verbots der Homosexualität als „moralische Verirrung" sagt er traurig:

> *Im Reformjudentum gibt es sogar die legitime Homosexualität als alternativen Lebensstil, und einige konservative Juden versuchen verzweifelt herauszufinden, warum sie nicht mitziehen sollten. Das biblische Verbot, das unzweideutig ist, ist nicht mehr mächtig genug, dem „Warum nicht?" säkularhumanistischer Infragestellung zu widerstehen.*[55]

Umso besser für die moralische Herausforderung, die vom säkularen Humanismus ausgeht und einen menschlichen Fortschritt darstellt gegenüber Barbarei und zynischer Heuchelei.

Aber in Kristols Sicht ist die Unfähigkeit des säkularen Humanismus, einen „überzeugenden, in sich gerechtfertigten Moralkodex" zu liefern – sein Ablenkungsmanöver – nur der erste seiner „grundsätzlichen Defekte". Er reserviert seinen vermeintlichen *Gnadenstoß* für den zweiten Defekt:

> *Ein zweiter Fehler des säkularen Humanismus ist noch grundlegender, weil er die Quelle einer spirituellen Unordnung ist, die die Wurzel des moralischen Chaos ausmacht. Wenn es eine unbezweifelbare Tatsache bezüglich der menschlichen Situation gibt, ist es die, dass keine Gemeinschaft überleben kann, wenn sie überzeugt ist oder sogar nur vermutet, dass ihre Mitglieder sinnlose Leben in einem sinnlosen*

Universum führen. [...] Der säkulare Humanismus ist hirntot, auch wenn sein Herz weiterhin Energie in alle unsere Institutionen pumpt.

Warum aber können säkulare Humanisten nicht ein erfülltes, sinnvolles Leben führen, nur weil aus ihrer Sicht die Werte des Lebens *innerhalb* menschlicher Erfahrung selbst liegen? In welcher Weise wäre unser Leben sinnvoller, wenn wir der narzisstischen Annahme unterlägen, dass der Mensch der Mittelpunkt eines eingestandenermaßen unergründlichen, *gesamthaft* göttlichen Zwecks ist, der „den" Sinn unseres Lebens bildet, aber unserem endlichen Geist unbekannt bleiben muss? Im Fokus schwer fassbarer kosmischer „Bedeutung" zu sein, ist eindeutig irrelevant für die Frage, ob wir auf dieser Erde etwas wertvoll finden: die Umarmung von jemandem, den wir lieben, das intellektuelle oder künstlerische Leben, der Duft einer Rose, die Erfüllung in Arbeit und Freundschaft, Musik, das Panorama eines prachtvollen Sonnenaufgangs oder -untergangs, die biologischen Freuden des Körpers und das Vergnügen von Witz und Humor. Im Kinofilm *Limelight* zeigt uns Charlie Chaplin kurz und bündig, was an der narzisstischen Täuschung falsch ist, dass es so etwas gebe wie *„den"* Sinn des Lebens: Leben, sagt Chaplin, ist nicht ein Sinn, sondern ein Verlangen.

In der Sicht säkularer Humanisten gibt es so viel „Sinn", wie es Erfüllungen menschlicher Bestrebungen gibt. Es ist reine Phantasie, wenn nicht Anmaßung auf Seiten der Theisten, hartnäckig darauf zu bestehen, dass ihre Art zu leben für *sie* sinnvoller sein müsse, als Atheisten und säkulare Humanisten ihr Leben jeweils für sich selbst finden. Wo ist der statistische Nachweis, dass Hoffnungslosigkeit, Depression, Suizid, Ziellosigkeit und Dysphorie bei Nichtgläubigen häufiger sind als bei Gläubigen? Aber Kristol insistiert: „Es ist entscheidend für das Leben all unserer Bürger wie überhaupt für alle Menschen zu allen Zeiten, dass sie eine Welt erfahren, die einen transzendenten Sinn hat, eine Welt, in der menschliche Erfahrung Sinn macht."[56] Diese großartige Behauptung ist schlichtweg psychologisch falsch.

Leider setzt sich Kristol nicht mit den Argumenten auseinander, die Albert Einstein in seinem Artikel *Science and Religion*[57] dargelegt hat. Dort führt Einstein zunächst aus: „Gewiss wird niemand leugnen, dass die Idee der Existenz eines allmächtigen, gerechten und guten persönlichen Gottes Menschen Trost, Hilfe und Leitung gibt; aufgrund seiner Simplizität ist diese Vorstellung dem ungebildetsten Geist zugänglich."[58] Aber dann präsentiert Einstein seine Hauptforderung, die frontal mit Kristols Patentlösung kollidiert: „In ihrem Kampf um das ethisch Gute müssen religiöse Lehrer die Größe haben, die Doktrin eines persönlichen Gottes aufzugeben, das heißt, diejenige Quelle von Furcht und Hoffnung aufzugeben, die in der Vergangenheit so viel Macht in den Händen von Priestern versammelte."[59]

So ist die Unterstellung, dass die Gottlosen ein sinnloses Leben führen, nur ein ideologisches Phantasma, geboren aus moralischer Selbstgefälligkeit.

Ist die theistische Moral dem säkularen Humanismus motivational überlegen?

Bekanntlich gibt es Theisten, die moralische Vorbilder waren (oder sind), die sich aufopfernd, wie Franz von Assisi, den Armen widmeten und sich der Ausgestoßenen (z.B. der Leprakranken) annahmen.

Unvergleichlich bedeutsamer, auch auf makrokultureller Ebene, ist die von Karlheinz Deschner so charakterisierte „Kriminalität" in 2000 Jahren Geschichte der Christenheit, die dieser deutsche Gelehrte in einem viel gelesenen vielbändigen Werk dokumentiert hat: Die ersten drei Bände, die bereits publiziert sind (1986, 1988, 1990), widmen sich der Antike, die nächsten drei dem Mittelalter und die letzten vier der Moderne (*Kriminalgeschichte des Christentums*, Hamburg: Rowohlt). Der Gottesglaube ist bekanntlich *motivational* in keiner Weise ausreichend für diejenigen Formen des Verhaltens, über deren Wert viele Theisten mit säkularen Humanisten einig wären.

Einige westliche Historiker charakterisierten das Dritte Reich und die Sowjetunion als die beiden großen säkularen Bewegungen unserer Zeit. Aber obwohl der Theist Cain zugibt, dass fürchterliche Schrecken mit den traditionellen westlichen Religionen verbunden waren, meint er doch, dass „weit größere Schrecken durch das Nazireich und die Sowjetunion hervorgebracht wurden", durch Gesellschaften, die „anthropozentrisch ohne irgendeine transzendente Norm"[60] waren. Es ist unklar, wie Cain zu diesen vergleichenden Messungen des Übels kommt, aber sein Vergleich ist, bestenfalls, stark und vielfach irreführend.

Zunächst muss Cain zur Kenntnis nehmen, dass keine der beiden Gesellschaften, die er nennt, ideologisch säkular *humanistisch* war. Im Gegenteil: Nazideutschland und das stalinistische Russland werden von säkularen Humanisten sowohl aus moralischen wie aus wissenschaftlichen Gründen verabscheut. Was die wissenschaftliche Komponente des Säkularismus angeht, so waren die nationalsozialistischen Rassenlehren ebenso pseudowissenschaftlich wie der Lysenkoismus, den Stalin der biologischen Genetik vorzog. Ähnliches gilt für die von der Regierung verordnete Verzerrung wissenschaftlicher Theoriebildung im Dienst der Anpassung an die herrschende politische Doktrin (z.B. „nordische" Wissenschaft in Nazideutschland und „proletarische" Wissenschaft in der Sowjetunion).

Und was die Vergleichsskala der Übel angeht, so nimmt Cain nicht zur Kenntnis, dass die Technologien von Auschwitz und des sowjetischen Gulag dem Heiligen Stuhl und dem Kardinal Torquemada einfach nicht zur Verfügung standen; sie mussten mit Daumenschrauben und Folterbank Vorlieb nehmen. Noch waren diese Technologien – um nur wenige Beispiele zu nennen – jenen verfügbar, die im Dreißigjährigen Krieg in Europa für die Sache der Religion fochten oder die Hugenotten abschlachteten oder die jene widerlichen Kreuzzüge organisierten oder die Quäkerfrauen im puritanischen Massachusetts aufhängten. Und sie waren all den Heerscharen von Übeltätern nicht verfügbar, die Gründervater John Adams dazu veranlassten, die jüdisch-christliche Tradition als „die blutigste Religion, die je existiert hat"[61] zu bezeichnen.

In der Tat, 2000 Jahre von doktrinärem und oft mörderischem christlichem Antisemitismus schufen ein Klima in Nazideutschland, im Vichy-Frankreich und in Osteuropa (z. B. in der Ustachi-Bewegung des römisch-katholischen Kroatien), das dem Holocaust entgegenkam. Sogar während der polnischen Wahlkampagne zugunsten von Lech Walesas Präsidentschaft verlangte dieser strenggläubige Katholik, dass Kandidaten jüdischer Herkunft sich wie Leute mit zweifelhafter Vergangenheit zu eben dieser bekennen sollten. Und Reinhard Heydrich, der SS-Sicherheitschef und Schlächter, der die völkermörderische „Endlösung" präsidierte, hatte an einer katholischen deutschen Hochschule promoviert.

So ist Cain schließlich gezwungen einzuräumen, dass *motivational* der Theismus dem säkularen Humanismus eben doch nicht moralisch überlegen ist. Er gibt zu, dass sogar die Leitfiguren religiöser Institutionen und nicht nur der durchschnittliche Gläubige in der Praxis keineswegs von höherer Ethik als säkulare Leitfiguren sind. Wie er sehr wohl einsieht, nehmen beide Arten von Führerpersönlichkeiten „das praktische Wohlergehen ihrer Institutionen wichtiger als den Dienst an höheren ethischen Werten".[62]

Dieses Protokoll zeigt, dass zwischen Säkularisten und Theisten sehr wohl moralische *Gleichheit* bestehen *kann*, anstelle der seitens der Theisten proklamierten moralischen Überlegenheit, die ich in Frage stelle.

Auch diskreditiert der Vergleich der Kriminalstatistiken der überwiegend theistischen Vereinigten Staaten mit den weitgehend irreligiösen Ländern Westeuropas und Skandinaviens den immer wieder erhobenen Anspruch, die Moralität der Theisten sei statistisch jener der säkularen *Humanisten* überlegen. *A fortiori* strafen diese Statistiken die selbstgefällige These Lügen, dass Liebe zu oder Furcht vor Gott im Sinne eines psychologischen Faktums *motivational notwendig* sei, um die Einhaltung von moralischen Standards und bürgerlichem Wohlverhalten zu sichern.

Die USA hat verglichen mit allen westlichen Nationen bei weitem den höchsten Prozentsatz an Kirchgängern in ihrer Bevölkerung, und Präsidenten von Nixon bis Clinton geben immer wieder Gebetsfrühstücke. In Großbritannien mit seiner anglikanischen Staatskirche gehen beispielsweise nur 3 Prozent der

Bürger zur Kirche, in den USA hingegen fast 33 Prozent – das ist mehr als Faktor 11! In den USA bekennen über 90 Prozent der Bevölkerung, an Gott zu glauben, während dieser Prozentsatz in Westeuropa und Skandinavien beträchtlich unter 50 liegt. Die schwarze Bevölkerung in den Vereinigten Staaten, deren Kriminalitätsrate hoch ist, ist übrigens keineswegs überwiegend irreligiös. Jedoch ist die prozentuale Inzidenz von Morden viel höher als in den stark säkularisierten westlichen Ländern. Und ein korrespondierender Unterschied besteht zwischen den entsprechenden Prozentzahlen bei der Gefängnisbelegung in den unterschiedlichen Ländern. Aber das anhaltende Geschrei um die Zulassung des Gebets in der Grundschule beschwört die vermeintliche Wirksamkeit solcher Devotionalien zur Festigung von „Familienwerten".

Es zeigt sich, dass Theismus und Atheismus als solche nicht nur auf der Ebene theoretischer Fundierung konkreter Normen für ethisches Verhalten gleichermaßen steril sind; auch motivational ist der Glaube an das eine oder das andere ein zu grober Prüfstein, um mit zivilisiertem moralischem Betragen auf persönlichem, sozialem und nationalem Niveau zu korrelieren. Die Bruderschaft der Menschen ist *nicht* abhängig von der Vaterschaft Gottes, weder normativ noch motivational.

Peter Singer

Je mehr wir für andere leben, desto zufriedener leben wir

Ich bin nie religiös gewesen. Ich wuchs nach dem Zweiten Weltkrieg in einer Familie jüdischer Abstammung auf, die von Österreich nach Australien ausgewandert war. Meine Eltern waren weder religiös noch hielten sie sich an die jüdischen Traditionen, obwohl meine Großmutter, die bei uns wohnte, an bestimmten Feiertagen fastete. Sie hatte den Krieg in Theresienstadt, einem Konzentrationslager der Nazis, verbracht und war die einzige von meinen Großeltern, die Hitlers Versuch, alle Juden auszurotten, überlebt hatte. Somit gehörten der Nationalsozialismus, der Krieg und all das Leiden und Sterben, das gerade stattgefunden hatte, zu dem geistigen Hintergrund meiner Kindheit. Angesichts eines solchen Ausmaßes von Leiden setzte es mich immer wieder in Erstaunen, wenn jemand ernsthaft glauben konnte, dass die Welt von einem liebenden, allmächtigen Gott gelenkt werde.

Meine Eltern schickten mich auf eine der besten Privatschulen Melbournes, die von der presbyterianischen Kirche gegründet worden war und ihr gehörte, denn sie dachten, dass eine Privatschulerziehung meine Erfolgsaussichten im späteren Leben verbessern würde. Daher nahm ich sechs Jahre lang morgens vor dem Unterricht an einer religiösen Veranstaltung teil mit Bibellesung, Choral und Gebet; außerdem gab es regelmäßig Gottesdienste in der Kapelle und Religionsstunden. So hatte ich viel Zeit, in der Bibel zu blättern und die Abschnitte zu lesen, die uns *nicht* vorgelesen wurden. Abgesehen von den bekannten Stellen aus dem Alten Testament, die uns als Schuljungen besonders interessierten, weil wir sonst wenig Gelegenheit hatten, etwas über Sex zu erfahren, fühlte ich mich von Markus, Kapitel 11, betroffen, wo berichtet wird, wie Jesus zu dem Feigenbaum kam, in der Hoffnung, dass er Früchte daran fände; aber der Baum hatte keine Früchte, „denn es war nicht die Zeit für Feigen" – woraufhin Jesus ihn prompt verfluchte, und am nächsten Morgen war der Baum verdorrt. Eine solche selbstsüchtige und zügellose Ungeduld schien mir wenig zu einem großen Lehrer der Ethik zu passen, und schon gar nicht zu einem göttlichen Wesen. Die Episode von den Gardarenischen Säuen, die bei Markus in Kapitel 5 erzählt wird, zeigte einen ebenso rücksichtslosen Charakterzug des Gottessohnes: Warum sandte er die unsauberen Geister in die Schweine, die sich dann im Meer ertränkten, wenn er die Teufel vermutlich ebenso leicht in eine Staubwolke hätte verwandeln können? Ich fragte unsere

Religionslehrer nach einer Erklärung, aber sie sprachen nur dunkel von Geheimnissen, die sich unserem Verständnis entzögen, und trugen somit zu meiner Überzeugung bei, dass religiöse Menschen, jedenfalls in Sachen der Religion, lächerlich leichtgläubig sind.

Woran glaube ich denn nun anstelle der Religion? Ich bin oft danach gefragt worden. Aber diese Frage wird nicht richtig formuliert. Warum sollte ich denn *an* etwas glauben? Warum soll ich nicht einfach das glauben, was durch vorhandene Beweise und die besten Vernunftsgründe gesichert ist, zumindest so lange, wie ich keinen guten Grund habe, etwas anderes zu glauben? Mit anderen Worten: Bleibe aufgeschlossen und nutze deine kritischen Fähigkeiten! Es besteht keine Notwendigkeit, sich sonst auf irgendetwas festzulegen. Das Sicherste scheint mir im Augenblick zu sein, dass ich ein Mitglied der Gattung *Homo sapiens* bin, einer Tiergattung, die sich wie andere auf unserem Planeten entwickelt hat, gemäß der wissenschaftlichen Theorie, die Darwin zuerst vorlegte und die andere seitdem verbessert, ausgearbeitet und verteidigt haben.

Ist das alles, was dazu zu sagen ist? Viele wollen tiefer gehende, philosophische Fragen stellen. Was für einen Sinn hat ein Leben, das sich einfach entwickelt hat? Wenn unsere Existenz das Ergebnis blinder Evolutionskräfte ist, zwingt uns das dazu, unser Leben als letztlich sinnlos anzusehen? Die Antwort ist sowohl „ja" als auch „nein". Wenn Menschen nach dem „Sinn des Lebens" fragen, suchen sie oft nach einer umfassenden Sinngebung für das ganze menschliche Dasein in Bezug auf irgendeinen Plan oder eine Absicht, die höher ist als unsere eigene. Da es aber einen solchen Plan oder eine solche Absicht nicht gibt, kann unser Leben offensichtlich einen Sinn dieser Art nicht haben.

Es ist aber ein großer Fehler zu meinen, dass darum unser Leben bedeutungslos sei oder, schlimmer noch, von da zu einer Art Nihilismus zu kommen, der sagt, dass es „auf nichts ankomme". Im Gegenteil, unser Leben und was wir damit anfangen, kann für andere einen großen Unterschied ausmachen, und weil das so ist, können wir unser Leben so gestalten, dass es zählt, dass es wirklich von Bedeutung ist. Um es ganz einfach auszudrücken: Es gibt Milliarden von lebenden und fühlenden Wesen. Für jedes von ihnen kann das Leben gut oder schlecht verlaufen. Sie können gezwungen sein, elende Qualen zu erleiden, oder sie können ein Leben führen, das angenehm, vielleicht sogar voller Freude ist. Obwohl Schmerz nicht immer nur etwas Negatives sein muss – weil Gutes daraus entstehen kann –, sind Schmerz und Leiden in sich immer schlimm. (Selbst wenn aus dem Leiden Gutes entstehen kann, wäre es besser, wenn das Gute ohne das Leiden kommen könnte.) Dies kann einfach nicht bestritten werden, wenn wir die Sache von einem allgemeinen Standpunkt aus betrachten. Wir alle wünschen, dass unsere Schmerzen aufhören, falls wir nicht hoffen, dass etwas Gutes daraus entsteht, das höher ist; es gibt jedoch keinen Grund dafür, dass – von einem universalen Standpunkt aus gesehen – unsere eigenen Schmerzen und Leiden wichtiger sein sollten als die Schmerzen und Leiden anderer. Infolgedessen kann unser Leben zumindest diesen Sinn haben: Wir könnten die Welt ein klein wenig besser hinterlassen, als sie es gewesen wäre, wenn wir nie existiert hätten. Wir können dies erreichen, indem wir die Schmerzen und Leiden der Geschöpfe in der Welt verringern; oder umgekehrt, indem wir ihnen zu mehr Glück und Freude verhelfen.

Dies ist nur ein grober Abriss dessen, was ich sagen würde, wenn dies ein Buch über Ethik wäre und nicht nur eine kurze Stellungnahme. Denn es sind nicht nur Schmerzen und Leiden, auf die es ankommt. Es geht im Leben um mehr als das; all die Wünsche und Hoffnungen von Menschen, und auch von nichtmenschlichen fühlenden Wesen, sollten in einem Bericht über das, was letztlich wichtig ist, eine Rolle spielen. Schmerzen und Freuden sind wichtig. Ihre Bedeutung ist leicht zu begreifen, weil sie so allgemein sind; sie sind das grundlegende Mindestmaß dessen, was wir alle verstehen können. Und weil großer Schmerz dazu neigt, alle anderen Werte zu überlagern, und solange es so viel unnötiges Leiden in der Welt gibt, hat die Reduzierung von Schmerz und Leiden offensichtlich ganz unbestrittene Priorität, im Unterschied z. B. zur Förderung der Gastronomie.

Zu meinen engsten Freunden und Kollegen gehört Henry Spira – obwohl er auf der andere Seite der Welt lebt –, ein Amerikaner, der sich sein Leben lang für die Rechte der Afroamerikaner im amerikanischen Süden eingesetzt hat, für Arbeiter, die von korrupten Gewerkschaftsbossen ausgebeutet werden, für Laborratten, die zu Tode vergiftet werden, um Lebensmittelfarben zu testen, und Hühner, die in Legebatterien gehalten werden, nur um des Profits der Farmer willen. Spira beurteilt den Wert dessen, was Menschen tun, danach, in welchem Ausmaß sie zu der „Reduzierung der Welt von Schmerz und Leid" beigetragen haben. Als er kürzlich in einem Interview gefragt wurde, was er als Grabinschrift haben wollte, antwortete er mit typischem New Yorker Humor: „Er schob die Erdnuss ein wenig vorwärts." Mit anderen Worten, Spira wird sein Leben für lebenswert halten, wenn gesagt werden kann, dass er die Dinge ein klein wenig in die richtige Richtung bewegt habe.

Wir können alle die Erdnuss vorwärts schieben, und wenn es auch nur ein wenig ist. Wir alle können uns und unsere Bemühungen mit der langen Tradition von Menschenfreunden in Einklang bringen, die versucht haben, die Welt ein bisschen besser zu machen. Sobald wir dies einmal verstanden haben, brauchen wir uns keine Gedanken mehr über einen Mangel an Sinn in unserem Leben zu machen – auch werden wir kaum noch Zeit haben, darüber nachzudenken. Da ist einfach zu viel zu tun. Menschen, die gelangweilt sind, die unter einem Gefühl der Sinnlosigkeit leiden, die meinen, sie seien bedeutungslos, sind oft die Gefangenen ihrer eigenen selbstbezogenen Wünsche. Unsere eigenen Freuden sind nicht weniger wert als die von anderen, aber für diejenigen unter uns, die ein bequemes Leben in einer entwickelten Überflussgesellschaft haben, ist das Vergnügen, das sie aus selbstbezogenen Aktivitäten ziehen können, relativ unbedeutend im Vergleich zu dem, was sie für andere tun können. Diejenigen, denen ein Ziel in ihrem Leben fehlt, müssen begreifen, dass das, was sie mit ihrem Leben anfangen, einen wirklichen Unterschied ausmachen kann. Sie werden dann ein merkwürdiges Paradox entdecken, über das sich schon viele Schriftsteller geäußert haben: Je mehr man für andere da ist, desto befriedigender wird das eigene Leben.

Anmerkungen

Gerhard Vollmer
Bin ich ein Atheist?

1   C. Bradlaugh „Plea for Atheism" (1864), abgedruckt in: Charles Bradlaugh *Champion of Liberty*. London 1933.
2   Besonders hervorgehoben sei hier der Artikel „Atheism" von Paul Edwards in dessen *Encyclopaedia of Philosophy*. New York 1967. Er würde als Ganzes hierher passen, wenn er – mit 16 DIN-A4-Seiten – nicht viel zu lang wäre. Auch der dortige Artikel „Agnosticism" ist sehr hilfreich.
3   Wenig bekannt, aber sehr informativ ist hierzu G. Stein (Hrsg.) *The Encyclopaedia of Unbelief*. Buffalo 1985. In zwei Bänden werden nicht nur viele einschlägige Begriffe erläutert, sondern auch viele Autoren genannt, deren atheistische Haltung uns in der Regel gar nicht bekannt ist.
4   Eine gründliche Auseinandersetzung mit den Gottesbeweisen bietet J. L. Mackie *Das Wunder des Theismus. Argumente für und gegen die Existenz Gottes*. Stuttgart 1985 (engl. 1982). Zur historischen Seite auch die Artikel „Gottesbeweise" in: J. Ritter (Hrsg.) *Historisches Wörterbuch der Philosophie*. Bd. 3. Basel 1974 (17 Spalten; dort wird auch noch ein „entropologischer Gottesbeweis" aufgeführt, der aber nur eine Sonderform des kosmologischen Arguments und besonders wenig überzeugend ist). Schließlich ist eine ganze Nummer einer philosophischen Zeitschrift diesem Thema gewidmet: *The Monist* 54/1970, S. 1–467: *The philosophical proofs for the existence of God*.
5   Eine gelungene Zusammenstellung von Argumenten bieten W. P. Alston/R. B. Brandt (Hrsg.) *The problems of philosophy*. Boston 1974, S. 12–21.
6   Dazu etwa B. Russell *Warum ich kein Christ bin*. München 1963, Reinbek 1968 (engl. 1957), S. 24 f., 197–203.
7   Stichwort „Pascal's wager" in: A. Flew (Hrsg.) *A dictionary of philosophy*. London 1979, 1983 (2. Aufl.).
8   S. J. Brams *Superior beings. If they exist, how could we know?* New York 1983.
9   Nur beispielhaft sei dazu verwiesen auf K. Deschner *Kriminalgeschichte des Christentums*. 3 Bde./Reinbek 1986–1990.
10 Vgl. B. Russell *Philosophie des Abendlandes*. Zürich 1950, Wien 1975, S. 599 f.

Bernulf Kanitscheider
Die Feinabstimmung des Universums

1   W. Paley „Natural Theology" (1802). In: *The Works of William Paley*. 7 Bände, hrsg. von R. Lymann. London 1925.
2   D. Hume *Dialogues concerning natural religion* (1779). Hrsg. von Norman Kemp-Smith. Bobbs Merill Indiana 1977.
3   Raum und Zeit sind nach Einsteins Gravitationstheorie gesetzmäßig verbunden, deshalb bedingt eine vorgegebene Laufdauer des Universums auch eine bestimmte räumliche Extension.
4   John Leslie *Universes*. London: Routledge, 1989, S. 25.
5   Vgl. B. Kanitscheider *Von der mechanistischen Welt zum kreativen Universum*. Wissenschaftliche Buchgesellschaft Darmstadt 1993.
6   Für Details vgl. John Leslie a. a. O., S. 25.
7   P. Wilson *The anthropic cosmological principle*. Ann Arbor: UMI, 1990.
8   John Barrow und Frank Tipler haben die Sprechweise eingeführt, das anthropische Prinzip auch als Selektionsbedingung derart zu fassen, dass intelligentes CHON-Leben unter

Anmerkungen

all den physikalisch möglichen Welten eine Untermenge ausfiltert, die die notwendigen Bedingungen für die CHON-Entstehung erfüllt. (J. D. Barrow/Frank J. Tipler: *The Anthropic Cosmological Principle*. Oxford: Clarendon Press, 1986, S. 15). Patrick Wilson hat jedoch korrekt darauf hingewiesen, dass Selektion hier nur im übertragenen Sinn verwendet werden kann. Die Existenz des Menschen ist nicht ein Beobachtungsselektionseffekt, der gleichgesetzt werden kann mit der Filterwirkung eines optischen Teleskops. Die Gründe, warum wir kein UV-Licht wahrnehmen können, sind völlig anderer Art als jene, warum wir kein ein Jahr altes Universum beobachten können (P. Wilson: *The anthropic cosmological principle*. Ann Arbor: UMI, 1990).

9 J. Leslie *Universes*. a. a. O., S. 10.
10 J. Leslie „Anthropic Principle ‚World Ensemble' Design". *American Physical Quarterly* 19 (1982), S. 141–152.
11 Vgl. J. Mackie *The Miracle of Theism*. Oxford: Clarendon Press, 1982.
12 J. J. S. Smart *Our Place in the Universe*. Basil Blackwell 1989, S. 176.
13 E. O. Wilson *Biologie als Schicksal*. Berlin: Ullstein, 1980.
14 B. Carter „Large Number Coincidences and the Anthropic Principle in Cosmology". In: M. S. Longair (Hrsg.): *IAU-Symposium 63*, Dordrecht 1974, S. 291–298.
15 A. Linde „Particle Physics Inflationary Cosmology". *Physics Today*, September 1987, S. 61–68.
16 Vgl. z. B. B. de Fontenelle „Entretiens sur la Pluralité du Monde". *Œuvre de Fontenelle, Tome Deuxième, Ire. Partie*. Paris 1818.
17 J. Mosterín „Examen del principio antrópico encosmología diálogos", Jg. 79, enero 2002, S. 203–236.
18 Vgl. dazu Julia Loving „Wheeler Symposium in Princeton: A Participatory Universe". In: *The Spiral*, Newsletter of the Metanexus Institute on Religion & Science. Sept. 2002, Vol. 3, Nr. 2, S. 3.
19 H. Kragh: Rezension von J. Barrow/F. Tipler, The Anthropic Cosmological Principle. *Centaurus* 30 (1987), S. 193.
20 Vgl. hier die Stellungnahme von J. J. C. Smart zu dieser theologischen Position, verteidigt von W. L. Craig in: J. J. C. Smart/J. J. Holdane *Atheism and Theism*. Oxford 2003, S. 210.
21 A. Lightman/R. Brawer *The Lives and Worlds of Modern Cosmologists*. Cambridge (Mass.) 1990, S. 84.
22 F. Tipler *Die Physik der Unsterblichkeit*. München 1994.

Edward O. Wilson
Religion – eine List der Gene?

1 Robert A. Nisbet *The Sociology of Emile Durkheim*. New York 1974.
2 Ralph S. Solecki „Shanidar IV, a Neandertal Flower Burial in Northern Iraq". *Science* 190 (1975), S 880 f.
3 Anthony F. C. Wallace *Religion: An Anthropological View*. New York 1966.
4 *Logotaxis:* Aus dem Griechischen *Logos* (Wort, Diskurs) und *Taxis* (Orientierung, Ort): Der Ausdruck Taxis bezeichnet in der Biologie die auf einen bestimmten Reiz hin orientierte Bewegung eines Organismus, so etwa Phototaxis, die Orientierung zum Licht.
5 Die Verkaufszahlen von Billy Grahams *Angels* wurden genannt von John A. Miles Jr. in: *Zygon* 12 (1977), S. 42–71.
6 Für eine aufschlussreiche Diskussion der religiösen Glaubensanschauungen Newtons und ihrer Beziehung zu seiner wissenschaftlichen Forschung siehe Gerald Holton „Analysis and Synthesis as Methodological Themata", in: *The Scientific Imagination: Case Studies*. Cambridge 1977.
7 Alfred N. Whitehead *Science and the Modern World*. Cambridge 1926; und *Process and Reality*. New York 1929. Für eine jüngere Darstellung der Prozesstheologie durch einen

hervorragenden Biologen, der an ihre Richtigkeit glaubt, siehe Charles Birch „What Does God Do in the World?", *Union Theological Seminary Quarterly* 30 (1975), S. 76–84.
8 Die Ausrottung der tasmanischen Ureinwohner schildern Alan Moorehead *The Fatal Impact*, London 1966, und Robert Brain *Into the Primitive environment*. Englewood Cliffs, N. J., 1972.
9 Ernest Jones wird zitiert von Conrad H. Waddington *The Ethical Animal*. New York 1961.
10 Diese Darstellung der Bedeutung des Rituals stammt aus Edward O. Wilson *Sociobiology*. Cambridge, Mass., 1975, S. 560–562.
11 Roy A. Rappaport *Pigs for the Ancestors: Ritual in the Ecology of a New Guinea People*. New Haven 1968; und „The Sacred in Human Evolution", in: *Annual Review of Ecology and Systematics* 2 (1971), S. 23–44. Der letztere Artikel ist ein besonders bedeutsamer Beitrag zur Soziobiologie der Religion.
12 Einen ausgezeichneten Überblick über die funktionale Analyse der Hexerei gibt Robert A. LeVine *Culture, Behavior and Personality*. Chicago 1973.
13 Keith Thomas „The Relevance of Social Anthropology to the Historical Study of English Witchcraft", in: Mary Tew Douglas (Hrsg.) *Witchcraft Confessions and Accusations*. London 1970, S. 47–79; siehe auch Keith Thomas *Religion and the Decline of Magic*. New York 1971; und Monica Wilson *Religion and the Transformation of Society: A Study of Social Change in Africa*. Cambridge 1971.
14 John E. Pfeiffer *The Emergence of Society: A Prehistory of the Establishment*. New York 1977.
15 Mao Zedong wird zitiert bei Alain Peyrefitte *Wenn sich China erhebt*. Reinbek 1976.
16 Pjatatow wird zitiert bei Robert Conquest *Am Anfang starb Genosse Kirow. Säuberungen unter Stalin*. Düsseldorf 1970, S. 159.
17 Ernest Becker *Dynamik des Todes. Die Überwindung der Todesfurcht – Ursprung der Kultur*. Olten, Freiburg 1976.
18 Dieses Bibelzitat in der Luther-Übersetzung stammt aus 4 Mose 31, 25–30.
19 Hans J. Mol *Identity and the Sacred: A Sketch for a New Social-Scientific Theory of Religion*. New York 1976. Mols Schlussfolgerungen sind umso interessanter, als sie ohne Bezugnahme auf die Soziobiologie abgeleitet wurden. Die evolutionären Etappen der religiösen Praxis wurden geschickt nachgezeichnet in Robert N. Bellah *Beyond Belief. Essays on Religion in a Post-Traditional World*. New York 1970.
20 John W. M. Whiting „Are the Hunter-Gatherers a Cultural Type?", in: R. B. Lee/J. De Vore *Kalahari Hunter-Gatherers*. Chicago 1968, S. 336–339.
21 Der Zusammenhang zwischen Hirtenleben und Glaube an einen aktiven moralischen Gott wird belegt von Gerhard E. und Jean Lenski *Human Societies*. New York 1970.
22 Meine Auffassung von der Beziehung zwischen Wissenschaft und Religion wurde stark beeinflusst durch die Schriften von Robert A. Nisbet, insbesondere durch seine Rezension von C. D. Darlington *The Evolution of Man and Society*, in: *The New York Times Book Review*, 2.8.1970, S. 2, 26, Donald T. Campbell „On the Conflicts between Biological and Social Evolution and between Psychology and Moral Tradition", *American Psychologist* 30 (1975), S. 1103–1126. Ralph W. Burhoe „The Source of Civilization in the Natural Selection of Coadapted Information in Genes and Culture", *Zygon* 11 (1976), S. 263–303, John A. Miles Jr. „Burhoe, Barbour, Mythology, and Sociobiology", *Zygon* 12 (1977), S. 42–71, und Charles Fried „The University as a Church and Party", *Bulletin of the American Academy of Arts and Sciences* 31 (1977), S. 29–46.

Antony Flew
Theologie und Falsifikation

1 Vgl. J. Wisdom „Other Minds", Mind 49 (1940) 369–402; abgedruckt in: ders., *Other Minds*. Oxford 1952, S. 1–37.

Anmerkungen

2 Vgl. Lucretius *De Rerum Natura II*, S. 655–660: Hic siquis mare Neptunum Cereremque vocare / Constituet fruges et Bacchi nomine abuti / Mavolat quam laticis proprium proferre vocamen / Concedamus ut hic terrarum dictitet orben / Esse deum matrem dum vera re tamen ipse / Religione animum turpi contingere parcat. [Ist nun mancher geneigt, das Meer Neptun und die Feldfrüchte / Ceres zu nennen und lieber des Bacchus Namen zu brauchen / Als mit der eigentlich wahren Benennung vom Wesen zu sprechen, / Mag's auch gestattet ihm sein, den Erdkreis Mutter der Götter / Weiterzunennen, sofern er nur wirklich die innere Seele / Rein sich erhält von der Schmach religiöser Glaubensbefleckung. Lukrez *Von der Natur*, übersetzt von H. Diels. Berlin 1924, S. 69–70.
3 Für diejenigen, die eine symbolische Schreibweise bevorzugen: p = ~ ~ p.
4 Denn indem wir einfach ~ p negieren, erhalten wir p: ~ ~ p = p.

Hans Albert
Formen des religiösen Pragmatismus

1 So Wolfgang Röd in seinem auch erkenntnistheoretisch interessanten Buch *Der Gott der reinen Vernunft. Die Auseinandersetzung um den ontologischen Gottesbeweis von Anselm bis Hegel*. München 1992, S. 199.
2. Vgl. Blaise Pascal *Gedanken*. Birsfelden, Basel o. J., S. 39 ff.
3 Ian Hacking hat gezeigt, dass die Pascal'sche Argumentation durchaus gültig ist. Problematisch sind nur die Voraussetzungen, von denen er ausgeht; vgl. Ian Hacking *The emergence of Probability. A Philosophical Study of Early Ideas about Probability, Induction and Statistical Inference*. Cambridge 1975, S. 63–72.
4 Sören Kierkegaard „Abschließende unwissenschaftliche Nachschrift zu den philosophischen Brosamen" (Kopenhagen 1846), in: *Philosophische Brosamen und Unwissenschaftliche Nachschrift*. München 1976, S. 339 ff. und passim.
5 Zum Wahrheitsproblem vgl. Alan Musgrave *Alltagswissen. Wissenschaft und Skeptizismus*. Tübingen 1993, Kap. 14, „Die Wahrheit und die Wahrheitstheorien", wo unter anderem moderne subjektivistische Anschauungen ad absurdum geführt werden.
6 Kierkegaard, a. a. O., S. 343 ff.; die betreffende Passage beginnt mit den Worten: „*Objektiv wird akzentuiert: was gesagt wird; subjektiv: wie es gesagt wird [...]*", und später heißt es: „*Objektiv wird bloß nach den Gedankenbestimmungen gefragt, subjektiv nach der Innerlichkeit. In seinem Maximum ist diese wie die Leidenschaft der Unendlichkeit, und die Leidenschaft der Unendlichkeit ist die Wahrheit selbst. Aber die Leidenschaft der Unendlichkeit ist gerade die Subjektivität, und somit ist die Subjektivität die Wahrheit.*"
7 Das wird auch in der heutigen theologischen Diskussion sehr oft vergessen; vgl. dazu das V. Kapitel, „Glaube und Wissen", meines Buches *Traktat über kritische Vernunft*, 5. verb. und erw. Auflage. Tübingen 1991, S. 141 ff.
8 Kierkegaard, a. a. O., S. 345.
9 William James „Der Wille zum Glauben" (1897), in: *Texte des Pragmatismus* (Hrsg. Ekkehard Martens). Stuttgart 1975, S. 128 ff.
10 Vgl. dazu ebd., S. 152 ff.
11 Vgl. ebd., S. 152 ff.
12 Vgl. dazu z. B. meine Kritik an Hans Küng in meinem Buch *Das Elend der Theologie*. Hamburg 1979; 2., erweiterte Auflage Aschaffenburg 2005.
13 Vgl. dazu Hermann Lübbe *Religion nach der Aufklärung*. Graz, Wien, Köln 1986, und meine Kritik seiner Auffassung in meinem Aufsatz „Zur Kritik der reinen Religion. Über die Möglichkeit der Religionskritik nach der Aufklärung", in: Kurt Salamun (Hrsg.) *Aufklärungsperspektiven, Weltanschauungsanalyse und Ideologiekritik*. Tübingen 1989, S. 99–155.
14 Vgl. Lübbe, a. a. O., S. 14 ff.
15 Zur Kritik dieses Verfahrens vgl. meinen in Anm. 13 erwähnten Aufsatz.

Anmerkungen

Jan Narveson
Über „moralische Beweise" für die Existenz Gottes

1   Zitate aus *Kritik der praktischen Vernunft*, im Internet unter www.gutenberg.de, Erster Teil, Zweites Buch, Zweites Hauptstück, Abschnitt V. „Das Dasein Gottes, als ein Postulat der reinen praktischen Vernunft". Seitenzahlen aus der Druckversion.
2   Zitiert aus Henry Sidgwick, *Die Methoden der Ethik*, Leipzig, 1909, III. Buch, Schlusskapitel, S. 286, Übersetzung von Dr. Constantin Bauer.

Dieter Birnbacher
Das Dilemma der christlichen Ethik

1   Siehe John Leslie Mackie *Das Wunder des Theismus. Argumente für und gegen die Existenz Gottes*. Stuttgart 1985.
2   Alfons Auer *Umweltethik. Ein theologischer Beitrag zur ökologischen Diskussion*. Düsseldorf 1984, S. 191.
3   Ders. *Autonome Moral und christlicher Glaube*. 2. Aufl. (mit einem Nachtrag zur Rezeption der Autonomievorstellung in der katholisch-theologischen Ethik). Düsseldorf 1984, S. 163.
4   Ders. *Umweltethik*, a. a. O., S. 298.
5   Stanley Hauerwas „On keeping theological ethics theological", in: Stanley Hauerwas/ Alasdair MacIntyre (Hrsg.) *Revisions: Changing perspectives in moral philosophy*. Notre Dame, Ill., 1983, S. 16.
6   Joseph Fletcher *Moral ohne Normen?* Gütersloh 1967; ders. *Humanhood: Essays in biomedical ethics*. Buffalo, N. Y., 1979.
7   John Rawls *Eine Theorie der Gerechtigkeit*. Frankfurt/Main 1975.
8   Vgl. Paul Ramsay „Shall we ‚reproduce'? The medical ethics of in vitro fertilization", in: *Journal of the American Medical Association* 220 (1972), wiederabgedruckt in: Natalie Abrams/Michael D. Buckner (Hrsg.) *Medical ethics. A clinical textbook and reference for the health care professions*. Cambridge, Mass., London 1983, S. 475–483.
9   Daniel Callahan *Setting limits: medical goals in an aging society*. New York 1987.
10 „Ethiker gegen ein ‚Recht auf Abtreibung'", in: *Woche im Bundestag* v. 21. 11. 1991, S. 4.
11 Harry M. Kuitert *Der gewünschte Tod. Euthanasie und humanes Sterben*. Gütersloh 1991.
12 Bernhard Irrgang *Christliche Umweltethik. Eine Einführung*. München, Basel 1992, S. 17.
13 Siehe Franz Buggle *Denn sie wissen nicht, was sie glauben. Oder warum man redlicherweise nicht mehr Christ sein kann. Eine Streitschrift*. Reinbek 1992, S. 363.
14 Siehe Klaus Michael Meyer-Abich „Vom bürgerlichen Rechtsstaat zur Rechtsgemeinschaft der Natur", in: *Scheidewege* 12 (1982), S. 581–605.
15 Günter Altner *Naturvergessenheit. Grundlagen einer umfassenden Bioethik*. Darmstadt 1991.
16 Vgl. Irrgang, a. a. O.
17 Siehe Günter Altner *Naturvergessenheit. Grundlagen einer umfassenden Bioethik*. Darmstadt 1991.
18 Wilhelm Korff *Kernenergie und Moraltheologie. Der Beitrag der theologischen Ethik zur Frage allgemeiner Kriterien ethischer Entscheidungsprozesse*. Frankfurt/Main 1979, S. 77.
19 Siehe Auer *Umweltethik*, a. a. O., S. 290.
20 Ebd.
21 Irrgang, a. a. O., S. 12.

22 Richard B. Braithwaite „Die Ansicht eines Empiristen über die Natur des religiösen Glaubens", in: Ingolf U. Dalferth (Hrsg.) *Sprachlogik des Glaubens*. München 1974, S. 167–189.
23 John Stuart Mill „Die Nützlichkeit der Religion" (1874), in: Ders. *Drei Essays über Religion*. Stuttgart 1984, S. 63–107.

Edgar Dahl
Die zerbrochenen Tafeln

1   5. Mose 5, 22.
2   Vgl. Gerhard Vollmer *Bin ich ein Atheist?* (in diesem Band, S. 11); für eine ausführlichere Kritik der traditionellen Gottesbeweise siehe z. B. John L. Mackie *Das Wunder des Theismus*. Stuttgart: Reclam, 1985.
3   Vgl. Norbert Hoerster *Zur Unlösbarkeit des Theodizee-Problems*. (in diesem Band, S. 62).
4   Angesichts der Unlösbarkeit des Theodizee-Problems haben sich viele Theologen tatsächlich dazu entschlossen, Gott die Allmacht abzusprechen, so z. B. Uta Ranke-Heinemann *Widerworte. Friedensreden und Streitschriften*. München: Goldmann, ^{2}1989, Hans Küng *Credo. Das Apostolische Glaubensbekenntnis – Zeitgenossen erklärt*. München: Piper, 1992, und Hans Jonas *Der Gottesbegriff nach Auschwitz. Eine jüdische Stimme*. Frankfurt/Main: Suhrkamp, ^{2}1993. Wer sich eingehender mit dem Theodizee-Problem beschäftigen möchte, sei noch einmal auf Norbert Hoersters Aufsatz in diesem Band und auf das ausführliche, über 400 Seiten starke Buch von Gerhard Streminger *Gottes Güte und die Übel der Welt. Das Theodizee-Problem*. Tübingen: Mohr, 1992, hingewiesen.
5   Vgl. Platon *Euthyphron oder: Über das Fromme. Eine Untersuchung in Dialogform*. Stuttgart: Reclam, 1986.
6   Vgl. Alfred C. Ewing *Die Unableitbarkeit moralischer Normen aus göttlichen Geboten*. In: Norbert Hoerster (Hrsg.) *Religionskritik*. Stuttgart: Reclam, 1984, S. 61–62.
7   Ecclesia Catholica *Katechismus der Katholischen Kirche*. München: Oldenbourg, 1993, S. 64 f.
8   *Die Bekenntnisschriften der evangelisch-lutherischen Kirche*. Zitiert nach Franz Buggle *Denn sie wissen nicht, was sie glauben. Oder warum man redlicherweise nicht mehr Christ sein kann*. Reinbek: Rowohlt, 1992, S. 21.
9   Auch wenn Theologen es immer wieder versuchen, sollte doch klar sein, dass sich aus einzelnen, zumeist sehr allgemein gehaltenen Bibelversen kaum konkrete Normen ableiten lassen. Siehe z. B. *Gott ist ein Freund des Lebens. Herausforderungen und Aufgaben beim Schutz des Lebens*. Gemeinsame Erklärung des Rates der Evangelischen Kirche in Deutschland und der Deutschen Bischofskonferenz. Gütersloh: Mohn, ^{5}1991.
10 Wen „die andere Hälfte der biblischen Wahrheit" interessiert, dem sei das oben zitierte Buch *Denn sie wissen nicht, was sie glauben* von Franz Buggle empfohlen; ebenso sein Aufsatz „Wie heilig ist die Heilige Schrift?" In: Edgar Dahl (Hrsg.) *Die Lehre des Unheils: Fundamentalkritik am Christentum*. München: Goldmann, 1985, S. 120–125.
11 Ecclesia Catholica *Katechismus der Katholischen Kirche*, a. a. O., S. 251.
12 Ebd., 240. Einzelheiten über „die dunkle Seite des Papsttums" findet der Leser vor allem in den Büchern von Karlheinz Deschner, so z. B. In: *Mit Gott und dem Führer. Die Politik der Päpste zur Zeit des Nationalsozialismus*. Köln: Kiepenheuer & Witsch, 1988; *Das Kreuz mit der Kirche. Eine Sexualgeschichte des Christentums*. München: Heyne, ^{14}1989; *Abermals krähte der Hahn. Eine kritische Kirchengeschichte von den Evangelisten bis zu den Faschisten*. Düsseldorf: Econ, 1962; und in seiner bislang vierbändigen *Kriminalgeschichte des Christentums*. Reinbek: Rowohlt, 1986–1994. Wer sich nur einen kurzen Überblick über *Die unheilvollen Auswirkungen des Christentums* verschaffen möchte, sei auf Deschners gleichnamigen Aufsatz in Edgar Dahl (Hrsg.) *Die Lehre des Unheils*, a. a. O., S. 182–192, verwiesen.

Anmerkungen

13 Die Charakterisierungen der Evangelien stammen – der Reihe nach – von den Theologen Martin Werner, Adolf Jülicher und Martin Dibelius. Zit. n. Deschner *Abermals krähte der Hahn*, a. a. O., S. 132 f.
14 Ebd., S. 130.
15 Vgl. Karlheinz Deschner *Der gefälschte Glaube. Eine kritische Betrachtung kirchlicher Lehren und ihrer historischen Hintergründe*. München: Knesebeck & Schuler, 1988, und Peter de Rosa *Der Jesus-Mythos. Über die Krise der katholischen Kirche*. München: Knaur, ²1993.
16 Mk. 9, 1.
17 Näheres bei de Rosa *Der Jesus-Mythos*, a. a. O.
18 Weitere Schwierigkeiten einer christlichen Moralbegründung werden behandelt in Dieter Birnbacher „Das Dilemma der christlichen Ethik", Adolf Grünbaum „Das Elend der theistischen Moral" und Jan Narveson „Über ‚moralische Beweise' für die Existenz Gottes" (alle in diesem Band); siehe auch Kai Nielsen *Ethics Without God*. (Revised Edition) New York: Prometheus, 1990; Gene Outka/John P. Reeder (Hrsg.) *Religion and Morality*. New York: Anchor, 1973, und Paul Helm (Hrsg.) *Divine Commands and Morality*. Oxford: Oxford University Press, 1981.
19 Vgl. Norbert Hoerster „Moralbegründung ohne Metaphysik". *Erkenntnis* 19 (1983), S. 225–238; Jan Narveson „Reason in Ethics – or Reason versus Ethics?" In: David Copp/David Zimmerman (Hrsg.) *Morality, Reason and Truth. New Essays on the Foundation of Ethics*. Totowa: Rowman & Allanheld, 1984, S. 228–250; Christopher W. Morris „A Contractarian Account of Moral Justification". In: W. Sinnott-Armstrong/M. Timmons (Hrsg.) *Moral Knowledge? New Readings in Moral Epistemology*. New York: Oxford University Press, 1996, S. 215–242.
20 Für eine ausführlichere Darstellung des Kontraktualismus siehe etwa Kurt Baier *The Moral Point of View*. New York: Random House, 1958, John L. Mackie *Ethics: Inventing Right and Wrong*. Harmondsworth: Penguin, 1977, Gilbert Harman *The Nature of Morality*. New York: Oxford University Press, 1977, David P. Gauthier *Morals by Agreement*. Oxford: Clarendon Press, 1986, und Jan Narveson *The Libertarian Idea*. Peterborough: Broadview Press, 2001.
21 Thomas Hobbes *Leviathan*. Stuttgart: Reclam, 1984 [1651]. Drei ausgezeichnete Einführungen in die Moralphilosophie von Thomas Hobbes sind: David P. Gauthier *The Logic of Leviathan: The Moral and Political Theory of Thomas Hobbes*. Oxford: Clarendon, 1969, Gregory S. Kavka *Hobbesian Moral and Political Theory*. Princeton: Princeton University Press, 1986, und Jean E. Hampton *Hobbes and the Social Contract Theory*. New York: Cambridge University Press, 1990.
22 David Hume *Eine Untersuchung über die Prinzipien der Moral*. Stuttgart: Reclam, 1984 [1751]. Empfehlenswerte Sekundärliteratur bieten John L. Mackie *Hume's Moral Theory*. Boston: Routledge & Kegan Paul, 1980, Anthony Flew *David Hume: Philosopher of Moral Science*. Oxford: Basil Blackwell, 1986, David P. Gauthier „David Hume, Contractarian". In: David P. Gauthier *Moral Dealing. Contract, Ethics, and Reason*. Ithaca: Cornell University Press, 1990, S. 45–76, und Jean E. Hampton „The Hobbesian Side of Hume". In: Andrew Reath/Barbara Herman/Christine M. Korsgaard (Hrsg.) *Reclaiming the History of Ethics: Essays for John Rawls*. Cambridge: Cambridge University Press, 1997, S. 66–101.
23 Der Kontraktualismus hat in den vergangenen 15 Jahren eine wahre Renaissance erlebt. Diese „Wiederauferstehung" verdankt er vor allem den neuen Wissenschaften der Spieltheorie und der Soziobiologie. Siehe hierzu insbesondere Robert M. Axelrod *The Evolution of Cooperation*. New York: Basic Books, 1985, Robert M. Axelrod *The Complexity of Cooperation*. Princeton: Princeton University Press, 1997, Robert H. Frank *Passions within Reason*. New York: Norton, 1989, Richard D. Alexander *The Biology of Moral Systems*. New York: A. de Gruyter, 1987, Michael Bradie *The Secret Chain: Evolution and Ethics*. Albany: State University of New York Press, 1994, Howard Kahane *Contract Ethics: Evolutionary Biology and the Moral Sentiments*. Lanham: Rowman & Littlefield,

Anmerkungen

1995, Brian Skyrms *Evolution of the Social Contract*. Cambridge: Cambridge University Press, 1996; Peter Danielson (Hrsg.) *Modelling Rationality, Morality, and Evolution*. New York: Oxford University Press, 1998, Ken Binmore *Game Theory and the Social Contract*. Cambridge: MIT Press, 1998.

Adolf Grünbaum
Das Elend der theistischen Moral

1   Ich bin meinem Kollegen Prof. Richard Gale dankbar für die wertvollen Vorschläge in seinem Kommentar zum ersten Entwurf dieses Textes. – Der vorliegende Beitrag ist eine erweiterte Übersetzung von: Adolf Grünbaum, „The Poverty of Theistic Morality". In: Kostas Gavroglu et al. (Hrsg.) *Science, Mind and Art: Essays on Science and the Humanistic Understanding in Art, Epistemology, Religion and Ethics, in Honor of Robert S. Cohen*. Boston Studies in the Philosophy of Science, Vol. 165. Dordrecht 1995, S. 203–242.
2   Die folgende Übersetzung wie auch die Zitatübersetzungen stammen von Brigitte Boothe, Ester Huser und Renata Estermann.
3   Zum Beispiel in der Sonderausgabe *The Case for Ethical Monotheism* (7, 1991).
4   Siehe auch: Andre J. DeBethune „Catholics in Exile. Letter-to-the-Editor". *The New York Times*, 14.10.1993, S. 22.
5   Max F. Perutz „Letter-to-the-Editor". *The New York Review of Books*, 11.2.1993, S. 45 f.
6   Siehe auch: George Carey in: *Secular Humanist Bulletin* 8 (1992), S. 9.
7   Sidney Hook „Solzhenitsyn Attacks Secular Humanism". *The Humanist* 11/12 (1978), S. 6.
8   Sigmund Freud „The Future of an Illusion". In: Ders. *Standard Edition, Vol. 21*. London 1927, S. 3–57, S. 32 (*Die Zukunft einer Illusion*. Fischer Studienausgabe, Bd. 9. Frankfurt/Main 1974, S. 135–189, S. 166).
9   So die Anzeige „Why Are Catholics Afraid To Be Catholics?" *The New Republic* 210, 21.2.1994, S. 25.
10 Henry Grunwald „The Year 2000: Is it the end – or just the beginning?" *Time*, 30.3.1992, S. 75.
11 Irving Kristol „The Cultural Revolution and the Capitalist Future?" *The American Enterprise* 3 (2) (1992), S. 43–51, S. 50.
12 N. Gibbs/D. Aikman „America's Holy War". *Time* 138/23 (1991), S. 60.
13 A. a. O., S. 62.
14 A. a. O., S. 63, Überschrift.
15 Stephan L. Carter *The Culture of Disbelief*. New York 1993.
16 A. a. O., S. 65.
17 Aus Bubers Schrift „The Dialogue between Heaven and Earth". Zitiert nach: Paul Edwards „Buber, Fackenheim and the Appeal to Biblical Faith". In: Paul Edwards/Arthur Pap *A Modern Introduction to Philosophy*. New York ³1973, S. 394–398. Hier: S. 394 f.
18 A. a. O., S. 395.
19 Martin Buber *Eclipse of God*. New York 1952, S. 66; siehe auch S. 105 f.
20 A. a. O., S. 66.
21 A. a. O., S. 105.
22 A. a. O., S. 103 f.
23 Paul Edwards *Buber and Buberism*. Lindley Lecture 1969. Department of Philosophy, University of Kansas 1970, S. 34.
24 Paul Edwards „Buber, Fackenheim and the Appeal to Biblical Faith", siehe Anm. 17. S. 395.
25 William Safire „God Bless Us". *The New York Times*, 27.8.1992, Op-Ed Seite.
26 Emil Fackenheim „On the Eclipse of God". In: Paul Edwards/Arthur Pap *A Modern Introduction to Philosophy*, Teil V, par. 44. New York ³1973, S. 523–533.

27 Paul Edwards „Buber and Buberism", siehe Anm. 23. S. 44–49; siehe auch Paul Edwards, „Buber, Fackenheim and the Appeal to Biblical Faith", siehe Anm. 17. S. 395–398.
28 Erwähnt a. a. O, S. 395.
29 Lord Immanuel Jakobovitz „Chernobyl, a Smitten God". *The London Times*, 9.5.1987, S. 22.
30 Avishai Margalit „The Uses of the Holocaust". *The New York Review of Books* XLI (4), 17.2.1994, S. 7.
31 Nach: Michael J. Priva „Washington Society for Humanistic Judaism". *Free Inquiry*, Frühling 1988, S. 3.
32 *Free Inquiry* 7 (4) (1987), S. 29–31.
33 *Free Inquiry* 12 (4) (1992), S. 30–39.
34 *Free Inquiry* 14 (1) (1993/1994), S. 55–57.
35 A. a. O., S. 56.
36 William Safire „Fundamentalists Impose Culture in Egypt". *The New York Times*, 3.2.1994, A6.
37 Alfred C. Ewing *Ethics*. London 1953, S. 99 f.
38 Patrick Nowell-Smith „Morality: Religious & Secular". *The Rationalist Annual* (1961), S. 10–14.
39 Nach: Arthur M. Schlesinger Jr. „Reinhold Niebuhr's Long Shadow". *The New York Times*, 22.6.1992, Op-Ed, A13.
40 Sidney Hook „Solzhenitsyn Attacks Secular Humanism", siehe Anm. 7. S. 5.
41 John T. Noonan Jr. „Development in Moral Theology". *Theological Studies* 54 (1993), S. 662–677.
42 A. a. O, S. 675.
43 A. a. O., S. 667.
44 Vgl. Peter Steinfels „Beliefs". *The New York Times*, 19.2.1994, S. 8.
45 Vgl. Adolf Grünbaum *Validation in the Clinical Theory of Psychoanalysis*. Madison CT 1997, Kap. 7 („Psychoanalysis and Theism").
46 Stephan L. Carter „The Culture of Disbelief", siehe Anm. 15. S. 229. Für eine sehr überzeugende Antwort auf Carters Forderung, dass religiöse Stimmen in öffentlichen politischen Debatten gehört werden sollten, siehe Richard Rorty, „Religion as a Conversation Stopper" In: *Common Knowledge* 3, 1994, S. 1–6.
47 Anna Quindlen „America's Sleeping Sickness". *The New York Times*, 17.10.1993, Sektion E, S. 17.
48 Irving Kristol „The Future of American Jewry". *Commentary* 92 (1992), S. 21–26, S. 23.
49 A. a. O.
50 Vgl. Adolf Grünbaum „Theological Misinterpretations of Current Physical Cosmology". *Philo* 1 (1998), S. 15–34.
51 Michael Buckley „Religion and Science: Paul Davies and John Paul II". *Theological Studies* 51 (1990), S. 310–324, S. 314.
52 Für eine umfangreichere Diskussion siehe Paul Edwards „The Dependence of Consciousness on the Brain". In: Ders. (Hrsg.) *Immortality*. New York 1992, S. 292–307.
53 Irving Kristol „The Future of American Jewry", siehe Anm. 48. S. 24 f.
54 Ders. „The Cultural Revolution and the Capitalist Future?", siehe Anm. 11. S. 50.
55 Ders. „The Future of American Jewry", siehe Anm. 48. S. 25.
56 Ders. „The Cultural Revolution and the Capitalist Future?", siehe Anm. 11. S. 51.
57 Albert Einstein „Science and Religion", eingereicht 1941 beim Jewish Theological Seminar in New York, wiedergegeben in: David J. Bronstein/Harold M. Schulweis (Hrsg.) *Approaches to the Philosophy of Religion*. New York 1954, S. 68–72.
58 A. a. O., S. 70.
59 A. a. O., S. 71.
60 Seymour Cain, siehe Anm. 34. S. 55.
61 Zitiert nach: Barbara Ehrenreich „Why the religious right is wrong". *Time*, 7.9.1992, S. 72.
62 Seymour Cain, siehe Anm. 34, S. 56.

Die Autoren

Hans Albert ist (em.) Professor für Soziologie und Wissenschaftslehre an der Universität Mannheim. Neben Sir Karl R. Popper gilt er als Hauptvertreter des Kritischen Rationalismus. Sein Hauptwerk ist der *Traktat über kritische Vernunft* (1968). Zu Fragen der Religionskritik veröffentlichte er u. a.: *Theologische Holzwege* (1973) und *Das Elend der Theologie* (1979). Weitere Veröffentlichungen: *Kritik der reinen Hermeneutik* (1994), *Kritischer Rationalismus* (2000) und *Kritik des transzendentalen Denkens* (^{12}2003).

Dieter Birnbacher ist Professor für Philosophie an der Heinrich-Heine-Universität Düsseldorf. Er beschäftigt sich vor allem mit den moralischen, rechtlichen und sozialen Problemen der modernen Biowissenschaften. Er ist u. a. Autor der Bücher *Verantwortung für zukünftige Generationen* (1988), *Tun und Unterlassen* (1995) und *Analytische Einführung in die Ethik* (2003) sowie Herausgeber von *Ökologie und Ethik* (1980), *Bioethik als Tabu* (2000) und *Texte zur Ethik* (2003).

Edgar Dahl ist Wissenschaftlicher Mitarbeiter am Hessischen Zentrum für Reproduktionsmedizin der Justus-Liebig-Universität Giessen. Zurzeit ist er als Visiting Research Fellow am Centre for Applied Philosophy and Public Ethics der University of Melbourne tätig. Er verfasste die Bücher *Im Anfang war der Egoismus* (1991), *Die Gene der Liebe* (1994) und *Xenotransplantation: Tiere als Organspender für Menschen?* (2000).

Richard Dawkins ist Charles Simonyi Professor für das Öffentliche Verständnis der modernen Naturwissenschaften an der Oxford University. International bekannt wurde er vor allem durch sein Buch *Das egoistische Gen* (1978), das in über 20 Sprachen übersetzt wurde. Er ist außerdem Autor der Bücher *Der blinde Uhrmacher* (1987), *Und es entsprang ein Fluß in Eden* (1996), *Gipfel des Unwahrscheinlichen* (1997), *Der entzauberte Regenbogen* (2000), *A Devil's Chaplain* (2003) und *The Ancestor's Tale* (2004).

Antony Flew ist (em.) Professor für Philosophie an der University of Reading. Neben John J. C. Smart und Paul Edwards ist er einer der prominentesten Skeptiker in der angloamerikanischen Philosophie. Er verfasste u. a. die Bücher *The Presumption of Atheism* (1976), *God, Freedom, and Immortality* (1984), *Did Jesus Rise from the Dead?* (1986), *Atheistic Humanism* (1993) sowie das mit Spannung erwartete *God and Philosophy* (2005), in dem er jüngsten Spekulationen darüber, ob er nun Deist, Theist oder Atheist sei, ein für allemal ein Ende setzen will.

Adolf Grünbaum ist Andrew Mellon Professor für Wissenschaftsphilosophie, Forschungsprofessor für Psychiatrie und Vorsitzender des Zentrums für Wissenschaftstheorie an der University of Pittsburgh. Von der Yale University erhielt er die Wilbur-Lucius-Cross-Medaille für außerordentliche Verdienste. Er ist u. a. Autor der Bücher *Philosophical Problems of Space and Time* (^{2}1973), *Modern Science and Zeno's Paradoxes* (^{2}1968), *Die Grundlagen der Psychoanalyse: eine philosophische Kritik* (1988) und *The Poverty of Theistic Cosmology* (Britisch Journal for the Philosophy of Science 2004).

Norbert Hoerster ist (em.) Professor für Rechts- und Sozialphilosophie an der Johannes-Gutenberg-Universität Mainz. Wegen seiner Schriften zur Bioethik massiven Angriffen ausgesetzt, schied er 1998 vorzeitig aus dem Universitätsdienst aus. Er verfasste u. a. die Bücher *Sterbehilfe im säkularen Staat* (1998), *Ethik und Interesse* (2003), *Ethik des Embryonenschutzes* (2002), *Haben Tiere eine Würde?* (2004) sowie *Die Frage nach Gott* (2005) und gab die religionsphilosophischen Anthologien *Glaube und Vernunft* (1979) und *Religionskritik* (1984) heraus.

Bernulf Kanitscheider ist Professor für Philosophie am Zentrum für Philosophie und Grundlagen der Wissenschaft der Justus-Liebig-Universität Gießen. Er beschäftigt sich vor allem mit wissenschaftstheoretischen Problemen der modernen Physik. Zu seinen zahlreichen Veröffentlichungen zählen *Kosmologie* (1984), *Das Weltbild Albert Einsteins* (1988), *Von der mechanistischen Welt zum kreativen Universum* (1993), *Auf der Suche nach dem Sinn* (1995) und *Im Innern der Natur: Philosophie und Moderne Physik* (1996).

Hartmut Kliemt ist Professor für Philosophie an der Universität Duisburg. Er beschäftigt sich vor allem mit Fragen der Politischen Philosophie, der Moralphilosophie, der Ökonomie, der Spieltheorie und den Problemen der Rationierung im Gesundheitswesen. Er ist u. a. Autor der Bücher *Zustimmungstheorien der Staatsrechtfertigung* (1980), *Moralische Institutionen* (1985), *Antagonistische Kooperation* (1986), *Solidarität in Freiheit* (1995) sowie Herausgeber von *Glück und Moral* (1987) und *Moral und Interesse* (1997).

Jan Narveson ist Professor für Philosophie an der University of Waterloo in Ontario, Kanada. Er hat sich vor allem auf Fragen der Politischen Philosophie, der Moralphilosophie und der Angewandten Ethik spezialisiert. Er ist u. a. Autor der Bücher *The Libertarian Idea* (1989), *Moral Matters* (1993), *Political*

Correctness (1995), *Respecting Persons in Theory and Practice* (2002) sowie Herausgeber von *Moral Issues* (1983), *For and Against the State* (1996) und *Liberalism* (2000).

Peter Singer ist Ira W. DeCamp Professor für Bioethik am Centre for Human Values der Princeton University. International bekannt wurde er vor allem durch sein Buch *Animal Liberation* (1975), das mittlerweile als „Bibel" der Tierrechtsbewegung gilt und 1982 unter dem Titel *Befreiung der Tiere* auch in Deutschland erschien. Zu seinen zahlreichen Veröffentlichungen zählen *Praktische Ethik* (1984), *Wie sollen wir leben? Ethik in einer egoistischen Zeit* (1996) sowie *Leben und Tod: Der Zusammenbruch der traditionellen Ethik* (1998).

Gerhard Vollmer ist Professor für Philosophie an der Technischen Universität Braunschweig. Neben dem Verhaltensforscher und Nobelpreisträger Konrad Lorenz und dem Wissenschaftstheoretiker Karl R. Popper gilt er als Mitbegründer der *Evolutionären Erkenntnistheorie* (so auch der Titel seines Buches von 1975). Weitere Veröffentlichungen: *Was können wir wissen?*, 2 Bde. (1985, 1986), *Gelöste, ungelöste und unlösbare Probleme* (1992), *Wissenschaftstheorie im Einsatz* (1993), *Biophilosophie* (1995) und *Wieso können wir die Welt erkennen?* (2003).

Edward O. Wilson ist Pellegrino Professor für Entomologie am Museum für Vergleichende Zoologie der Harvard University. Neben William D. Hamilton und John Maynard Smith gilt er als Begründer der Soziobiologie. Er ist zweifacher Pulitzer-Preisträger und Autor der Bücher *Biologie als Schicksal* (1980), *Das Feuer des Prometheus* (1984), *Der Wert der Vielfalt* (1995), *Die Einheit des Wissens* (1998), *Des Lebens ganze Fülle* (1999), *Darwins Würfel* (2000) und *Die Zukunft des Lebens* (2002).

Quellennachweis

Richard Dawkins „The Improbability of God", in: *Free Inquiry* 18, 3 (1998). Mit freundlicher Genehmigung von Free Inquiry.

Antony Flew „Theologie und Falsifikation", in: Ingolf U. Dalferth (Hrsg. und Übers.) *Sprachlogik des Glaubens*. München 1974, S. 84–87.

Adolf Grünbaum „Das Elend der theistischen Moral", in: B. Boothe, & P. Stoellger, (Hrsg.) *Moral als Gift oder Gabe? Zur Ambivalenz im Verhältnis von Moral und Religion*. Würzburg 2004, S. 143–175. Mit freundlicher Genehmigung des Verlags Königshausen & Neumann.

Norbert Hoerster „Die Unlösbarkeit des Theodizee-Problems", in: *Theologie und Philosophie* 50 (1985), S. 400–409.

Peter Singer „Je mehr wir für andere leben, desto zufriedener leben wir", in: Karlheinz Deschner *Woran ich glaube*. Gütersloh 1990, S. 267–271. Übers. v. Marianne Reppekus. Mit freundlicher Genehmigung des Verlags G. Mohn, Gütersloh.

Edward O. Wilson „Religion – eine List der Gene?", in: Ders. *Biologie als Schicksal*. Übers. v. Friedrich Griese. Berlin 1980, S. 160–182. Mit freundlicher Genehmigung des Ullstein Verlags, Berlin.

Gerhard Vollmer „Bin ich ein Atheist?", Hans Albert „Formen des religiösen Pragmatismus" und Dieter Birnbacher „Das Dilemma der christlichen Ethik", in: Edgar Dahl *Die Lehre des Unheils. Fundamentalkritik am Christentum*. Carlsen Verlag, Hamburg 1993.

Gerhard Vollmer bei HIRZEL

Professor für Philosophie an der Technischen Universität Braunschweig; Geschäftsführender Leiter des Seminars für Philosophie. Mitglied der Akademie der Naturforscher Leopoldina in Halle.

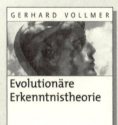

Wieso können wir die Welt erkennen?
Neue Beiträge zur Wissenschaftstheorie
Mit einem Geleitwort von Bernulf Kanitscheider.
372 Seiten. 12 Abbildungen, 10 Tabellen.
Format 13 x 21cm. Gebunden mit Schutzumschlag.
ISBN 3-7776-1147-6

„Ein Genuss!... glänzende Einführungen in viele grundlegende Themen und Fragestellungen – etwa Naturgesetze, Raum und Unendlichkeit."
(bild der wissenschaft)

Evolutionäre Erkenntnistheorie
Angeborene Erkenntnisstrukturen im Kontext von Biologie, Psychologie, Linguistik, Philosophie und Wissenschaftstheorie
Mit einem Geleitwort von Ernst Peter Fischer.
XIV, 226 Seiten. 12 Abbildungen, 6 Tabellen.
Format 13 x 21 cm. Geb. mit Schutzumschlag.
ISBN 3-7776-1205-7

Was können wir wissen?
Band 1:
Die Natur der Erkenntnis
Beiträge zur Evolutionären Erkenntnistheorie
Mit einem Geleitwort von Konrad Lorenz.
XXV, 338 Seiten. 11 Abbildungen, 12 Tabellen.
Format 13 x 21 cm. Gebunden mit Schutzumschlag.
ISBN 3-7776-1248-0

Was können wir wissen?
Band 2:
Die Erkenntnis der Natur
Beiträge zur modernen Naturphilosophie
Mit einem Geleitwort von Hans Sachsse.
XXII, 305 Seiten. 14 Abbildungen, 15 Tabellen.
Format 13 x 21 cm. Gebunden mit Schutzumschlag.
ISBN 3-7776-1249-9

Was können wir wissen?
Band 1 und 2 komplett:
ISBN 3-7776-1250-2

Auf der Suche nach der Ordnung
XIV, 196 Seiten.
Format 13 x 21 cm.
Kartoniert.
ISBN 3-7776-0620-0

Wissenschaftstheorie im Einsatz
Beiträge zu einer selbstkritischen Wissenschaftsphilosophie
XII, 226 Seiten.
Format 13 x 21 cm.
Kartoniert
ISBN 3-7776-0499-2

 S. HIRZEL Verlag · Birkenwaldstraße 44 · 70191 Stuttgart
Telefon 0711 2582 0 · Fax 0711 2582 290 · E-Mail: service@hirzel.de · www.hirzel.de